Religionsunterricht praktisch

Unterrichtsentwürfe und Arbeitshilfen für die Sekundarstufe I

10. Schuljahr

Herausgegeben
von Siegfried Macht

Erarbeitet von:

Hartlieb W. Bautor
Eberhard-W. Happel
Ilka Kirchhoff
Siegfried Macht
Michael Wermke

Vandenhoeck & Ruprecht

Die Deutsche Bibliothek – CIP-Einheitsaufnahme

Religionsunterricht praktisch: Unterrichtsentwürfe und Arbeitshilfen für die ... –
Göttingen: Vandenhoeck und Ruprecht
Erg. bildet: Feste feiern mit Religionsunterricht praktisch und:
Schulgottesdienste mit Religionsunterricht praktisch
ISBN 3-525-61354-7 (Schuljahr 5–10)
ISBN 3-525-61299-0 (Schuljahr 1–4)

Schuljahr 10: Sekundarstufe I. / Hrsg. von Siegfried Macht.
Erarb. von: Hartlieb W. Bautor ... 1998
ISBN 3-525-61346-6

Satz: Text & Form, Pohle
Druck und Bindearbeiten: Hubert & Co., Göttingen

Inhalt

Vorwort

Religionsunterricht im letzten Jahrgang der Sekundarstufe I stellt für alle Beteiligten eine besondere Herausforderung dar: Hin und wieder droht in der öffentlichen Diskussion der Bildungsauftrag der Schule zwischen der „Herstellung von Ausbildungsfähigkeit" und einer dem christlich-humanistischen Menschenbild verpflichteten Wertorientierung, Sinnfindung und Weltsicht zu zerreißen.

Insbesondere der Religionsunterricht scheint gegenüber Elternschaft, Wirtschaft und last not least den Schülerinnen und Schülern selbst beständig in der Situation, seine Konzeption rechtfertigen zu müssen – wozu die Auseinandersetzungen um die Gestalt des Faches in den östlichen Bundesländern bzw. der Rechtsstreit um das Fach „Lebensgestaltung – Ethik – Religionskunde" (LER) in Brandenburg ebenfalls beigetragen haben.

Angesichts des vielzitierten Traditionsbruches steht die Praxis des Religionsunterrichts zudem zunehmend unter dem Druck, „Religion" als ihren ureigenen Gegenstand einerseits begreifbar im Unterricht aufscheinen zu lassen, ohne andererseits weder die Unverfügbarkeit religiöser Erfahrung zu leugnen noch als remissionierende Veranstaltung missverstanden zu werden. Um diesen komplexen Anforderungen gerecht zu werden haben sich Autorin und Autoren von *RU praktisch 10* um das Zusammenspiel verschiedenster religionspädagogischer Ansätze bemüht und wie in den anderen Bänden der Reihe traditionserschließende, problemorientierte und symboldidaktische Zugänge je nach Thema in unterschiedlichen Akzentsetzungen miteinander verbunden.

Im Sinne einer schulbuchergänzenden Sammlung wurde wiederum großer Wert auf den Bausteincharakter unterschiedlich kombinierbarer Sequenzen gelegt, deren Hauptbestandteil in der Vorstellung didaktisch erläuterter und oft erstmalig veröffentlichter unverbrauchter Materialien liegt. Bei den Texten handelt es sich häufig um kurze pointierte, z. T. auch humorvolle und sprachspielerische, dennoch theologisch tiefgründige Beispiele. Wie auch bei den zahlreichen Bildimpulsen wurde auf kreative Bearbeitungsformen geachtet. Die zahlreichen Arbeitsaufträge und Leitfragen verschiedener Schwierigkeitsgrade erlauben eine Auswahl auch im Sinne einer sorgfältigen Binnendifferenzierung nach Leistungsvermögen und Neigungen. Zahlreiche Zugänge durch Aktionsideen, Rollen- und Bewegungsspiele fördern handlungsorientiertes Lernen, kurz skizzierte bis ausführlich beschriebene Projekte (Kirchen im Dritten Reich) die Selbstständigkeit der Schülerinnen und Schüler, wobei eine Vielzahl von Arbeitsgruppen mit jeweils unterschiedlichen methodischen Zugängen angeboten wird.

Begleitmedien zu den Bänden *RU praktisch* werden geplant. Im Frühjahr 1999 erscheint ein Folienband mit farbigen Bildvorlagen zu zentralen Materialien der Bände 7–10.

Mein herzlicher Dank gilt dem Autorenteam und dem Verlag Vandenhoeck und Ruprecht für die konstruktive Zusammenarbeit.

Hannover, im Sommer 1998

Siegfried Macht

Abkürzungsverzeichnis

a.a.O.	am angegebenen Ort
AB	Arbeitsblatt
Anm.	Anmerkung
Apg	Apostelgeschichte
AT	Altes Testament
ATD	Altes Testament Deutsch
Bd.	Band
Dan	Daniel
ders.	derselbe
Dtn	Deuteronomium (5. Buch Mose)
EA	Einzelarbeit
EvErz	Zeitschrift „Der evangelische Erzieher“
EG	Evangelisches Gesangbuch
Ex	Exodus (2. Buch Mose)
Ez	Ezechiel/Hesekiel
ezb	Evangelische Zentralbildkammer
f/ff	folgende Seite(n), Vers(e)
f.	farbig
GA	Gruppenarbeit
Gal	Galaterbrief
Gen	Genesis (1. Buch Mose)
gr.	griechisch
HA	Hausaufgabe
Hes	Hesekiel/Ezechiel
Hg.	Herausgeber
hg.	herausgegeben
Hi	Hiob
Hos	Hosea
i.A.	in Auszug
Jes	Jesaja
Jh.	Jahrhundert
Joh	Johannes
Kap.	Kapitel
Kön	Buch der Könige
Kor	Korintherbrief
L.	der/die Lehrer/Lehrerin, Lehrer/Lehrerinnen
Lev	Leviticus (3. Buch Mose)
Lk	Lukas

M	Material
Mi	Micha
Mk	Markus
Mt	Matthäus
NT	Neues Testament
NTD	Neues Testament Deutsch
o.a.	oben angegeben
Offb	Offenbarung
OHP	Over-Head-Projektor
o.g.	oben genannt
o.J.	ohne Jahr(esangabe)
P.	Papyrus
par./parr.	Parallelstelle(n)
Ps	Psalm
Röm	Römerbrief
RL	Zeitschrift „Religion und Lebenskunde“
RPA	Religionspädagogische Arbeitshilfen
RU	Religionsunterricht
ru	Zeitschrift „Religionsunterricht“
S.	Seite
s.	siehe
Sam	Samuel
s.c.	scilicet = zu ergänzen
s.o.	siehe oben
Sch.	der/die Schüler/Schülerin, Schüler/Schülerinnen
s.u.	siehe unten
sw.	schwarz-weiß
Tb	Taschenbuch
Tim	Timotheus
TP	Tageslichtprojektor
u.a.	unter anderem/n
UE	Unterrichtseinheit
UG	Unterrichtsgespräch
V.	Vers
vgl.	vergleiche
Wdh.	Wiederholung
WT	Wandtafel
zit.	zitiert

1 Schuld und Vergebung – Strafe oder Rehabilitation

1. Theologische und didaktische Aspekte

Die Rede von Schuld setzt eine Rechenschaft fordernde Instanz (z.B. Gott, Vernunft, Gewissen, Menschen- und Bürgerrecht) voraus, deren vorgegebene Norm nicht erreicht wurde. Dementsprechend kann (bei mehr oder weniger fließenden Übergängen) zwischen religiöser, moralischer, krimineller und politischer Schuld unterschieden werden. Parallel dazu liegt die Ebene einer Unterscheidung unmittelbar individuell zu verantwortender Schuld und struktureller Schuld bzw. Sünde, welche analog zum Begriff „struktureller Gewalt" die Verstricktheit in vorfindliche Strukturen bezeichnet, welche schuldfreies Handeln des Einzelnen nahezu unmöglich machen. Die Frage nach Bedingungen solcher Strukturen in der umgebenden Gesellschaft und/oder Psyche des Individuums rührt bereits an das theologische Ringen um Inhalt und Begriff der *Erbsünde* (besser „Ur-" oder „Wurzelsünde"):

Im Streit mit Pelagius betonte Augustin (354–430), dass allein Gottes Gnade aus der seit dem Sündenfall universell und machtvoll herrschenden Sünde befreien kann. Mit Pelagius und gegen die Manichäer betonte er dennoch die Verantwortlichkeit des freien Willens.

Die *biblischen Texte* lassen eine konsequente Unterscheidung von „Schuld" und „Sünde" kaum erkennen.

- Nach Bernhard Bron (EKL, s. 3., zum Stichwort „Schuld", S. 114) legt *Schuld* den Akzent stärker auf den individuellen Aspekt, während *Sünde* eine mehr generalisierende Tendenz umschreibt.
- Ein Blick auf den heutigen Alltagssprachgebrauch (s.u.) zeigt, daß *Sünde* eher die religiöse Komponente (Verantwortung vor Gott, moralischer Kontext), *Schuld* eher die profane Komponente einer Tat (Verantwortung vor der Gesellschaft, juristischer Kontext) meint.
- Darüber hinaus wird gelegentlich (Gestrich, s. 3., S. 246–248) vorgeschlagen, den Begriff Sünde für die irreversible, nicht mehr gutzumachende Schuld zu reservieren.

Im Verständnis der *Reformatoren* wird Sünde als grundlegende Störung des Verhältnisses von Gott und Mensch gewertet. Diese Ursünde bestimmt das Wesen des Menschen; aus ihr entspringen die individuellen Aktualsünden, wobei eine Unterteilung in Tod-, Haupt- und lässliche Sünden (wie in der Alten Kirche und im Mittelalter) allerdings kritisch hinterfragt wird.

Allein die Gnade Gottes in Christus überwindet die Trennung („Sünde") und führt zur Rechtfertigung des Sünders (vgl. Röm 1–3) und zur Versöhnung mit Gott (vgl. 2. Kor 5,20 ff). Die Annahme dieses vorauseilenden Tuns Gottes ist der wesentliche Akt des sich seiner Schuld bewusst werdenden Menschen: Seine Buße ist Umkehr, Richtungsänderung, ein Heraustreten aus der Beziehungslosigkeit (zu Gott und dem Nächsten). Sein Handeln dabei ist Folge, nicht Ursache der Versöhnung mit Gott. Der Mensch muss und kann sich die Annahme nicht durch „gute Werke" erkaufen, der Angenommene aber ist zur Annahme seiner Mitmenschen befreit (vgl. die Reaktion des Zachäus auf den bedingungslosen Besuch Jesu, Lk 19,1–10, sowie das Fruchttragen als quasi „automatische" Folge des Bleibens am Weinstock, Joh 15,5).

Mit Augustin betont Luther das Verständnis von Sünde als Unglaube, Undankbarkeit und Selbstsucht, als „Sein Wollen wie Gott" und Überheblichkeit. Mit Augustin betont er die allein rettende Gnade Gottes, gewinnt seine Erkenntnis aber (s.o.) aus paulinischem Gedankengut und nicht aus der Reflexion einer Ur(zu)standslehre. Trotz der Taufe verbleibt nach Luther die Begierde im Menschen nicht nur als „Zunder" (so die mittelalterliche Theologie) und ist nicht nur auf die Sinnlichkeit beschränkt. Den ganzen Menschen erfassend löscht sie (so Luther gegen Augustin und Humanismus) den freien Willen nahezu aus (vgl. Röm 7,18–24).

Während I. Kant (1724–1804) Schuld noch als mangelnde Verantwortlichkeit vor der „Stimme des inneren Richters" versteht, wird in *Aufklärung und Neuzeit* radikal-kausales Denken als Kriterium für die Entstehung schuldhaften Verhaltens in Anspruch genommen bzw. der Schuldbegriff zunehmend generell in Frage gestellt: Im Zuge des Evolutionsdenkens und soziologischer Betrachtungsweisen wird die gesellschaftliche Prägung des Phänomens Schuld herausgestellt und „Schuldentlarvungstheoreme" (Marx, Nietzsche, Freud) fragen nach einer „Moral ohne Schuld". Verhaltensforschung, Sozialphilosophie und Soziologie verweisen neben den gesellschaftlichen Einflüssen auf angeborene Triebregungen, welche bei der Rede von Schuld (vom Bösen, von der Aggression) zu berücksichtigen sind. Die Psychotherapie unterschiedet zwischen analysierbaren Schuldgefühlen (aufgrund eines allzu strengen Über-Ichs) und wirklicher Schuld.

Unter Kenntnisnahme all dieser Bedingtheiten (durch Sachverständige im Einzelfall) geht der Gesetzgeber in der Regel juristisch dennoch von der persönlichen Verantwortung des Täters und seiner Freiheit im ethischen wie rechtlichen Sinne aus.

Auch die Theologie hält bei aller Achtung und Berücksichtigung der Erkenntnisse der Humanwissenschaften daran fest: „Das sittliche Schuldverständnis des autonomen Menschen ist gegenüber dem theologischen Sündenbegriff abzugrenzen. Sünde kann nicht auf Grund einer Phänomenologie der Schuld eindeutig festgemacht werden, sondern ihre Erkenntnis ist nur im Hören auf das Wort Gottes möglich." (Bernhard Bron, EKL, s. 3., S. 117)

Im Blick auf die biblische Rede von Vergebung ist festzuhalten, dass schon der Gott des Alten Testamentes ein barmherziger Gott ist, der vergibt (z.B. Ex 34,9; Num 30,6.9; Dtn 29,19), Sünde bedeckt und sühnt (Lev 4f), wegnimmt (Lev 10,17), abwischt, abwäscht, reinigt und ihrer nicht mehr gedenkt. Er lässt sie fern sein (Ps 103,12), wirft sie hinter seinen Rücken (Jes 38,17) und in die Meerestiefe (Mi 7,19). Er kehrt das böse Tun der Brüder in der Josefs-Novelle in Gutes und ermöglicht so Vergebung. Am Versöhnungstag belastet der Hohepriester den „Sündenbock" stellvertretend mit der Sünde des ganzen Volkes und „schickt ihn in die Wüste", damit dem Volk Vergebung widerfährt.

Auch in diesem Sinne ist Christus nicht gekommen gänzlich Neues zu bringen, sondern das Alte zu erfüllen (vgl. Mt 5,17): Sein Bild fällt mit dem alttestamentlichen „Knecht Gottes" zusammen (1. Petr 2,21ff). Der Hebräerbrief spricht vom endgültigen Sühnopfer, zeigt Christus als gleichermaßen Priester wie Opfer und somit sowohl die Verwurzelung des Neuen (Testamentes) im Alten wie auch den darüber hinausgehenden Anspruch. Neu gegenüber dem Alten Testament ist vor allem auch die Tatsache, dass im NT der Mensch nicht nur als Objekt, sondern auch Subjekt der Vergebung genannt wird: Christus hat die Vollmacht, Sünden (generell) zu vergeben, an die Seinen weitergegeben – und wer das Vaterunser betet, verspricht seinen (persönlichen) Schuldnern zu vergeben (vgl. dazu die „Schlüsselgewalt" in Mt 16,19).

Zunehmende Schwierigkeit bereitet die angemessene Deutung des Kreuzestodes als Versöhnungstat. Schon die neutestamentlichen Autoren wählen divergierende Begriffe für die zentrale Tat der Vergebung. Insbesondere die synoptischen Evangelien und die Apostelgeschichte sprechen von Vergebung juristisch im Sinne von „Erlass von Schuld und Strafe“, denn Jesus „gibt sein Leben als Lösegeld für viele“ (Mk 10,45). Für Joh 1,36 ist Christus das „Lamm Gottes“. Neben der möglichen Deutung der stellvertretenden Genugtuung als Entmündigung des autonomen Menschen (Kant) entsteht durch das Bild des Schlachtopfers spätestens für die Neuzeit auch ein innertrinitarischer Konflikt: Ist der Sohn der geduldig leidende und der Vater ein abschlachtender Gott? Bedarf der Vater des Opfers des Sohnes? Insbesondere die feministische Theologie hat diesbezüglich immer wieder das Gottesbild Jesu gegenüber einem solch martialischen Vatergott ins Feld geführt und Korrekturen eingeklagt.

Der Jugendsoziologe Heiner Barz hat im zweiten Teil seines Forschungsberichtes „Jugend und Religion“ (s. 3., S. 137) festgehalten, dass der (diffus religiös gefüllte) Begriff Sünde nicht mehr im aktiven Wortschatz Jugendlicher vorkomme, wohl aber von Schuld „in eher wertfreiem Sinne“ die Rede sei. Die Ablehnung des Begriffs Sünde führt Barz u.a. auf die „damit verbundenen, überholten, strengen Moralvorschriften (kein Sex vor der Ehe)“ zurück. Von hier aus lassen sich einige der im Folgenden gewählten didaktischen Leitlinien verdeutlichen:

- *Sünde* ist als theologischer Begriff zwar unaufgebbar, weil er „auf das Element der persönlichen Verantwortung im Phänomen der Entfremdung hinweist“ (P. Tillich).
- Der Begriff Sünde muss jedoch aus seiner moralischen (vor allem antisexuellen) Engführung herausgebracht und im Verständnis der Jugendlichen nahezu diametral entgegengesetzt verankert werden, indem nicht der „Liebesakt“ (vgl. **M 6**) sondern die „Lieblosigkeit“ bzw. „Beziehungslosigkeit“ (vgl. **M 4–5**) zum Leitwort des Verstehens gemacht wird.
- Davon profitiert dann auch der Terminus „Buße“, der nun nicht in erster Linie ein korrespondierendes moralisch rechtschaffendes Verhalten (mit der Gefahr der oben skizzierten Schuldgefühle) meint, sondern schlichtweg eine Bewegungsrichtung: heraus aus der Beziehungslosigkeit, Reaktion auf das Angebot Gottes zur Gemeinschaft (mit ihm und untereinander).
- Damit bereits angesprochen ist die Bewusstmachung von Schuld und Sünde lediglich als die eine Hälfte eines Doppelbildes (vgl. **M 7 a + b**). Trotz aller möglichen Gegenbeweise der Wirkungsgeschichte ist die biblische Botschaft von der Sünde des Menschen nie Selbstzweck, sondern lediglich Durchgangsstation der Rückführung in die Gemeinschaft mit Gott, neutestamentlich gesprochen: Vorbedingung um die „gute Nachricht“ als solche in ihrer ganzen Fülle zu verstehen (vgl. Joh 3,17).

  D.h. die hier angesprochene Thematik ist letztendlich eine freudige; pointiert symboldidaktisch gesprochen: Den Sch. ist zu vermitteln, dass es nicht um den erhobenen Zeigefinger Gottes, sondern um seine ausgestreckte, ganze Hand geht!

In einem zweiten Teil (**M 9–15**) soll dann ausgehend von der biblischen Ur-*Geschichte von Kain und Abel* nach den Beweggründen von Schuldigwerdenden gefragt werden. Weiter sollen verschiedene Formen des Umgangs mit Schuld und Strafe näher betrachtet und (möglichst fächerübergreifend in Zusammenarbeit mit dem Sozialkundeunterricht) in Unterrichtsgängen und/oder Expertenbefragungen der (Jugend-)Strafvollzug, präventive und resozialisierende Maßnahmen erkundet werden. Dabei geht es um die Konfrontation mit aktueller und konkreter (Nicht-)Bewältigung von Schuld. Die Frage nach der eigenen Involviertheit bzw. die Möglichkeit selbst aktiv zu werden hat Vorrang vor exotischen Fallbeispielen: „Wir stellen keine Affen aus, deren gewalttätigsten man mit Bananen füttern darf“ (Öffentlichkeitsbeauftragter einer Jugendvollzugsanstalt auf das steigende und durchaus ambivalente Interesse mancher Gruppen an „Besuchen im Gefängnis“). Auch in Sachen „Schuld und Vergebung“ wird handlungsorientiertes Unterrichten eher für den „Nächsten" vor Ort sensibilisieren müssen, als attraktive Extreme aufsuchen.

Abschließend wird daher ein Planspiel (**M 16**) vorgestellt, welches zum Nachdenken über misslingenden wie auch glückenden Umgang mit Vergebung anregen kann.

Bei alledem sollte sensibel die Situation in der eigenen Klasse mitbedacht werden, was nicht unbedingt mit ihrer direkten Thematisierung einhergehen muss: Auch in den Beziehungen der Sch. untereinander und zu den Unterrichtenden spielen Schuldzuschreibungen, Sündenbockphänomene usw. eine nicht zu unterschätzende Rolle.

Hilfreich für die im Folgenden vorgestellten Unterrichtsideen wären vorangegangene Einheiten, welche „Die neue Gerechtigkeit" an Jesus, Paulus und Luther bereits thematisiert haben.

Als nachfolgende Themen bieten sich Tod und Sterben/Sinn des Lebens, Liebe – Freundschaft – Partnerschaft (auf dem Weg zum Wir) oder der Aspekt der Selbsterlösung in Sekten und Esoterik an.

2. Intentionen

Die Sch. sollen
- Die Selbstbezogenheit des Menschen (nicht zu verwechseln mit gesunder „Selbstwerdung") jenseits moralischer Engführungen als die eigentliche Sünde erkennen,
- Buße als Umkehr in die lebensstiftende Gemeinschaft mit Gott, Mitmensch und gesamter Schöpfung begreifen lernen,
- alle biblische Verkündigung als letztendlich auf die von Gott ausgehende Wiederherstellung solcher Gemeinschaft gerichtet sehen lernen und Vergebung Gottes in Jesus Christus als Erfüllung dieser Linie verstehen,
- verschiedene Formen des Umgangs mit Schuld und Strafe kennen lernen und angemessen bewerten können,
- die eigene Verantwortung für sich, den (schuldig gewordenen) Nächsten und die anvertraute Schöpfung entdecken, ohne an der Last (einer „Werkgerechtigkeit") zu verzweifeln.

3. Literatur zur Vorbereitung

- Barz, Heiner: Postmoderne Religion. Die junge Generation in den Alten Bundesländern. Jugend und Religion 2. Leske + Budrich, Opladen 1992.
- Evangelisches Kirchenlexikon (EKL) (darin die Stichworte „Opfer", „Schuld", „Sünde", „Vergebung" und „Versöhnung"). Vandenhoeck & Ruprecht, Göttingen 1986–1997.
- Gestrich, Christof: Die Wiederkehr des Glanzes in der Welt. Die christliche Lehre von der Sünde und ihrer Vergebung in gegenwärtiger Verantwortung. J.C.B. Mohr, Tübingen 1995[2].
- Haas, Hanns S.: Bekannte Sünde. Eine systematische Untersuchung zum theologischen Reden von der Sünde in der Gegenwart. Verlagsgesellschaft des Erziehungsvereins, Neukirchen-Vluyn 1992.
- Kittel, Gisela: Der Name über allen Namen II. Biblische Theologie/NT. Vandenhoeck & Ruprecht, Göttingen 1996[2] (darin insbesondere: „Gestorben für unsere Sünden. Das Sühnopfer Jesu Christi").
- Müller, Peter: Fasten. Dem Leben Richtung geben. Handreichung für Fastengruppenleiter. Kösel, München 1990.
- Schwarz, Hans: Im Fangnetz des Bösen. Sünde – Übel – Schuld. Vandenhoeck & Ruprecht, Göttingen 1993.
- Westermann, Claus: Genesis (1–11). Biblischer Kommentar Altes Testament I/1). Verlagsgesellschaft des Erziehungsvereins, Neukirchen-Vluyn 1983[3].

4. Unterrichtsideen/Verlaufsplanung

A. Schuld – was ist das?

⇨ In der Mitte des Stuhlkreises sind eine größere Anzahl von *Symbolkarten* (**M 1a + b**) oder z.T. die dort abgebildeten Gegenstände selbst abgelegt, die mit Schuld in Beziehung gesetzt werden können. Die Sch. wählen sich je eine Karte/einen Gegenstand aus und begründen anschließend ihre Wahl, erzählen ihre Assoziationen, Fragen zum Thema usw., z.B.:

Apfel – verbotene Frucht (Gen 2,16–17), „Naschen" aus Nachbars Garten ...
Bibel – spricht viel von Schuld und Sünde, beinhaltet 10 Gebote, ruft zur Besserung, andererseits: in ihrem Namen wurde vielen Menschen übel mitgespielt.
Computer – Viele Gewalttaten werden heute mit modernster Technik geplant und durchgeführt. Computer sind schuld daran, dass mancher seinen Arbeitsplatz verloren hat.
Dritte Welt als letzte auf dem Siegerpodest – Ausbeutung des Menschen durch den Menschen. Bin ich auch darin verwickelt?
Fingerabdruck – dient der Polizei als Beweis für Schuld, für die Anwesenheit des Täters: Liegt Schuld immer klar beweisbar auf der Hand?
Gesetzbuch – Wer Schuld hat, bekommt von der Gesellschaft eine bestimmte Strafe zugewiesen. Wer legt sie fest, wie gerecht ist das Verfahren?
Gitter – Gefängnis als klassische Strafe: Wegsperren oder resozialisieren?
Globus mit aufgeklebtem Zettel „Schuttabladen verboten!" – schuldig werden durch Umweltverschmutzung.
Kreuz – Jesus hat am Kreuz alle Schuld auf sich genommen. Kreuz als Grabmal: Ist der Tod Strafe oder Erlösung?
Maske – Wer Böses tut, maskiert sich, will unerkannt bleiben.
Mauer – Menschen bauen viele Mauern, Wände zwischen einander. Trennung macht schuldig, Schuld trennt.
Pistole – andere bedrohen, erschießen. Ist Selbstmord auch Mord, Schuld?
Schlüssel und Schlüsselloch – sich einschließen, verstecken, schlechtes Gewissen haben; jemand aus- oder einsperren.
Schwarzes Schaf – Jemand ist „missraten" oder wird nur zum „Sündenbock" gemacht von unter Leuten, die ihre „weiße Weste" behalten wollen.
Stein – jemanden „steinigen", ihm Steine in den Weg legen, ein Herz aus Stein haben.
Strafzettel – als Verkehrs"sünder" ertappt.
Waage – Wie schwer ist welche Schuld, kann man sie wiegen, messen ...?
zerbrochenes Herz – Auch in der Liebe kann man schuldig werden, gerade Menschen, von denen man geliebt wird, kann man sehr weh tun ...

Anhand der gesammelten Assoziationen Gespräch über aufgeworfene Fragen und die Begriffe „Schuld" und „Sünde": Wo kommen sie im Alltag vor, wie unterschiedlich werden sie gebraucht?

- Was ist z.B. „sündhaft" an einem teuren Stoff?
- Ist der „Verkehrssünder" wirklich der Inbegriff des Sünders, oder wo kommt der Begriff des „Sünders" im Alltag sonst noch so häufig vor? (Was hat der Bußgeldkatalog mit „Buße" zu tun?)

⇨ Evtl. Sammeln verschiedener *Formen von Schuld* und Versuch, sie bezüglich ihres Gewichtes in eine Reihenfolge zu bringen: Wenn ich meine Hausaufgaben nicht mache – bin ich dann schon „schuldig"? Nach welchen Kriterien richtet sich unser Schuldspruch? (Gruppenarbeit: 10 „Untaten" notieren und nach Diskussion in der Gruppe bzgl. der Schwere der Schuld durchnumerieren.)
Gegen wen kann ich überhaupt schuldig werden? Schüler suchen Beispiele für Schuldigwerden gegenüber: anderen Menschen (als Individuen oder Gesellschaft), der Natur, sich selbst, Gott. Lässt sich das überhaupt trennen? Beispiele für Überschneidungen finden.
Hat Gott als der Schöpfer nicht mit allem zu tun?
Welchen Formen von Schuld sind wir im Gespräch begegnet, wie lassen sie sich systematisieren? Direkte Schuld – indirekte Schuld? Kurzes Gespräch über „strukturelle Schuld": Wir sind hineinverstrickt in ungerechte

Strukturen, werden z.B. indirekt schuldig durch Kauf preiswerter Produkte aus „Billigländern".

B. Vom Umgang mit Schuld

⇨ *Schuldspiel:* Aus Holz oder einfach Pappe hat sich L. ein *stilisiertes „Joch"* vorbereitet und legt es dem neben ihm im Stuhlkreis sitzenden Sch. auf die Schultern. Das Joch trägt die Aufschrift „Schuld" oder ist an den Rändern durchlöchert, trägt dort je einen Pappkarton mit selbiger Aufschrift als Last an einer Schnur ...
Wie reagiert der oder die Schülerin? Wie reagiert „mensch", wenn man ihn mit Schuld belastet? Die Klasse steigt entweder spontan auf das Spiel ein oder nimmt den Impuls als Anlass zum Gespräch. Ansonsten weiter nach **M2**.
Abschließendes Ergebnis: Man kann Schuld auf sich nehmen, weitergeben, gemeinsam tragen, leugnen, vergeben; Menschen können darunter zerbrechen, daran ihre Größe zeigen ...
Wer nach jüdischem Verständnis das „Joch der Gottesherrschaft" bzw. nach christlichem Verständnis „sein Kreuz" auf sich nimmt, erfährt paradoxerweise Befreiung: Es gibt keine Freiheit außer der, selbst zu wählen, wovon man sich bestimmen lassen will.

C. Selbstverwirklichung: Aufgabe oder Sünde?

⇨ Kritische Reflexion von Selbstverwirklichung als Lebensziel durch Bearbeitung der *Bewertungstabelle* **M 3**. Austausch der Ergebnisse erst in Kleingruppen, dann Diskussion im Plenum.

D. Tot – in jeder Beziehung!

⇨ Auflage der Textgraphik *Urfrucht* (**M 4** ohne Arbeitsaufträge) als Folienkopie auf dem OHP.

- Spontane Reaktionen abwarten: „Ein Apfel, genauer: eine Frucht, die durch die schablonenartige Begrenzung als Apfel erscheint, durch den Stiel als 'Urfrucht' erkenntlich ..."
- Falls (trotz des Themas „Schuld" im Religionsunterricht und dem möglicherweise vorausgegangenen Segment A. mit dem „Apfel" in der Reihe der „Schuldsymbole") nicht von selbst Brücken zum Baum der Erkenntnis des Guten und Bösen geschlagen werden, bzw. um den möglicherweise nicht bekannten biblischen Text als Kulisse deutlich zu machen, liest L. Gen 2,15–17 vor und fordert die Sch. zur Fortsetzung auf: „Wer weiß, wie die Erzählung weitergeht?"
- Sch. ergänzen Gen 2,18–3,24 stichwortartig: „Adam und Eva essen, von der Schlange angestiftet, trotz des Verbotes und der Androhung, danach sterben zu müssen."
  Evtl. Gen 3,1–5 von Sch. vorlesen lassen, um den Widerspruch Gott – Schlange zu verdeutlichen, dann provozierende Lehrerfrage:
  „Wer hat Recht behalten – Gott oder die Schlange? Sterben Adam und Eva oder sterben sie nicht?" Verblüffendes Zwischenergebnis: „Die Schlange hat die Wahrheit gesagt, Gott hat gelogen!?"
- L.: „Schaut euch den Apfel noch einmal genauer an. Da ist der Wurm drin!" Sch. betrachten Textgraphik (**M 4**) länger und genauer, entdecken mitten in der „Frucht" die „Furcht": Die „Frucht" der Missachtung von Gottes Rat ist die „Furcht", Adam und Eva haben sich mit der „Frucht" auch die „Furcht" einverleibt.
  „Frucht" und „Furcht" sind sich zum Verwechseln ähnlich, sind Worte aus denselben Buchstaben. Solche Buchstabenspiele werden als *Anagramm* bezeichnet. Vor allem im Barock waren sie sehr in Mode. In okkulten Gruppen wurden sie hin und wieder als Spiele des Diabolus, des Verleumders und Verwirrers, des Wortverdrehers (hier passend zur Figur der Schlange) verstanden.
- L.: „Soweit die Textgraphik. Lässt sich das im biblischen Text nachprüfen?" Arbeitsblatt **M 4** (mit Aufträgen) austeilen. Sch. entdecken im Fortgang der Erzählung (Gen 3,7–24) die Furcht als Grund für das Ende

(den Tod!) der drei grundlegenden Beziehungen des Menschen.

Ergebnis zu Arbeitsauftrag 3: Der Tod schleicht sich in die Beziehung

1. von Mensch zu Mensch (Adam und Eva schämen sich voreinander, ertragen ihre Nacktheit, ihre Verletzlichkeit voreinander nicht mehr – zu Recht: Adam, von Gott zur Rede gestellt, erweist sich als „Petze", schiebt die Schuld auf Eva, von der noch kurz vorher [vgl. Gen 2,23–25] verzückten Liebe keine Spur mehr.),

2. zwischen Gott und Mensch (Adam und Eva fürchten [!] sich vor Gott und verstecken sich),

3. zwischen Mensch und Natur (Weil der Mensch seine Nacktheit nicht erträgt, muss Gott ihm Felle machen. Der Schöpfer muss einem Geschöpf „das Fell über die Ohren ziehen", um ein anderes zu kleiden. Der Mensch „lässt" zum ersten Mal Blut vergießen, andere werden für ihn geopfert, ein anderer muss sich „die Finger schmutzig" machen.).

- L.: „Jetzt steht noch ein Ergebnis im Raum, das wir korrigieren müssen ..." Sch.: „Die Schlange hat gelogen: Der Tod kommt in die Welt, allerdings (als Störung aller wesentlichen Beziehungen) anders und umfassender und nicht weniger bedrängend als anfangs gedacht."
  Fazit: Das Ende der Beziehung(en), aus denen man lebt, ist der eigentliche Tod.
- Die Bearbeitung von **M 5** (Arbeitsblatt) führt in einem fiktiven Brief des Apostels Paulus an die Schweden (**M 5a**) zu der Erkenntnis, dass „So wie die Insel vom Festland getrennt ist durch den Sund, der Mensch von Gott getrennt ist durch die Sünde" (Lückentext, Auftrag 1). Als besonders einprägsam (Frage 2) erweist sich die Klangparallele „Sund – Sünde", die plakativ das Verständnis von Sünde nicht im Sinne moralisch verwerflicher Einzeltaten (theologisch „Aktualsünden"), sondern als generellen Zustand des Getrenntseins unterstreicht.
  Die „Karte" (Frage 3 und **M 5b** im Stile mittelalterlicher Allegorisierung) unterstreicht das „geographische" Sündenverständnis, dass sich in der Bibel selbst in der ebenfalls mythologisch-geographisch gedachten Vertreibung aus dem Paradies manifestiert hat.

Frage 4 zielt auf die Ablehnung jeglicher Werkgerechtigkeit: Christus (Christi Kreuz) ist die Brücke die vom Hei-Land zum Eiland geschlagen wurde. Exkurs: „Niemand ist eine Insel" – Was meint dieser Titel? Was meint somit die Karte, wenn sie den Menschen als Insel („Eiland") bezeichnet?

E. Kann denn Liebe Sünde sein?

⇨ Auflage von Max Beckmanns *Adam und Eva* als Folienkopie auf OHP oder **M 6** als Arbeitsblatt an alle Sch. verteilen.
Evtl. reagiert die Lerngruppe spontan, sonst L.: „Vergleicht das Bild mit dem biblischen Text, den es laut Titel aufgreift". (Bibeln als Klassensatz bereithalten: Gen 2,16–3,7ff). Alternativ: Arbeitsaufträge auf **M 5** bearbeiten.
Ergebnis: Die Schlange (mit böse blickendem wolfsähnlichen Kopf) und der Baum im Hintergrund lassen an das Nehmen von der verbotenen Frucht denken, aber statt eines Apfels reicht Eva Adam ihre rechte Brust (Frage 2). Die blühenden Blumen im Hintergrund sollen wohl andeuten, dass sich beide noch im Garten Eden befinden, aber der dunkel zwischen ihnen stehende Baum und die zumindest ambivalente Haltung Adams bringen bereits zum Ausdruck, dass zwischen beiden nicht mehr jene Innigkeit herrscht, mit der er sie einst begrüßte (vgl. Gen 2,22–25 und Frage 6). Wenn Beckmann damit die Sexualität als die verbotene Frucht schlechthin hinstellt (Frage 7), so folgt er zwar einer lange (leider auch durch die Kirche selbst) verfolgten Linie, befindet sich jedoch im Widerspruch zum biblischen Text, der mit Gen 2,23–25 das leibliche Einswerden von Mann und Frau als Geschenk Gottes ausweist. In Fortführung der unter B. erarbeiteten Inhalte lässt sich sogar festhalten: Wenn der Tod von Beziehungen zentraler Ausdruck der Sünde ist, kann alles, was zur

Vertiefung einer Beziehung dient, nicht Sünde sein. Gerade hier liegt aber auch das Kriterium: Dient die Sexualität dem Einswerden beider oder nur der Befriedigung eines der beiden, nur der Verzweckung, dem Benutzen des anderen?

F. Der Sündenfall – nur die eine Seite des Doppelbildes

⇨ Auflage von **M 7a** als Folienkopie auf den OHP und/oder Austeilen als Arbeitsblatt.
Spontane Reaktionen (evtl. schon diffus zur gesamten Bildhälfte) abwarten, dann durch weitere Abdeckblätter oder Pappe mit Lochausschnitt (Lochgröße ein gutes Viertel der Bildhälfte) die Ansicht auf folgende Details eingrenzen und die Bildinterpretation so vertiefen:

- Links im Hintergrund erkennen die Sch. Adam und Eva, die gerade vom Baum der Erkenntnis genommen haben und sich schon mit Blättern die „Scham" bedecken.
- Im Vordergrund wird „der Mensch" (nicht unbedingt mit dem Mann des Hintergrunds identisch und ohne gesonderten Verweis auf Eva) von Tod und Teufel aus dem Paradies getrieben. (Möglicherweise ist die Bartlosigkeit Adams hier ein Hinweis auf das „Sündigen von Jugend an".)
  Blick und Hände des Vertriebenen sind schräg nach oben gerichtet, als wolle er sich bei dem beschweren, dessen Urteil Tod und Teufel nur vollstrecken.
- Rechts vorn aber stehen Mose und die Propheten und machen jede Ausrede des Angeklagten zunichte: In den 10 Geboten steht das Gesetz geschrieben, das zu halten ihm aufgegeben war.
- Über allem thront der Weltenrichter und schließt das Unentrinnbare der Situation gemäß der (hier nicht erkennbaren) Inschrift unter dem Bild ab: „Es wird Gottes Zorn offenbart vom Himmel über aller Menschen gottlos Leben und Unrecht. Wir sind allzumal Sünder ..."
- Den einzigen Hoffnungsschimmer bildet der Bildausschnitt in der Mitte rechts. Die den Schülern sicher kaum bekannte Szene (Num 21,6–8) muss erläutert oder nachgelesen werden: Zur Erlösung von der selbstverschuldeten Schlangenplage während der Wüstenwanderung (nach dem Auszug aus Ägypten) lässt Gott eine eherne Schlange aufrichten, deren Anblick das bußfertige Volk gesunden lässt. Die sich um den T-förmigen Stab windende (hier jetzt heilbringende!) Schlange wird damit bereits in neutestamentlicher Lesart zum Hinweis auf den erlösenden Kreuzestod Christi.

Alternativ kann der zuletzt angesprochene Bildausschnitt auch (vorerst) übergangen werden, zumal die im Folgenden beschriebene Fortsetzung dann noch plakativer zur Geltung kommt.
Auflage von **M 7b** als Folienkopie auf dem OHP und/oder Verteilen als zweites Arbeitsblatt:

- Am deutlichsten für die Lerngruppe erschließt sich die Gesamtszene als Bild von Kreuzigung und Auferstehung Jesu. (Nach johanneischem Verständnis liegt beides dicht beieinander, wird nahezu identisch.)
- Mit der Wiederentdeckung des auferstandenen Gekreuzigten als des Weltenrichters aus dem vorangegangenen Bild und der nackten Figur links im Vordergrund als (des nun wieder bärtigen) Adam decken die Sch. erste Bezüge zwischen beiden Bildern auf.

Demonstrativ beide Folien (**M 7a + b**) nebeneinander legen und bis zur Überlappung annähern:

- Es handelt sich um zwei Hälften ein und desselben Bildes (bzw. Doppelbildes „Sündenfall" und „Erlösung", Lucas Cranach 1529).
- Deutung: Ebenso gehören die gezeigten Inhalte zusammen. Die selbstverschuldete Gottesferne kann der Mensch nicht mehr alleine überwinden, ebenso wenig wie die damit korrespondierende Todesangst. Es braucht die Zuwendung Gottes in Kreuz und Auferstehung Jesu.

In interessierten Lerngruppen können nun noch, die sich gerade aus der Symmetrie der

Bildhälften erschließenden Details der zweiten Folie betrachtet und gedeutet bzw. die Gesamtinterpretation vertiefend abgerundet werden.

Je nach zur Verfügung stehender Zeit, Stellung der Stunde im Rahmen bisher behandelter Thematiken usw. können dabei Verbindungen mit dem Gedankengut der Reformation angesprochen werden. Sie sind bei näherem Hinsehen so markant, dass eine direkte (und bezüglich anderer Werke ja bekannte) Zusammenarbeit Luther-Cranach nicht auszuschließen ist, so trägt diese Bildhälfte im Original z.B. die Unterschrift: „Der Gerechte lebet seines Glaubens. Wir halten, dass der Mensch gerecht werde allein durch den Glauben, ohne des Gesetzes Werke!"

Ergebnis der Detailbeschreibungen zur zweiten Bildhälfte:

- Dem Fingerzeig des Mose auf das Gesetz, auf die 10 Gebote dort, entspricht hier der Fingerzeig Johannes des Täufers auf den gekreuzigten und auferstandenen Christus. Hilfe zur Deutung durch Sch.: „Wer hat (vgl. Lk 3) quasi als Vorgänger auf Jesus hingewiesen?"
- Gerade diese Gegenüberstellung (Mose – Christus) entspricht der (auf Paulus fußenden) Antithetik (Gesetz – Evangelium) der Reformation. Sie findet ihre Entsprechung in den korrespondierenden Handhaltungen Adams: Der aus dem Paradies Gejagte kapituliert mit verzweifelt erhobenen Armen vor dem durch das Gesetz sprechenden Gott. Der auf Jesus Verwiesene findet zur Gebetshaltung, denn in Christus als der dem Menschen zugewandten Seite (Bildhälfte!) Gottes ist Rettung möglich – das Gesetz allein verurteilt zum Tod.
- Rechts vorne triumphiert das Lamm als Christussymbol über zwei Gestalten, die mehr oder weniger Tod und Teufel repräsentieren (Skelett und gehörnter, ein Horn schlangenartig windender „Drache").
- Im Hintergrund sieht man Hirten mit ihren Schafen und einen vom Himmel herabschwebenden Engel: Die Weihnachtsszene der Geburtsverkündigung.
- Auch die Nahtstelle der beiden Hälften, der Baum, verdient besondere Betrachtung: Zur Linken hin ist er verdorrt, zur Rechten hin grünt er.

G. „Schuld" und „Buße" – das Kirchenjahr

⇨ Die erste Themenreihe abschließend werden „Schuld" und „Buße" anhand der Kopiervorlage **M 8** im Kirchenjahr verortet und der Zusammenhang mit verschiedensten Fastenbräuchen und Aktionen gesucht. (Hierzu, zu den liturgischen Farben usw., können auch diverse Befragungen durchgeführt oder Experten eingeladen werden.)

H. Kain und Abel – Urgeschichte der Vergebung

⇨ **M 9** (Lorenzo Ghiberti, 1378–1452, *Kain und Abel*, Bronzerelief) als Folienkopie auf OHP auflegen oder als Arbeitsblatt verteilen.

L.: „Das Bild zeigt verschiedene Stationen ein und derselben Geschichte – wer (er)kennt sie?"

Nach Titelnennung Sch. den Text in der Bibel suchen lassen (Gen 4,1–17), anschließend gemeinsames Lesen.

Durchnumerierung der einzelnen Stationen des Bildes in der Reihenfolge der biblischen Geschichte (vgl. Arbeitsauftrag auf Kopiervorlage **M 5**).

Nacherzählung durch Sch. anhand der Stationen des Bildes:

1 – Links oben sitzen Adam und Eva mit den Kindern Kain und Abel friedlich vor ihrer Hütte.

2 – Darunter sieht man Abel seine Herde hüten.

3 – Noch weiter darunter pflügt Kain seinen Acker mit zwei Ochsen.

4 – Rechts oben sieht man die beiden Brüder beim Opfer. Als (in der Bibel nicht erwähntes) Zeichen der Annahme von Abels Opfer steigt dessen Flamme auf, während Kains Flamme sich auf ihn zubeugt. Auch Kain selbst ist in Blick und Handhaltung eher auf sich selbst bzw. sein Opferfeuer bezogen, Abels Blick und

Haltung sucht den Kontakt zu Gott, der sich über allem schwebend zuwendet.

5 – Kain ist über die vermeintliche Zurückstellung verbittert und erschlägt (im Bild darunter) seinen Bruder mit einem Knüppel, womöglich hat er dafür den Hirtenstab seines Bruders missbraucht. Das wäre eine subtile Bildumsetzung der frechen Antwort, als Gott ihn nach dem Verbleib des Bruders fragt: „Soll ich meines Bruders Hüter sein?“ (Gen 4,9b) Der Stab als Symbol des (Schafe) Hütens wird missbraucht von dem, der sich selbst nicht davor hüten konnte (vgl. Gen 4,7) den eigenen Bruder mit dem „Hüte-Stab“ zu erschlagen, anschließend jegliches Behüten frech von sich weisend.

6 – Da der „Richter“ aber „im Bilde ist“ nutzt alles Leugnen dem Brudermörder nichts. Unter der Last der Strafe bricht er gestehend fast zusammen und fürchtet Vergeltung. All dies aber zeigt der Künstler nicht: Der strafende Gott ist für ihn kein Thema. In der Tat geht es der biblischen Erzählung eher um die Barmherzigkeit Gottes trotz allem, eher um die Aufforderung zu Schutz und Resozialisierung des Täters als um Mitleid für das Opfer: Kains Hand ist empfangend Gott entgegengestreckt. Der gibt ihm ein Zeichen als Schutz (und nicht, wie in manch anderem Kunstwerk und der Volksfrömmigkeit oft gedeutet, als Stigmatisierung). So kann Kain sich auf den Weg machen in ein neues Leben, der „Hüte-Stab“ taucht ein drittes Mal auf, wird zum mahnenden Wegbegleiter.

L. leitet zum Hören des Liedes *Ich bin der Stein* von der MC „Gottes Geist bewegt die Erde“ (Bonifatius Verlag, Paderborn) (**M 10**) über. Die Sch. notieren in Partner- oder Gruppenarbeit den kurzen, mehrfach wiederholten Liedtext. Anschließend Vergleich mit der Erzählung von Kain und Abel:

- Ich bin der Stein, der ihn warf und den er getroffen ...
  Wir finden uns in allen drei Positionen des Schuldigwerdens wieder, sind manchmal Täter, manchmal Opfer, manchmal das (mehr oder weniger willige) Werkzeug einer Tat.
- ... Hüte mich vor mir selber.
  Sich selbst zu beherrschen ist die schwerste Herrschaft, aber der wirksamste Schutz für alle, denn der Versuch, sich vor anderen zu schützen, hat oft genug die perversesten Formen der Abschreckung angenommen.

L.: „Das im Lied angesprochene Tanzen ist wörtlich gemeint. Das Original ist eine alte griechische Ballade, die traditionellerweise getanzt wurde. Eigentlich ist es ein Tanz nur für die Männer. Ein Trauer- und Warntanz, nicht immer so unbedacht drauflos zu schlagen und zu stechen. Wer genau hinschaut, kann in den Figuren des Tanzes die ganze Geschichte wiederentdecken.“

Es folgt von L. angeleitet der Tanz (Beschreibung siehe **M 10**) zum wiederholt eingespielten Lied von der MC.

Der Tanz verstärkt die schon meditativ-besinnliche Stimmung des Liedes (das eigentlich nur die zweite Hälfte der bewegt beginnenden Ballade ist, aber schon ein längeres Eigenleben in verschiedensten Folkloretanzgruppen führt).

Seinem „Sitz im Leben“ nach ist es ja ein Mahntanz am Ende rauschender und weinseliger Feste, ein (heutigen Discobesuch abschließend fehlendes) „calm-down“.

Die Verortung des Liedtanzes als „Männersache“ zu vorgeschrittener Stunde hilft erfahrungsgemäß manchem sonst nicht gerade tänzerisch veranlagten Jugendlichen mitzutun und sollte schon von daher nicht verschwiegen werden.

Abschließend sollte den Sch. Gelegenheit gegeben werden, ihre Empfindungen und Beobachtungen zu äußern, für den Tanz selber ist aber absolutes Schweigen und der Versuch ernsthafter Ergründung der Tanzwirkung vereinbart worden.

Die Nachbesprechung bestätigt und vertieft in der Reflexion möglicher Schritt- und Figurensymbolik (siehe Arbeitsblatt/Kopiervorlage **M 10**) in der Regel die Interpretation der Erzählung von Kain und Abel.

I. Kain und Abel heute

⇨ Arbeitsblatt (**M 11**) austeilen, gemeinsames oder stilles Lesen, spontane Reaktionen abwarten.

Je nach Kontext in der Unterrichtseinheit kann die Erzählung betrachtet werden als
- Psychogramm einer problematischen Geschwisterkonstellation (auch ohne Kenntnis der biblischen Vorlage von Gen 4)
- ausschmückende Aktualisierung bzw. Verfremdung der Erzählung von Kain und Abel.

Mögliche Leitfragen im (letztendlich beide Lesarten verbindenden) Unterrichtsgespräch:
- Welches Motiv hat K.
- Welches Problem für die Rechtsprechung wird deutlich? (individuelle Verantwortung und Schuldminderung durch zu berücksichtigende Umstände)
- Inwiefern interpretiert die Erzählung den biblischen Text?

J. Vom Prozess bis zur Resozialisierung – Stationen im Rollenspiel

⇨ Mehr oder weniger selbständig sollen ein bis drei *Rollenspiele* zu verschiedenen Brennpunkten der Problematik (siehe **M 12**) erarbeitet werden. Möglich ist z.B.
- die Erarbeitung von *Rollenspiel A* durch die gesamte Klasse. Als Anregung für die Überlegung einer „Vorgeschichte" (**M 12**, Gruppe 1, Spiegelstrich 3) kann **M 11** dienen.
- die Erarbeitung der *Rollenspiele (A) B und C*, wobei eine besonders interessante Variante entsteht, wenn nach der Erstellung von Rollenkarten usw. durch die Sch. selbst die Gruppen getauscht werden, d.h. jede Gruppe die von den anderen vorbereitete Situation mit deren Karten spielt.

Rollenspiel B greift spielerisch die Probleme auf, die z.B. zwischen engagiertem Religionslehrer, Kollegium, Schulleitung, Klasse, Eltern („Unsere Kinder sollen nicht durch schlechte Beispiele angesteckt werden") entstehen können, wenn „Berührungsängste" mit Betroffenen aufgegeben werden.

K. Formen von Strafe

⇨ Im Anschluss oder als informierender Einschub zum Rollenspiel **M 12a** sowie möglichen Unterrichtsgängen bzw. Expertenbefragungen können die verschiedenen Straftheorien und konkreten Strafen (**M 13**) erarbeitet bzw. diskutiert werden.

Z.B. können die auf **M 13** genannten biblischen Texte ausgegeben werden, die rechte Spalte wird vor dem Kopieren abgedeckt und ist von den Sch. in Gruppenarbeit zu ergänzen. Ergebnisvergleich durch abschließendes Unterrichtsgespräch und Folienauflage von **M 13** mit rechter Spalte.

Stundenabschluss mit dem Lied *Unsere Rache ist die Vergebung* (**M 14**) nach kurzer L.-Information über Ernesto Cardenal, oder Informationsbeschaffung als Hausaufgabe bzw. Brückenschlag zur nächsten Stunde, vgl. Arbeitsaufträge auf **M 14**.

L. Soll ich sein Hüter sein? – Theorie und Praxis der Resozialisation

⇨ Nach Ausgabe von Arbeitsblatt/Kopiervorlage **M 15** Bildbetrachtung (Arbeitsaufträge 1–3):

An der Haltestelle vor der Strafanstalt ist der gerade Entlassene mit gestreiftem Anzug und „Persilschein"-Paket (traditionelle Stereotypen) unzweifelhaft zu erkennen. Der „Reingewaschene" ist nach wie vor „gezeichnet" (vgl. die Stigmatisierung gegen die Ursprungsabsicht schon in der Wirkungsgeschichte des Kainszeichen, s.o.). Die anderen wähnen sich als Richter (vgl. ihre Kopfbedeckung!) oder entspricht das Bild nur der Befürchtung des Noch-Häftlings (denn es „haftet" ihm alles noch an)?

Der Vergleich mit dem Gedicht vertieft den Aspekt zum Scheitern verurteilter Resozialisation auf Grund mangelnder Akzeptanz des Täters in der Gesellschaft. Die Pointe des Textes lässt den Leser die Kainsfrage (Gen 4,9) stellen: Unvermittelt aus der Perspektive des möglichen Opfers gestoßen, sieht er sich nun in der Rolle des Täters.

M. Vergebung als „Show"?

⇨ Gemeinsam mit den Sch. das Planspiel *Vergib mir* (**M 16**) vorbereiten, durchführen und reflektieren. Im Anschluss an die Beobachtungsaufträge für die Zuschauer die Inszenierung entsprechender Fernsehspektakel problematisieren: Demnächst vielleicht „Beichtstuhl TV – Aus 1000 Bewerbungen hat unser Moderator die perversesten Beichten herausgesucht. Erleben Sie fünf schwere Jungs und leichte Mädchen beim schwersten Gang ihres Lebens. Die Absolution erteilt Pfarrer Dr. Glotz"?

5. Das Thema in Schulbüchern und Unterrichtsmaterialien

- Besser-Scholz, Birgit (Hg.): LebensZeichen 9/10. Vandenhoeck & Ruprecht, Göttingen 1992 („Gewissen", S. 22–35; „Todesstrafe", S. 46–50).
- Gadesmann, Frieder (Hg.): Das Leben suchen. Religion 9/10. Diesterweg, Frankfurt a.M. 1988 („Leistung – Schuld – Gerechtigkeit", S. 53–66).
- Kluge, Jürgen (Hg.): Entdeckungen machen 2, Grundausgabe. Cornelsen, Berlin 1993 (S. 31–35).
- Kwiran, Manfred und Röller, Dirk (Hg.): Glauben und Leben. Ausgabe für Realschulen. 9./10. Schuljahr. Schroedel, Hannover 1990 („Strafe muß sein?", S. 93–102).
- Schmidt, Hans u.a. (Hg.): Das neue Kursbuch Religion 9/10. Calwer/Diesterweg, Stuttgart/Frankfurt a.M. 1988 („Ab in den Knast", S. 28–41).

6. Materialien und Medien

Arbeitshilfen für die Hand der Gruppe
- Graff, Michael: Stolperspuren in den Himmel. Umkehr + Vergebung = Leben. Bonifatius, Paderborn 1988.
- Leben light?! Themenheft der Zeitschrift „Religion betrifft uns" 1/1992. Bergmoser und Höller, Aachen 1992.
- Müller, Peter: Fasten. Dem Leben Richtung geben. Lese- und Übungsbuch zum spirituellen Fasten. Kösel, München 1990.

Dias
- Corinth, Lovis: Kain, 1917. Der Brudermord, in: Dia-Bücherei Christliche Kunst 14. Verlag am Eschbach, Eschbach 1985.
- Gesetz und Gnade. Reformationsfest 1990. 8 f. Materialstelle für Gottesdienst, Nürnberg 1990 (IV/1991).
- Gruber, Elmar/Giebeler, H.: Entschuldigt werden 8 f. Dia Meditation 15. Impuls-Studio, München o.J.

Folien
- Gröger, Regina: Wohin mit meiner Schuld? 6 f. Materialbrief Folien 1/95. Deutscher Katechetenverein, München 1995.

Tonbilder
- Rzitka, Johannes und Kepser, Peter: Umkehr zum Leben. 3 Teile, 79 f. Steyl-Medien, München 1989.
- Rzitka, Johannes u.a.: Vergib uns unsere Schuld. 24 f.-Kassette – 19 Min. Steyl-Medien, München 1988.

Video
- Kottke, Horst/John, Heinz: Die im Dunkeln ... Diakonie – das notwendige Tun. 30 Min.-f.-Kurzspielfilm. Calwer, Stuttgart 1988 (Schwerpunkt: Resozialisierung).
- Kroneberg, Eckart: Sündenböcke oder die Aufzucht von Unschuldslämmern. 22 Min.-f.-Dia-Produktion auf Video. Evangelisches Forum Berlin, 1985.

Schuldsymbole

M 1a

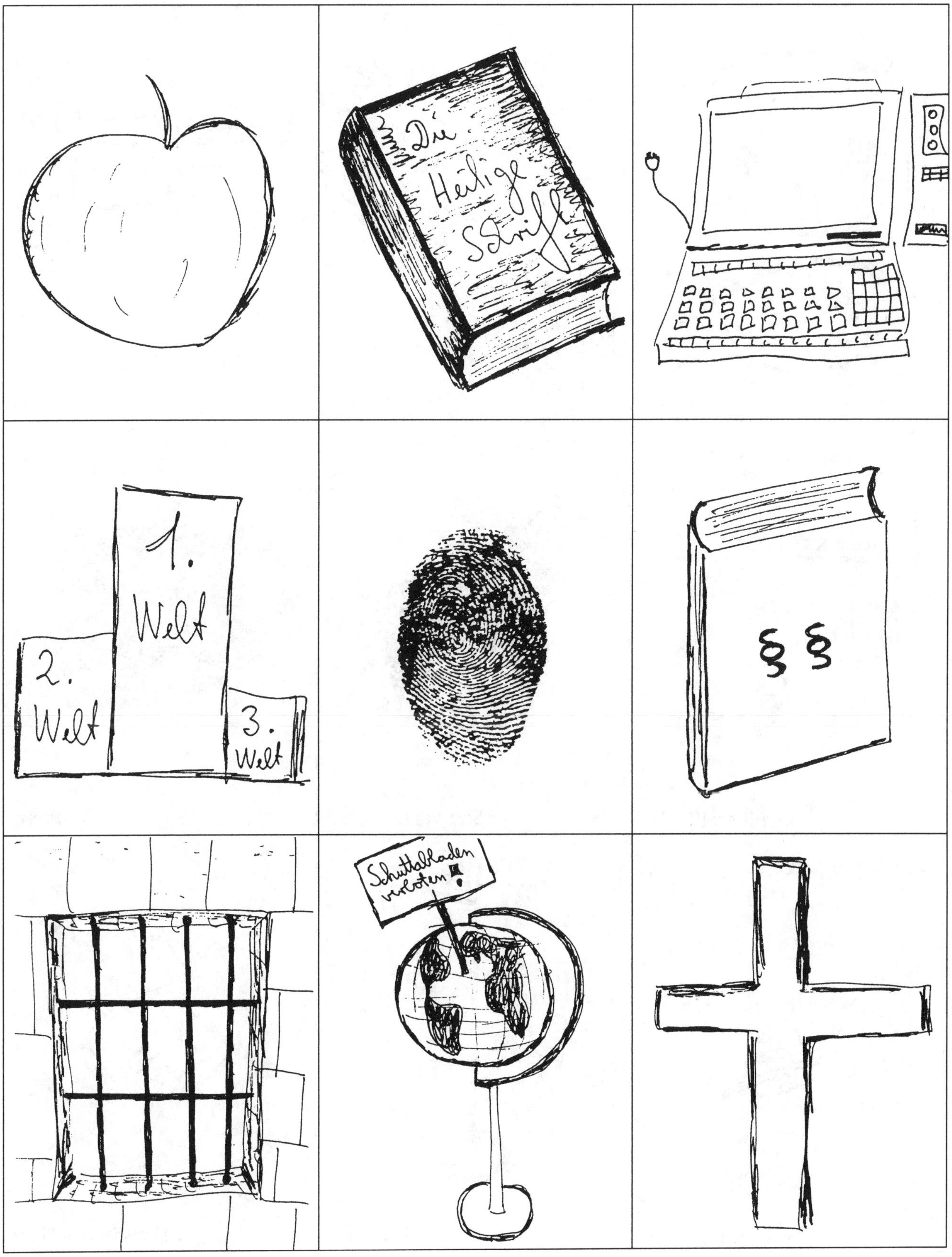

M 1b

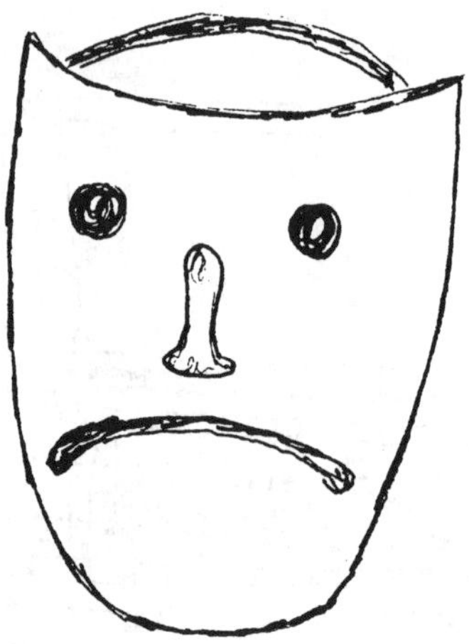

Maske

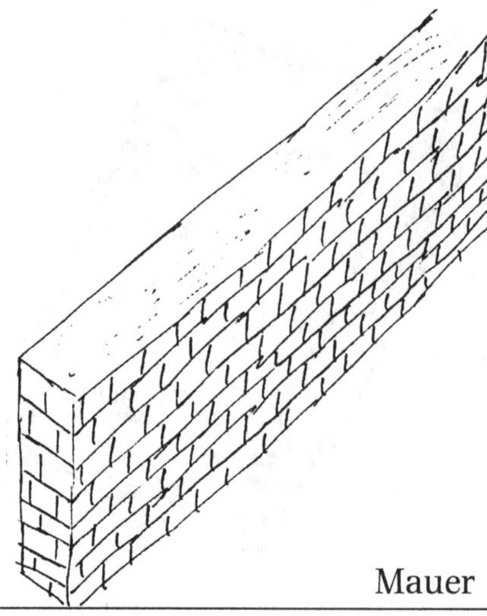

Mauer

Pistole

Schlüssel(loch)

Schwarzes Schaf

Stein

Strafzettel

Waage

Zerbrochenes Herz

M 2

Wer oder was herrscht über uns?

Löst die folgenden Aufgaben in (arbeitsteiliger) Gruppenarbeit, tauscht euch aus und beratet schwierige Antworten gemeinsam:

1. Was ist ein „Joch"? Kennst du ein Verb dazu, was ist damit gemeint?
2. Gibt es ähnliche Gegenstände, an die das Joch dich erinnert? Welche Funktion und mögliche Symbolik haben sie?
3. Gott fordert den Propheten Jeremia auf, sich ein Joch an den Hals zu hängen und damit unverantwortlich herrschende Könige (und Völker) aufzusuchen. Was soll diese Zeichenhandlung? (Lies Jer 27,2 im Zusammenhang nach!)
4. Der fromme Jude nimmt (z.B. im Gebet) das „Joch der Gottesherrschaft auf sich" und fühlt sich doch gerade dadurch frei. Versuche zu erklären!
5. Lies die folgenden Stellen im Neuen Testament nach: Mt 11,28–30 und Gal 5,1 – 4. Was ist hier jeweils mit „Joch" gemeint?
6. Lies Mt 16,24. Was haben „Kreuz" und „Joch" gemeinsam, was unterscheidet sie? Inwiefern können beide als Schuldsymbole bezeichnet werden? Warum reicht diese Bezeichnung nicht aus?
7. Wir wollen anschließend unsere „Zeichenaktion" mit dem Joch als Schuldsymbol fortsetzen: Welche verschiedenen Arten mit Schuld umzugehen kennst du? Versuche einige davon mit den anderen zusammen zu spielen, pantomimisch, bzw. unter Einbeziehung des Jochs anzudeuten! (Notiere dir dazu evtl. einige Sätze mit dem Anfang „Schuld kann man ...".)
8. Welchen Umgang mit der Schuld wählt Hananja im Anschluss an das Auftreten Jeremias? Lies dazu Jer 28.

M 3

Ichstärke: Lebensziel oder Sünde?

1. Ordne die folgenden Begriffe mit Bleistift in der Werteskala ein, ändere evtl. noch, nachdem du alles gelesen hast. Wenn du weitere, in den Zusamenhang passende Begriffe weißt, ergänze sie.

	++	+	+/-	-	--
Selbstbetrug					
Selbstverleugnung					
Selbstwerdung					
Selbstfindung					
Selbstaufgabe					
Selbstverwirklichung					
Selbstliebe					
Selbstbeweihräucherung					
Selbstverherrlichung					
Selbstanbetung					
Selbstlosigkeit					
Selbstständigkeit					

2. Welches Problem bzw. welche Frage verbirgt sich hinter dieser Aufgabe?

M 4

Dass die verbotene Frucht ein Apfel ist, steht nirgends in der Bibel. Wahrscheinlich handelt es sich um einen Übersetzungsfehler (aus) der *Vulgata*, der lateinischen Bibelübertragung. Im Lateinischen nämlich gleichen sich der Baum (der Erkenntnis des Guten und) des Bösen und der Baum des Apfels („malum") zum Verwechseln.

1. Ein Verwechselungsfehler steckt auch im nebenstehenden Bildwort. Wie heißt der „Wurm" (die Schlange?) im Apfel?
2. „Frucht" ist sehr viel offener als „Apfel". Welche Deutungen des Symbols von der verbotenen Frucht kennst du? Welche erscheinen dir angemessener als andere? Welche würdest du als „Ursünde" der Menschheit oder auch der heutigen Zeit ergänzen?
3. Wo schleicht sich der Tod in die zugrunde liegende biblische Erzählung, was stirbt bzw. verändert sich dort ins Negative? Welche Rolle spielt dabei, was Adam und Eva nach obigem Textbild (mit)gegessen haben?
   Achte besonders auf
   a) Gen 3,7 und 3,12
   b) Gen 3,8 und 3,10
   c) Gen 3,21.
   Finde für die Ergebnisse a) – c) eine gemeinsame Überschrift!

M 5a

Wenn es einen Brief des Paulus an die Schweden gäbe ...

... dann enthielte er möglicherweise folgenden Wortlaut:

So wie die Insel Öland getrennt ist vom Festland durch den Sund, so auch ist der ________________

getrennt von ______________________________ durch die ______________________________

Da aber ein Unwetter aufkam und die Wasser die Insel zu zerstören drohten, ließ der König vom Festland eine Brücke zur Insel schlagen, dass alles Volk gerettet würde, das über sie hinwegging. Diese Brücke aber ist ______________, der geschlagen wurde, auf dass ihr dem Tod entrissen werdet.

So versucht also nicht zu schwimmen oder zu segeln, denn das Unwetter wird euch abtreiben ins weite Meer. Die Brücke aber steht fest und der Rachen der Untiefe kann sie nicht verschlingen.

1. Ergänze die Lücken. Die „Landkarte“ unten kann dir helfen.
2. Wer oder was wird jeweils womit in Beziehung gesetzt? Einer der Vergleiche ist aufgrund des Gleichklangs besonders einprägsam.
3. Die Eintragungen auf der Karte lassen sich auch als „mittelalterliches Rätselgedicht“ lesen.
4. Was meint „Paulus“ in der Übertragung mit „versucht nicht zu schwimmen oder zu segeln“? (Lest evtl. dazu aus dem Brief des Paulus an die Römer 3,23 + 24;3,28)

Ein geistlich Landkart

M 5b

von Ironymus Satyr

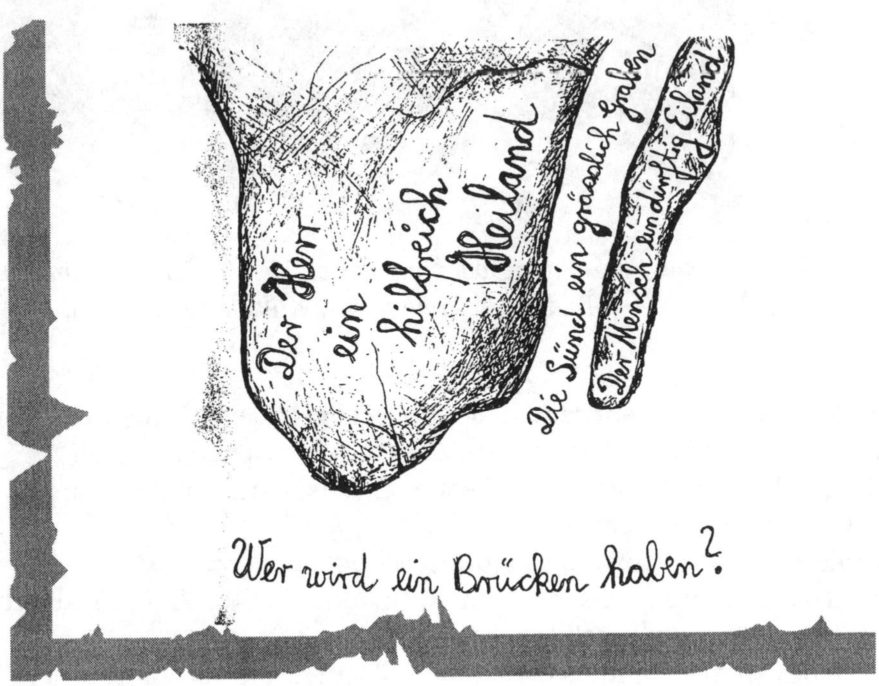

M 6

Max Beckmann, Adam und Eva, 1917; © VG Bild-Kunst, Bonn 1998; Bildarchiv Preussischer Kulturbesitz, Berlin, 1998.

1. Welche biblische Szene wird hier variiert abgebildet? (Gib den Vers genau an.)
2. Worin besteht die Variation gegenüber dem biblischen Original?
3. Gib wieder, was die beteiligten Personen denken, fühlen könnten.
4. Beschreibe ihre Körpersprache.
5. Findest du das Bild bzw. die Figuren „schön“?
6. Passt die Stimmung zwischen ihm und ihr eher zu Gen 2,22–25 oder zu Gen 3,7 und 3,12? Welche weiteren Bild-Details helfen bei der Zuordnung?
7. Welches Missverständnis wird durch Bilder wie dieses „transportiert“?

M 7a

M 7b

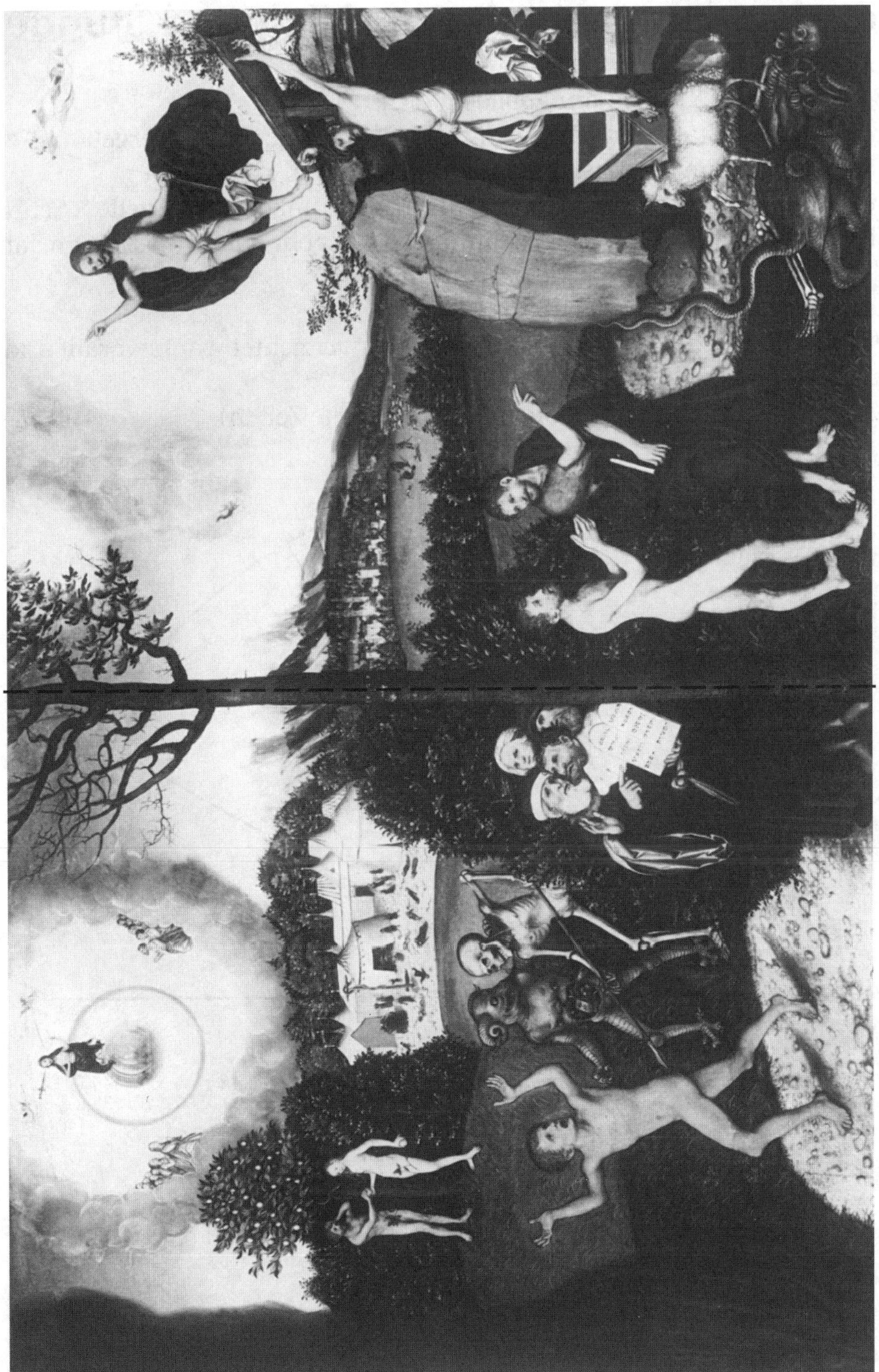

Lucas Cranach d. Ä., Sündenfall und Erlösung, 1529; Sächs. Landesbibliothek, Staats- und Universitätsbibliothek Dresden, Dezernat Deutsche Fotothek.

M 8

Büßen und fasten – Alles Tun unter dem Himmel hat seine Zeit und Stunde?

1. Der unten stehende Kreis soll das Kirchenjahr abbilden.
   Wann beginnt es? Zeichnet alle Stationen ein, die mit „Schuld, Sünde, Buße, Vergebung“ zu tun haben. Macht euch Stichworte, um den Zusammenhang erklären zu können.
2. Zeichnet alle Zeiten ein, die in christlicher Tradition als Buß- bzw. Umkehrzeiten gelten. Schraffiert dazu das jeweilige „Tortenstück“ des Kreises in der Farbe, die in der christlichen Tradition dafür als liturgische Farbe gilt.
3. Sind die traditionellen Fastenzeiten damit identisch?
4. Erkundigt euch über Fastenbräuche und Fastenaktionen: Wer verzichtet wann worauf und warum?
5. Wie bewertet ihr das Festlegen solcher Traditionen (auf bestimmte Zeiten)?

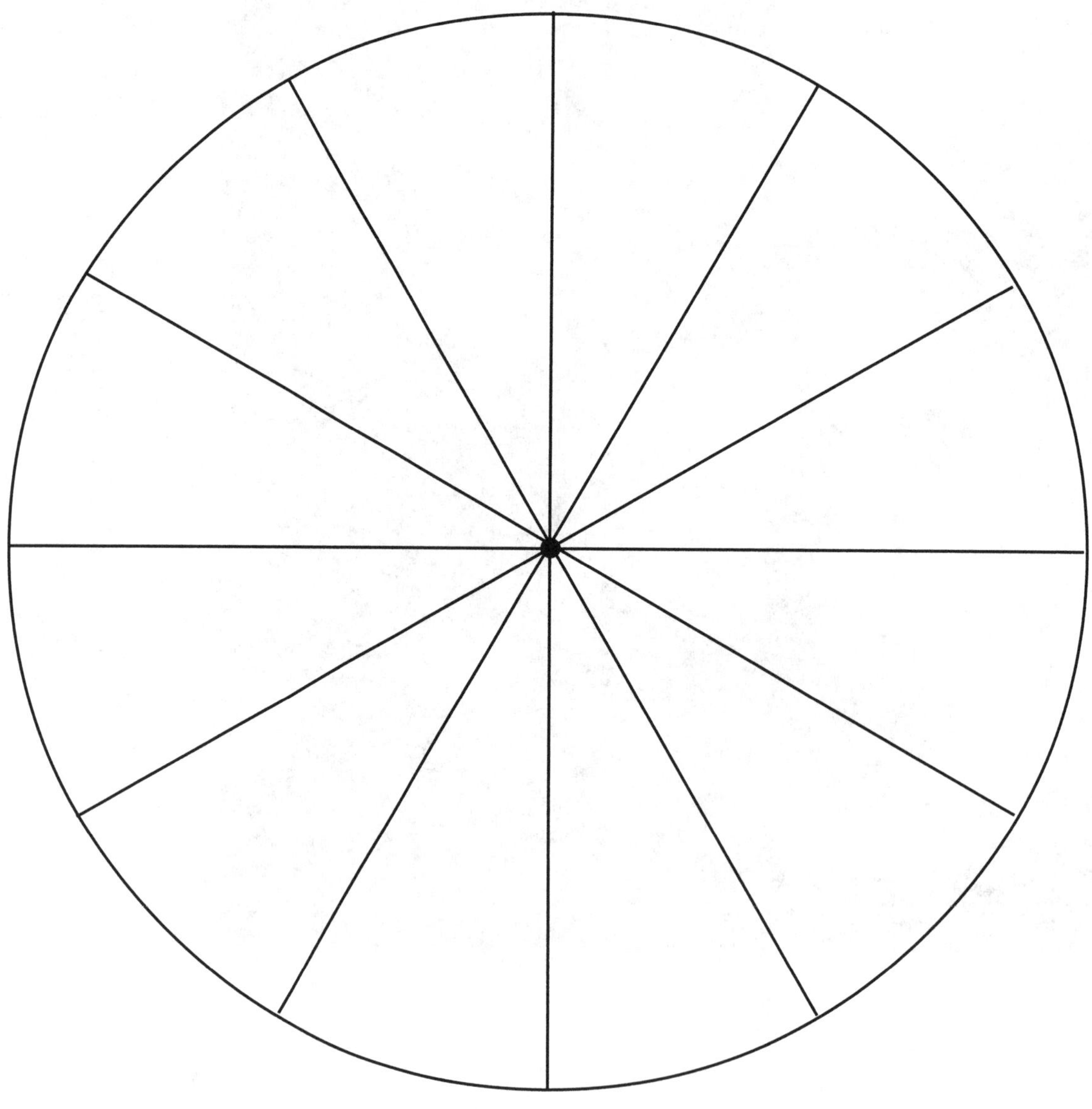

M 9

Florenz, Baptisterium San Giovanni, Ostseite,
Paradiestür in Bronze v. Lorenzo Ghiberti 1425–52,
„Geschichte Kains u. Abels“; Bildarchiv Foto Marburg.

1. Welche biblische Erzählung bildet das Bronzerelief ab?
2. Wie viele Stationen der Geschichte erkennst du?
3. Kreise die einzelnen Stationen ein und nummeriere sie in der richtigen Reihenfolge.
4. Beschreibe stichwortartig im Folgenden, was die Stationen zeigen.

Ich bin der Stein – Menoussis

M 10

Freie Nachdichtung einer
griechischen Ballade:
Siegfried Macht

1. Der erste Satz des Liedtextes schreibt dem „ich" drei verschiedene Rollen zu. Erkläre!
2. Wogegen wendet sich diese Aussage? (Beachte dazu auch den zweiten Satz im Liedtext.)
3. Wer könnte das (vom dritten Satz an) angesprochene Gegenüber sein?
4. Der Schlusssatz variiert einen Vers aus der biblischen Erzählung von Kain und Abel.
5. Auch in der griechischen Originalballade kommt es zu einem Mord im Affekt: Ein rasend eifersüchtiger Mann ersticht seine Geliebte. Zu welcher Gelegenheit (Situation, Ort, Uhrzeit) wurden solche Lieder vorgetragen und getanzt? Welche Funktion haben Lied und Tanz dabei?
6. Entdeckst du Elemente der Handlung im Tanz wieder? Was könnte die Pause am Ende jeden Durchgangs bedeuten?

Tanz zum Lied

Ausgangsstellung für den Tanz ist der Kreis mit Blick zur Mitte (evtl. auf einen Stein und eine Kerze), die Hände beider Nachbarn locker herabhängend gefasst.
Schritttempo ist die halbe Note, es werden also zwei sehr ruhige Schritte pro Takt ausgeführt:

Takt	Schritt	Bewegung Symbolik
1	1, 2	Mit rechts beginnend drei Schritte vor
2	1	
	2	Links vor rechts gekreuzt mit den Zehenspitzen den Boden berühren
3	1,2	Mit links beginnend drei Schritte rückwärts
4	1	
	2	Wiegeschritt: rechts zurücklehnen und
5	1	links vorwärts
	2	Mit rechts vor links über den Boden fegen
6	1	Rechts vor links gekreuzt anheben (Knie anwinkeln)
	2	Fußspitze absetzen
7	1,2	Wartend verharren *(von vorn beginnen)*

Der Fall K.

M 11

K.s Eltern sind Heimatvertriebene, Aussiedler, Asylanten. Offensichtlich müssen sie sich mit der Regierung ihres Heimatlandes überworfen haben. Obwohl K. schon hier geboren wurde, fühlt er sich nie sonderlich wohl. Trotz allem schwärmen die Eltern wohl zu sehr von dem Land, in das eine Rückkehr nicht möglich, in dem aber alles besser gewesen sein soll.

„Wärt ihr doch geblieben", wirft K. dann ein, sie aber sagen stets mit der gleichen resignierten Stimme: „Was weißt du denn!"

Irgendetwas müssen sie falsch gemacht haben und nun tun sie alles, damit K. es besser macht. Die Mutter nörgelt von morgens bis abends an ihm herum. Der Vater ist ein harter und strenger Mann, kaum jemals kommt ein Wort der Anerkennung über seine Lippen. „Man darf den Jungen nicht verwöhnen", ist seine Devise, „man darf der Jugend nicht zuviel Freiheit lassen, sonst schlägt sie über die Stränge. Ich weiß, wovon ich rede. Er soll es einmal besser haben."

Schon als Fünfjähriger muss der Junge auf dem Hof helfen. Der Boden ist nicht gut und Vater und Mutter scheinen früher weniger harte Arbeit verrichtet zu haben. Sie sind die Plackerei nicht gewohnt und ohne K.s frühe Hilfe würde es hinten und vorne nicht reichen. So muss er draußen auf dem Acker ran wie ein Großer. Kein Wunder, dass er bei Wind und Wetter rauh wird, ein frühreifer Hitzkopf, der sich mit dem Vater anlegt und mit ihm um die Liebe der Mutter rivalisiert.

Sein jüngerer Bruder hat es da bedeutend besser. Als Schoßkind von Vater und Mutter verzärtelt, fällt ihm manches zu, was K. sich mühsam erkämpft hat. Die schlimmste Zeit hat er gar nicht erlebt und jetzt, wo es langsam bergauf geht, tut er, als sei dies immer so gewesen. K.s Probleme mit dem Vater kann er natürlich nicht verstehen, sich Liebkindmachen umso besser.

Von Anfang an war der Jüngere für K. nichts als ein Klotz am Bein. Waren die Eltern aus dem Haus, musste er den Babysitter spielen; dass er selbst auch die eine oder andere Verabredung hatte, spielte keine Rolle ... Stattdessen schärften sie ihm ein, nur gut auf den Kleinen zu achten, dass ihm ja nichts zustoße. Was sollte dem schon zustoßen, die einzige Versuchung war er selber!

Später ist es dann so: Wenn K. draußen auf dem Feld ackert wie ein Tier, sitzt der Bruder gemütlich auf einem Baumstamm oder streunt irgendwo in der Gegend herum und hütet Schafe. Vielleicht liest er auch, singt, dichtet oder geht sonstwelchen Hirngespinsten nach. Wenn K. sich bei den Eltern über die ungleiche Behandlung beschwert, verweisen die auf K.s breite Schultern und die zarte, fast kränkliche Figur des Bruders.

Abends singt der Bruder mit der Mutter und selbst der Vater hat Tränen in den Augen. K. hat den ganzen Tag geschuftet – zählt das gar nichts? Der Bruder könnte gern einmal mit ihm tauschen, da würde ihm die Lust am Trällern vergehen!

Endlich – zum Erntedank – sucht K. die dicksten Kartoffeln, die längsten Rüben, die größten Kürbisse und die süßesten Feigen: Soll sein Bruder doch vor Neid zerplatzen, wenn er, K., dieses Jahr als Erntekönig zurückkommt. Vielleicht werden die Eltern dann endlich begreifen, was zählt im Leben, und wer hier der Anerkennung bedarf.

Der Bruder geht dieses Jahr erstmals mit, ein junges Schaf auf der Schulter und K. hofft, dass es ihm kräftig in den Nacken pinkeln möchte.

Stattdessen wählen sie den Bruder zum Erntekönig. Vielleicht ist das junge Lamm einfach zu niedlich, vielleicht hat K. allzu stolz seine frisch polierten Äpfel obendrauf gelegt, vielleicht, vielleicht. Alle beglückwünschen sie diesen Gnom, der doch gar nichts dafür getan hat und dann meinen sie auch noch über K. herziehen zu müssen, weil er sich nicht mitfreuen kann. Das schlägt dem Fass den Boden aus. Kleine Moralpredigt gefällig in Sachen Bruderliebe oder was? Na ja, K. wäre ja schon immer so ein Holzfäller und Neidhammel gewesen ...

Jetzt steht K. vor Gericht. Gestern hat er seinen Bruder erschlagen. Die Eltern sind nicht einmal mitgekommen zur Verhandlung ...

Seit einigen Wochen ist K. volljährig. Wenn er den falschen Richter bekommt, ist es aus ...

Siegfried Macht.

M 12

Rollenspiel A:

Jede Person liest Gen 4,1–14. Dann Vorbereitung auf die Gerichtsverhandlung in Gruppen, Verhandlung als Rollenspiel, Rückzug zur Beratung, Urteilsverkündung.

Kain, Verteidiger, Zeuge der Verteidigung (Gruppe 1):
Zur Vorbereitung auf den Prozess: Hat es Sinn, die Tat zu bestreiten? Was lässt sich zur Strafmilderung anführen? Wie ist es zur Tat gekommen? Welche (verständlichen?) Motive hatte der Täter? Hatte die Tat vielleicht (über das in der Bibel Berichtete hinaus) eine „Vorgeschichte"? Ihr dürft einen Freund von Kain als Zeugen aufrufen. Was kann er zur Entlastung beitragen? Welche Strafe schlagt ihr vor?
Während der Beratung von Richter und Schöffen: Wart ihr mit dem Verlauf der Verhandlung bisher zufrieden? Mit welchem Urteil rechnet ihr?

Staatsanwalt, Zeuge der Anklage (Gruppe 2)
Zur Vorbereitung auf den Prozess: Was an der Tat ist besonders verwerflich? Welche Motive lassen sich bei Kain vermuten? War Kain sofort geständig, hat er sich selbst gestellt? Welche Strafe wollt ihr fordern?
Während der Beratung von Richter und Schöffen: Wart ihr mit dem Verlauf der Verhandlung bisher zufrieden? Mit welchem Urteil rechnet ihr?

Richter und Schöffen (Gruppe 3)
Vor dem Prozess: Stellt einen Kriterienkatalog zusammen, nach dem ihr urteilen wollt.
Zur Beratung vor der Urteilsverkündung: Besteht die Gefahr, dass Kain rückfällig wird? Wie hat er sich während des Prozesses und nach der Tat verhalten? Welches Bild seiner Persönlichkeit haben Staatsanwalt und Verteidigung euch vor Augen geführt? Wem glaubt ihr? Welchen Sinn soll eure Strafe haben?

Rollenspiel B:

Der Religionslehrer einer Berufsschule plant eine Patenschaft mit einer Justizvollzugsanstalt für Jugendliche. Schon bevor es soweit ist, kommt es zu heftigen Auseinandersetzungen zwischen ...
Plant ein Rollenspiel in arbeitsteiliger Gruppenarbeit:
Wer ist am Streit beteiligt? Jede(r) aus eurer Gruppe schreibt für seine Person(engruppe) eine Rollenkarte. Was soll über die Situation und die einzelnen Personen vorgegeben werden?

Rollenspiel C:

Ein Betrieb braucht einen neuen Lehrling. Unter den vier Bewerbern ist auch ein junger Mann, der gerade aus einer Strafvollzugsanstalt entlassen wurde.
Plant das Rollenspiel selber:
Welche Personen sollen miteinander ins Gespräch kommen? Ihr könnt euch über die direkt beteiligten hinaus weitere ausdenken, um gegensätzliche Standpunkte deutlicher herausarbeiten zu können.
Verteilt die Personen in eurer Gruppe und fertigt Rollenkarten für sie an: Wie sollen die Spieler in die Situation eingeführt werden und was sollen sie über „sich" wissen?

M 13

Formen von Strafe in der Bibel

Text	Strafe
1. Ich habe einen Mann erschlagen für meine Wunde und einen Jüngling für meine Beule. Kain soll siebenmal gerächt werden, aber Lamech siebenundsiebzigmal. *(Lied des Lamech, nach Gen 4,23+24)*	Eskalation der Rache (schon im biblischen Text als Negativbeispiel gebraucht)
2. ... Auge um Auge, Zahn um Zahn ... *(„Talionsformel" nach Ex 21,24)*	Vergeltung im Sinne ausgleichender Gerechtigkeit (bereits deeskalierend, s.o.)
3. Wenn jemand einen Ochsen oder ein Schaf stiehlt und schlachtet 's oder verkauft 's, der soll fünf Ochsen für einen Ochsen wiedergeben und vier Schafe für ein Schaf. *(nach Ex 21,37)* Zachäus aber sprach zu dem Herrn: „Siehe, Herr, die Hälfte meiner Güter gebe ich den Armen, und so ich jemand betrogen habe, das gebe ich vierfach wieder." *(nach Lk 19,8)*	Wiedergutmachung (über den Schaden hinaus) – als Forderung – als Folge (unerwarteter Vergebung)
4. Wer eine Grube macht, der wird hineinfallen; und wer einen Stein wälzt, auf den wird er zurückkommen. *(nach Spr 26,27; ähnlich Ps 7,16)*	Wissen um „Bumerang-Charakter" böser Taten (quasi Selbstbestrafung)
5. Rächet euch selber nicht, sondern gebet Raum dem Zorn Gottes; denn es steht geschrieben: „Die Rache ist mein; ich will vergelten, spricht der Herr." *(nach Röm 12,19 zitiert Dtn 32,35)*	Racheverzicht des Menschen (im Blick auf Gottes ausstehende Vergeltung)
6. Dazu sollt ihr machen, einen Ziegenbock zum Sündopfer ... *(nach Lev 23,19)*	Entlastung durch stellvertretendes Opfer

Text	Strafe
7. Da sie auf dem Felde waren, erhob sich Kain gegen seinen Bruder Abel und schlug ihn tot. Da sprach der Herr zu Kain: „... Wenn du den Acker bauen wirst, soll er dir hinfort sein Vermögen nicht geben. Unstet und flüchtig sollst du sein auf Erden.“ Kain aber sprach zu dem Herrn: „... Siehe du treibst mich heute aus dem Lande ...“ So wird mir's gehen, dass mich totschlägt, wer mich findet. Aber der Herr sprach zu ihm: „Nein; sondern wer Kain totschlägt, das soll siebenfach gerächt werden.“ Und der Herr machte ein Zeichen an Kain, dass ihn niemand erschlüge. Also ging Kain ... und wohnte im Lande Nod, jenseits Eden, gegen Morgen. Und Kain erkannte sein Weib; die ward schwanger ... Und er baute eine Stadt ... *(nach Gen 4,7–17; gekürzt)*	*kurzfristig:* Absonderung des Täters von der übrigen Gesellschaft, Entzug bisheriger Annehmlichkeiten. *mittelfristig:* Schutz des Täters vor Lynchjustiz bzw. Blutrache *langfristig:* Resozialisierung, Eröffnung neuer Lebensperspektiven
8. Denn Gott hat seinen Sohn nicht gesandt in die Welt, dass er die Welt richte, sondern dass die Welt durch ihn selig werde. Wer an ihn glaubt, der wird nicht gerichtet; wer aber nicht glaubt, der ist schon gerichtet. *(nach Joh 3,17+18)*	Betrachtung der selbstgewählten Gottesferne als größte Selbstbestrafung
9. Liebet eure Feinde, tut Gutes denen, die euch hassen. *(Lk 6,27)*	Liebe statt Strafe

M 14

Unsere Rache ist die Vergebung
Kanon für 3 Stimmen

Text: Ernesto Cardenal
Musik: Siegfried Macht

1. Tauscht euch in der Gruppe aus: Was wisst ihr über Ernesto Cardenal? (Wie könnt ihr an weitere Informationen kommen, jetzt oder bis zur nächsten Stunde?)
2. Wen meint Cardenal mit „uns“ und wem gegenüber gibt es was zu rächen bzw. zu vergeben?
3. Kennst du weitere Personen, die nach diesem Motto gelebt haben?
4. Wie beurteilst du ein solches Verhalten? (Gibt es auch skeptische Gegenstimmen?)

M 15

Wieder in der bürgerlichen Gesellschaft

Zeichnung von Jupp Wolter.

1. Beschreibe die Situation, die uns der Karikaturist vor Augen führt.
2. Beachte die Details der Zeichnung. Was wollen sie zeichenhaft zum Ausdruck bringen?
3. Zeichne Gedankenblasen für einige der Personen und beschrifte sie.
4. Was verbindet Karikatur und Gedicht?
5. Lies das Gedicht noch einmal genau und vergleiche es mit der biblischen Vorlage (Gen 4,8–15). Schreibe hinter jede Gedichtzeile den entsprechenden Bibelvers.
6. Worin besteht die Pointe des Textes? (Wer spricht den Schlusssatz im Gedicht, wer im Original, in welcher Rolle sieht sich der Autor bzw. Leser?)

Kain

Er hat schon einmal
den Bruder ermordet.
Soll ich der Nächste sein?
Er hat schon einmal
den Richter belogen.
Ob ich ihm glauben kann?
Auf freiem Fuß
allein geht er irre.
Soll ich sein Hüter sein?

Aus: Macht, Siegfried, Dein Name ist DuBistBeiMir. München 1986.

Planspiel „Vergib mir" M 16

Das Fernsehen plant eine neue Sendung der beliebten Reihe: Ein Studiogast schildert die völlig verfahrene Beziehung zu einem Mitmenschen, dem er auf irgendeine Art und Weise sehr weh getan hat. Jetzt will er sich öffentlich entschuldigen.

Das Fernsehteam hat den anderen besucht und die Bitte um Verzeihung überbracht. Gleich werden wir beide vor der laufenden Kamera begrüßen.

Heute haben wir die siebzigste Sendung. Aus Anlass des Jubiläums sitzen mit in der Runde zwei Sondergäste: Der aus Funk und Fernsehen bekannte Pfarrer Gutrat und die Chefredakteurin der Frauenzeitschrift „Belle".

Brigitte
Du hast deiner besten Freundin den Freund ausgespannt. Inzwischen ist beides aus: Du hast Inge verloren und die Sache mit dem Jungen war es nicht einmal wert, ihr seid nur gute zwei Wochen zusammen gewesen. Das alles war vor eineinhalb Jahren.

Jetzt willst du Inge zurückhaben. Was wirst du ihr sagen, wie ihr diese ganze Show erklären?

Moderator
Du hast mit deinem Team aus den vielen Bewerbungen Brigitte ausgesucht. Ihr Fall passt euch gut ins Konzept: Inge hat ihrer besten Freundin Brigitte den Freund ausgespannt. Das war das Ende. Jetzt will Brigitte alles wieder gutmachen. So etwas kommt oft genug vor und garantiert euch viele mitfühlende Seelen – das bringt hohe Einschaltquoten. Die Leute wollen etwas fürs Herz, moderiere also geschickt, damit die Versöhnung klappt.

Brigitte wird zuerst ins Studio kommen, beruhige sie: Die Partner, die sich von euch einladen lassen, sind doch in der Regel so gerührt, dass nichts schiefgehen kann. Wer blamiert schon vor laufender Kamera seine beste Freundin?

Was wirst du beide fragen, um für die Zuschauer das Ganze ein wenig prickelnd und dramatisch aufzubauen? Sei intim, aber nicht verletzend. Denke immer daran: Beide sollen einander verstehen. Die Versöhnung darf durch nichts gefährdet werden.

Überlege den Aufbau der Sendung: Sollen nach Brigitte alle gleichzeitig hereinkommen? Stelle die Gäste einander vor und führe sie kurz in den „Fall" ein.

Fernsehpfarrer
Du bist der Einladung halbherzig gefolgt. Diese Inszenierung von Vergebung ist nicht dein Fall. (Diesmal geht es um eine Freundin, die der anderen den Freund ausgespannt hat.) Andererseits bist du auf Öffentlichkeitsarbeit bei der Kirche spezialisiert und weißt, dass man manchmal seltsame Wege gehen muss, um die Leute zu erreichen.

Was willst du an wichtigen theologischen Aussagen zum Thema sagen? Erschlage niemand mit klugen, aber allgemeinen Worten. Es geht um einen konkreten Fall. Sei also persönlich, sensibel. Du bist der Experte, schwierige Sachverhalte publikumswirksam unter die Leute zu bringen. Du hast Verantwortung: Was du sagst, setzen viele mit dem Wort der Kirche gleich.

Übrigens: Inge ist aus der Kirche ausgetreten. Gleichzeitig mit ihrem Austritt ist sie Mitglied mehrerer Hilfsorganisationen geworden.

Und: Bleibe sachlich, falls es zum Streit mit der Redakteurin kommt.

Chefredakteurin
Wehre dich von Anfang an gegen jede Einseitigkeit des Frauenbildes: Ihr habt den Titel eurer Zeitschrift bewusst zweideutig gehalten. „Belle" heißt auf Französisch „Die Schöne", auf Deutsch ist es eher ein Titel der zum provokanten Einmischen auffordert. Also belle los, wenn dieser harmoniesüchtige Moderator auf die Tränendüse drückt: Es geht um zwei Freundinnen – eine hat der anderen den Freund ausgespannt.

Andererseits: Zeige, dass du sensibel bist. Was wollen diese beiden Frauen wirklich? Hilf ihnen, das herauszufinden. Wenn sie sich fetzen wollen:

Sollen sie! Wenn sie sich um den Hals fallen wollen: Lass sie! Nur: Lass sie nicht zu Marionetten an den Fäden des Moderators werden, schneid sie ihm ab.

Und: Ehrlichkeit ist Trumpf: Dulde keine vorschnellen Ergebnisse. Was diesen Fernsehpfarrer anbetrifft: Versuche schnell herauszubekommen, ob er mit beiden Beinen im Leben steht, ob er wirklich was zu sagen hat (dann verbündet euch!), sonst mach ihn fertig!

Inge
Als dich das Fernsehteam besucht hat, warst du wie vom Schlag getroffen. Wie war das eigentlich: Hattest du alles schon vergessen, verdrängt, vergeben? Warst du immer noch voll Zorn oder Traurigkeit?

Du hast eingewilligt, Brigitte vor der Kamera wiederzusehen. Du wolltest ihr vergeben, hast dich auf das Wiedersehen gefreut. Wenn sie nach so langer Zeit alles wieder aufrollen will, muss ihr viel an dir liegen ...

Aber jetzt auf der Fahrt ins Studio siehst du alles anders: Warum vor laufender Kamera, vor Tausenden glotzender Neugieriger? Nicht dass du Angst hättest, aber was soll dieser Akt – wenn sie es ehrlich meint, warum dann nicht in aller Stille, nur für euch zwei?

Gut, du wirst die Show mitmachen. Aber nicht so, wie die anderen sich das denken. Vor allem wirst du schockierend ehrlich sein. Ja, das hat damals alles sehr weh getan, es tut immer noch weh. Das sollen sie ruhig wissen.

Was hast du ihr sonst noch zu sagen, was willst du sie fragen? Lege dich nicht fest, wie es ausgehen wird – höre ihr zu – sei ehrlich auch gegen dich selbst.

Übrigens: Du bist zwar aus der Kirche ausgetreten, aber offen für religiöse Fragen. Was du an Kirchensteuern sparst, spendest du Hilfsorganisationen.

Beobachtungsaufträge für die Zuschauer:
– Welches Problem schält sich im Laufe der Sendung heraus?
– Welche Beziehungen entwickeln sich zwischen den einzelnen Personen?
– Welche Positionen überzeugen dich (nicht)?
– Spielen die Personen eher echt, albern, satirisch ...?
– Welche Person hättest du gern gespielt? Warum?
– Wo hättest du ganz anders reagiert, wo genauso?

2 Biblische Frauengestalten

1. Theologische und didaktische Aspekte

„Frauen in der Bibel"? Das ist ein Thema, über das (zeitweise) sehr viel gesprochen und geschrieben wird, und dann ist es doch wieder ein Nebenschauplatz. Das liegt zum einen an der Quellenlage: Frauen kommen in der Bibel meistens in sozial schwächeren Rollen vor, als Ehefrauen, Schwestern, Witwen. Die patriarchalisch geprägte Gesellschaft des Alten *und* Neuen Testaments zieht Männer als Handelnde vor, z.B. die Erzväter, die Könige, Propheten ... Frauen als Handlungsträgerinnen aufzuspüren, war (und ist weitgehend) Sache von Frauen. Theologinnen bemühten sich, die Größe, Souveränität, den Mut und die Weisheit biblischer Frauengestalten nachzuweisen. Ihre teilweise abschreckende emanzipatorische Rede verärgerte dann wieder auch Frauen, die zwar emanzipatorisch denken, aber doch die Brücken zu den Männern nicht abbrechen wollen. Die heftigsten Streitgespräche haben stattgefunden. Es ist an der Zeit, sachlich und fachlich angemessen über die Frauen in der Bibel zu reden.

Listen von Frauennamen gibt es sowohl für das Alte wie auch für das Neue Testament. Daneben werden Frauen ohne Namen genannt, die durch ihre Herkunft (die Syrophönizierin, die Kuschitin), durch familiäre Beziehung (Töchter des Philippus, Tochter des Pharaos) oder durch ihren Beruf gekennzeichnet werden (die Totenbeschwörerin von En Dor oder die Frauen, die von König Salomo das Urteil erbitten, wem das Kind gehört). Frauen sind Leidende, die vor allem unter sexueller Gewalt leiden: Dina (Gen 34), Tamar (2.Sam 13,1–2), Bathseba (2.Sam 11) u.a., sie sind aber auch Täterinnen: als Heldin wird vor allem Judith gefeiert, die Holofernes, den Heerführer der Assyrer, tötete (Jdt 13), als Tyrannin Isebel (2.Kön 9).

Frauen verhindern aber auch Gewalt, sie schützen Moses (Ex 1–2) aber auch seine Kundschafter, die Jericho ausspionieren wollen (die Prostituierte Rahab Jos 2). Frauen bekämpfen sich (Sara und Hagar), und sie helfen sich gegenseitig (Rut und Noomi).

Im Neuen Testament wird besonders der Glaube der Frauen hervorgehoben. Sie wissen, dass Jesus sie heilen, ihnen helfen kann. Die blutflüssige Frau holt sich ihre Heilung (Mk 5,25ff), die kanaanäische schreit hinter ihm her, weil sie weiß, dass er ihrer Tochter helfen kann (Mt 15,21ff).

Frauen gehörten zur Gefolgschaft Jesu, von vielen Theologen werden sie als Jüngerinnen bezeichnet. Frauen standen unter dem Kreuz, als die Jünger geflohen waren. Maria aus Magdala wird als die Person verehrt, die das Ostergeschehen als Erste erlebte.

Ohne Frauen wären die Missionsreisen des

Apostel Paulus (und damit die Ausbreitung des Christentums) wohl kaum möglich gewesen. Die Geschäftsfrau Lydia finanzierte und organisierte die junge Gemeinde, nachdem sie sich hatte taufen lassen und gleich auch ihr ganzes Haus. Viele andere Frauen werden erwähnt und dabei als Prophetinnen, Mitarbeiterinnen oder Vorsteherinnen charakterisiert.

Es ist für Mädchen wichtig, neben den großen Vätergestalten der Bibel auch die Frauen (einige, exemplarisch) kennen zu lernen. Ihr Glaube, ihr Engagement, ihre Kraft und ihre Leidensfähigkeit können Mädchen (und Frauen) helfen, einen besseren Zugang zu biblischen Texten zu finden. Müssen dann die Lerngruppen getrennt werden, die Jungen alleine unterrichtet werden? Es ist gerade heute für heranwachsende Männer wichtig zu erfahren, wie Frauen (und Mädchen) denken und fühlen. Partnerschaftliches Zusammenleben kann nur gelingen, wenn einer den anderen kennt und versteht, kennen lernen kann. Deshalb ist auch für Jungen die Beschäftigung mit „Frauen in der Bibel“ notwendig und sinnvoll.

Aus der Fülle der Frauengestalten musste ausgewählt werden, um exemplarisch einige farbiger erscheinen lassen zu können. Dazu boten sich aus dem Alten Testament Mirjam und Rut, aus dem Neuen Maria aus Magdala und die gekrümmte Frau an. Es sind mutige, kämpfende, kluge und motivierende Frauen. Sie eignen sich nicht unbedingt als Identifikationsfiguren; aber sie können Mut machen, auch einmal gegen den Strom zu schwimmen, seine eigene Meinung zu vertreten.

2. Intentionen

Die Sch. sollen
- Frauengestalten der Bibel in ihrem Umfeld kennen lernen, mit ihren Problemen und ihren Möglichkeiten, Konflikte zu bewältigen,
- erfahren, dass erwartetes Rollenverhalten durchbrochen werden kann und die eigene Identität gefunden werden muss,
- sensibilisiert werden für Unterdrückungsmechanismen und Ungerechtigkeiten,
- durch den starken Glauben der biblischen Frauen ermutigt werden, auch einmal „gegen den Strom zu schwimmen“.

3. Literatur zur Vorbereitung

- Deschberg, Wilhelmine/Krammer, Rudi: Mit Mirjam tanzen. Rex, Luzern/Stuttgart 1995.
- Dietrich, Wolfgang: Und Miriam schlug die Pauke. Verlag am Eschbach.
- Fischer, Irmtraud: Gottesstreiterinnen. Biblische Erzählungen über die Anfänge Israels. Kohlhammer, Stuttgart 1995.
- Heine, Susanne: Frauen der frühen Christenheit. Vandenhoeck & Ruprecht, Göttingen 1990[3].
- Dies.: Wiederbelebung der Göttinnen? Zur systematischen Kritik der feministischen Theologie. Vandenhoeck & Ruprecht, Göttingen 1990[3].
- Hommel, Gisela: Frauen wie Debora. Gestalten aus der Geschichte des Glaubens. Herder, Freiburg 1989.
- Jürgensen, Eva (Hg.): Vorlesebuch. Biblische Mädchen- und Frauengestalten. Kaufmann, Lahr 1997.
- Kohler-Spiegel, Helga u.a.: Wut und Mut. Feministisches Materialbuch für Religionsunterricht und Gemeindearbeit. Kösel, München 1991.
- Kruse, Ingeborg: Unter dem Schleier ein Lachen. Neue Frauengeschichten aus dem Alten Testament (Erzählungen). Kreuz, Stuttgart 1986.

– Schirmer, Eva: Müttergeschichten. Frauen aus dem Alten Testament erzählen von ihrem Leben (Erzählungen). Burckhardthaus-Laetare, Offenbach/M. 1994[6].
– Theißen, Gerd: Der historische Jesus. Ein Lehrbuch. Vandenhoeck & Ruprecht, Göttingen 1996.
– Wöller, Hildegunde: Vom Vater verwundet. Töchter der Bibel. Kreuz, Stuttgart 1991.

4. Verlaufsplanung

A. Mirjam

Mirjam ist die Frau, die buchstäblich „auf die Pauke schlägt". Sie steht an einem der wichtigsten Punkte der Geschichte Israels im Mittelpunkt: Mose führt das Volk Israel aus Ägypten, aus der Sklaverei. Der Pharao lässt sie zuerst ziehen, verfolgt sie dann aber mit seiner ganzen Streitmacht, um sie zurückzuholen. Der Lobgesang des Mose nach der Rettung zeigt in vielen Formulierungen, dass es ursprünglich der Lobgesang der Mirjam war, der jetzt aber nur noch in Ex 15,20f erwähnt wird.

⇨ In zwei *Hungertüchern* (Misereor 1990 und 1995, s. 6. Medien) wird künstlerisch dargestellt, wie Mirjam zu verstehen ist: zum einen als Frau unter Freundinnen, die in den abebbenden Fluten kniet, das Tamburin schlägt, den Blick zum Himmel gewandt, zur Taube, die den Frieden bringt. Ihre Freundinnen klatschen, tanzen, freuen sich (**M 1a**).
Es gibt dann aber auch noch das Bild von Mirjam als jungem Mädchen, die kess und übermütig hüpfend auf die (Hand-)Pauke schlägt. In den Farben des Regenbogens ist ihr Kleid, die Füße bloß, die Haare wirbeln durch die Luft. Sie tanzt auf einem grellgrünen lodernden Untergrund, der nach außen hin sich glühend rot hochwölbt - sie teilt die Flut. Die Gefahr wird gekennzeichnet durch Stacheldraht, der von beiden Seiten Mirjam bedroht, in ihrem Tanz einengt. Aber die Enden des Drahtes münden in rote Rosen, Rosenblätter liegen unter ihren Füßen (**M 2**).

⇨ Und Mirjam singt: sie singt Jahwe ein *Loblied*, weil er befreit hat (**M 3**). Wenn wir dieses Lied zusammen singen – sprechen, dabei vielleicht auf trommelähnliche Gegenstände schlagen, können wir Mirjams Freude nachempfinden. Um diese Freude verstehen zu können, müssen wir aber ihre Geschichte (Mi 6,4; Ex 15,20f; Num 12,1ff; 20,1; 26,59) näher kennen lernen. Im *Schreibspiel* können wir Mirjams Gefühlen nachspüren, als sie den Aussatz hatte. Dazu wird **M 4** im Uhrzeigersinn weitergereicht, jeder Sch. schreibt Mirjams (ihre/seine) Gedanken auf, gibt weiter. Das Arbeitsblatt kann natürlich auch in Einzelarbeit ausgefüllt werden.

⇨ Mirjam wird auch als Prophetin bezeichnet. Was hat sie wohl dem Volk, ihren Brüdern gesagt? Der Text vom Goldenen Kalb (Ex 32,1–6) könnte für eine Gruppe Grundlage für ein *Rollenspiel* sein.

B. Rut

Rut ist – neben Ester und Judit – eine der drei Frauen der Bibel, der ein ganzes (wenn auch kleines) Buch gewidmet ist (s. **M 5**).

⇨ Im *Hungertuch* von Misereor (**M 1b**) ist Rut zwischen Noomi und Boas abgebildet. Unter der Last ihres Schultersacks bricht sie fast zusammen, so viel Getreide hat sie gesammelt. Damit will sie ihrer Schwiegermutter Noomi eine Freude machen. Die Körner werden gemahlen, Noomi kann Brot backen, beide können essen. Schützend beugt sich Noomi von einer Seite über die gebeugte Rut. Von der anderen Seite gibt ein Mann Schutz: Boas, der die Garbe mit einer Hand hält, mit der anderen vielleicht sogar Rut stützt. Er befiehlt seinen Leuten, sie gut zu behandeln, er nutzt ihre Not und soziale Unsicherheit nicht aus.

⇨ Das Lied „Wohin du gehst" (**M 6**) nimmt die Entscheidungssituation im Leben der Rut auf: Sie geht mit ihrer Schwiegermutter in das für sie fremde Land. Das Begleit-Ostinato „Gesegnet sei, der dir freundlich gesonnen" bezieht sich auf Rut und Boas.

Die Ähren lesende, arme Fremde in Bethlehem hat etwas Märchenhaftes: Sie hat eigentlich nichts, als sie nach Bethlehem kommt, nur die Freundschaft der Noomi. Wir wissen, dass sie alles aufgegeben hat, was ihr wohl früher wichtig gewesen sein muss: Ihre Familie, ihr Land, ihre Gewohnheiten, ihre Götter. Und dann fügt sich alles zum Guten: Das Geschick der Frauen, die zufällige Begegnung mit dem Verwandten Boas, das Feld, die Ehe, das Kind. Aber dahinter steht die starke Rut, die „besser als sieben Söhne“ ist, die als Fremde den reichen Boas bekommt, weil Rut und Noomi die ihnen gesetzlich zustehenden Ansprüche mit Hilfe des Boas geschickt einklagen.

C. Die gekrümmte Frau

Die gekrümmte Frau ist namenlos. Aber ihre Situation wird so deutlich für uns, dass wir meinen, sie zu kennen. Gerade bei dieser Gestalt haben viele Feministinnen das Gefühl gehabt, besonders angesprochen zu sein. (Fast) jede Frau fühlt sich „gekrümmt“ durch ihr soziales Umfeld, ihre gegenüber Männern im Normalfall doch stark reduzierten Möglichkeiten. Viele Frauen lernen nie den aufrechten Gang, lassen sich ausnutzen, schlagen, erniedrigen. Jesus heilt eine solche Frau - wie gut, dass sie keinen Namen hat: Sie ist kein Einzelfall, wir erfahren, dass Jesus den Frauen hilft (und den Kranken, den Kindern, den Zu-Kurz-Gekommenen).

⇨ Das Bild von *Sigmunda May* eignet sich als Einstieg (**M 7**). Auf Folie gezogen lassen sich Teile zeigen: zuerst bleiben Jesus und die Frau abgedeckt. Eine Volksmenge wird beschrieben. Alle blicken in eine Richtung – da muss etwas passiert sein! Große Hände hängen hilflos am Körper herunter. Die Körpersprache sagt: Was kann man da schon tun? Gar nichts, hoffnungslos, das ist eben so. Dann wird das Zentrum des Bildes aufgedeckt. Jesus, gekennzeichnet durch einen Heiligenschein, der die Kreuzform hinter seinem Kopf zeigt, schaut diese Menschen an, aber sein Körper wendet sich zur anderen Seite. Der rechte Arm zeigt zur linken, der linke zur rechten Seite. Dabei beschwichtigt seine linke Hand die Menschenmenge, die rechte will etwas auffangen, hochheben. Das dritte Teilbild wird gezeigt, die gekrümmte Frau. Jung wirkt sie mit ihren wallenden Haaren, aber wie krumm sie ist! Nicht nur so ein bisschen bucklig – sie kann bei dieser Kopfhaltung eigentlich gar nichts wahrnehmen, nicht einmal das, was auf dem Boden ist. Ihre Hände wollen etwas auffangen, sie braucht Jesu Hilfe.
Das Bild motiviert die Lerngruppe, diesen Gefühlen nachzuspüren. Zuerst versetzen wir uns in die Lage eines Menschen, der bedrückt ist, leidet, er schaut auf den Boden, die Schultern hängen, nichts gelingt ihm ... Wir bleiben eine Zeit lang in dieser Haltung. Langsam wird sie schmerzhaft, wir möchten uns strecken, aber wir bleiben weiter gekrümmt.
Dann kommt das erlösende „Streckt euch!“ Das tut gut, wir schütteln die Arme, bewegen den Kopf, schauen uns gegenseitig an ...
Die *Geschichte von der gekrümmten Frau* (Lk 13,10–17) wird gelesen oder erzählt.
Im Unterrichtsgespräch kann die Situation dieser Frau übertragen werden auf viele Frauen, vor allem die in der sog. Dritten oder Einen Welt. Materialien zur Vertiefung bieten Misereor, Brot für die Welt, Weltmission u.a.

D. Maria Magdalena

Kreuz und Auferstehung sind ohne Maria aus Magdala oder Maria Magdalena kaum vorstellbar - und das wohl auch schon im Urchristentum nicht. Alle Evangelien erwähnen sie namentlich, wenn auch in unterschiedlicher Betonung. Zeuge der Auferstehung konnte nach damaligem Rechtsverständnis nur ein Mann sein und so fügt Johannes (20,1–18) in seiner Perikope den Petrus ein, der der angesehenste der Jünger war, der „Fels“, auf den die Kirche gebaut werden sollte. Maria aber wird beschrieben als eine, die eine besondere Beziehung zu Jesus hatte, sie weint (Vers 10 und 13), sie ist morgens früh am Grab, als es noch dunkel war, ohne Petrus (Vers 1), sie spricht mit Jesus und er mit ihr (und nicht mit Petrus!), sie nennt ihn „Rabbuni“, d. h. „mein lieber Meister“, (Vers 16) und verkündet (!) die Auferstehung. Es ist unumstritten in der Literatur, dass es sich hier um „Urgestein" handelt, dass Maria aus Magdala eine Jüngerin Jesu war, die in der kritischen Zeit von Kreuzigung und Auferstehung der kleinen Gemeinde Kraft und Stärke gab. Viele Geschichten sind über diese Frauengestalt geschrieben worden, Romane (Luise Rinser), eine Rock-Oper (Jesus Christ Superstar). Sie wurde zur „Großen Sünderin", was auf einer Vermischung von zwei lukanischen Textstellen beruhte: Lk 7 (Jesu Salbung durch eine stadtbekannte Prostituierte) und Lk 8 (Berufung der Maria Magdalena und Heilung ihrer Geisteskrankheit). Wenn dies auch eine große Verwechslung war, so ist doch erstaunlich, wie schnell die Heilige, der Jesus zuerst als der Auferstandene erscheint, die große Sünderin wird. War sie unbequem? Emanzipiert? Den Männern zu schwierig?

⇨ Wir wissen natürlich nicht, wie sie aussah. Zwei Bilder sollen die Sch. ermutigen, dieser interessanten Frauengestalt nachzuspüren: *Walter Habdank* (Noli me tangere – **M 8**) und Misereor *Hungertuch* 1990 (Maria von Magdala. Apostola Apostolorum – **M 9**).
Walter Habdanks Holzschnitt lässt uns etwas von der Zuneigung von Jesus und Maria Magdalena erahnen. Maria kniet, die Hände erhoben, sie schaut zum Himmel und weiß, dass das Grab, das sich wie eine dunkle Höhle hinter ihr befindet, nicht die letztgültige Antwort ist. Sie kann aufblicken, es gibt eine Zukunft. Jesus steht; aber er ist nicht der Überragende, der Herrscher. Er geht leicht in die Knie und ist so nur unwesentlich größer als die knieende Frau. Die rechte Hand ist segnend erhoben, die linke auf seine Brust gelegt. Auch Jesus schaut die andere Person nicht an, sein Blick geht in die Ferne. Ein Strahlenkranz (Heiligenschein) ist am Kopf angedeutet. Blütenbäume rahmen die beiden Figuren ein. Zwischen Jesus und dem Baum sind im Hintergrund drei Kreuze zu sehen. Das Bild bietet sich für Abdecktechnik auf dem Tageslichtschreiber an. Aufgedeckt werden zuerst die drei Kreuze, dann die Bäume, Maria und Jesus zuletzt.
Ganz anders ist die Darstellung der Maria auf dem Hungertuch (**M 9**): Sie ist die handelnde, engagierte Frau, die aus dem Tagesgeschehen kommt. Fünf Männer warten in einem dunklen Raum unschlüssig, untätig. Sie ist die „Apostolin", die die Botschaft von der Auferstehung weitergibt.

⇨ Der älteste uns überlieferte *Auferstehungsbericht* ist 1.Kor 15,1–8. Sch. werden bei der Lektüre dieser Textstelle sehr schnell merken, dass in dieser Perikope überhaupt keine Frauen erwähnt werden. Viele Lerngruppen werden mit dem *synoptischen Vergleich* von Mk 16,1–8, Mt 28,1–10, Lk 24,1–11 und Joh 20,1-18 überfordert sein. Allerdings lohnt sich eine Bearbeitung der Johannesstelle: Wie ist der Handlungsablauf? Wer ist wann am Grab? etc. (Auszugsweise könnte auch aus dem Roman von Luise Rinser gelesen werden.)

Allen vier Frauen können wir uns zusätzlich mit verschiedenen Methoden nähern: Bibliodramatische Elemente können helfen, die Frauen in der Bibel besser zu verstehen. Auch Schattenspiele, Rollenspiele, Interviews – selbst ein Telefongespräch über die Jahrtausenddistanz können sensibilisieren. Kreative Gruppen werden malen. Hier bieten sich Großbilder an, die aus vielen Din A 3 bis Din A 2 Formaten zusammengeklebt werden. Die Bilder **M 7**, **8** und **9** eignen sich zum Weitermalen: Auf Folie gezogen, über den OHP auf große Papiere übertragen, farbig gestaltet, neue Details hinzufügen. Wichtig ist bei allen Kreativphasen, dass die Sch. ausreichend Gelegenheit erhalten, über die betreffenden Frauen zu sprechen, ihre Nöte, Wünsche, Hoffnungen.

5. Das Thema in Schulbüchern und Unterrichtsmaterialien

- Hanisch, Helmut u.a. (Hg.): Kursbuch Religion Neuausgabe 9/10, Diesterweg/Calwer, Stuttgart/Frankfurt (S. 16–168 und 172–174).
- Kall, Alfred (Hg.): Religion betrifft uns. Unterrichtsmaterialien. Frauen im Alten Testament. Evas Töchter. Bergmoser + Höller, Aachen 1995[6].
- Quéré, France: Gott sprach, und Sara lachte (Erzähl-/Bilderbuch mit vielen Informationen). Kaufmann, Lahr 1994.

6. Materialien und Medien

- Bischöfliches Hilfswerk Miseror e.V. (Hg.): Hoffnung den Ausgegrenzten. Hungertuch von Sieger Köder, Misereor Medienproduktion, Aachen 1995 (Folien von allen Einzelbildern erhältlich).
- Ders.: Biblische Frauengestalten – Wegweiser zum Reich Gottes. Hungertuch von Lucy D'Souza. Misereor Medienproduktion, Aachen 1990.
- N.N.: Maria - Weggefährtin unseres Glaubens. Medienpaket (24 sehr gute Dias, 1 TC, 1 Textheft). Calwer.
- N.N.: Maria - Mutter Jesu, Dokumentarspielfilm, 28 Min.
- Sieger Köder: Bilder zur Bibel. 9 Farbfolien Din A 4, da Nr. 6: Maria von Magdala am Grab, zu beziehen durch Rel..päd. Seminar der Diözese Regensburg (DM 22,-).
- Ders.: Miseror Hungertuch „Hoffnung den Ausgegrenzten", 6 Farbfolien Din A 4, Begleitheft. Rel.päd. Seminar der Diözese Regensburg (DM 12,-).

M 1a

Mirjam – Schwester und Prophetin

M 1b

Ruth – Harmonie von Familie, Gesellschaft und Natur

Misereor Hungertuch „Biblische Frauengestalten – Wegweiser zum Reich Gottes" von Lucy D'Souza;

M 2

Mirjam, Miseror Hungertuch „Hoffnung der Ausgegrenzten" von Sieger Köder; © 1996 Misereor Medienproduktion und Vertriebsgesellschaft mbH, Aachen.

Singet IHM

M 3

Das Mirjamlied

Kanon für 2 Stimmen

Text: Ex 15,21
Musik: Siegfried Macht

1. Das Tanzlied Ex 15,21 ist das früheste erhaltene Zeugnis von der Errettung Israels am Schilfmeer. Nach Meinung vieler Bibelwissenschaftler ist es der älteste biblische Text überhaupt.
   Leider wissen wir nicht mehr, auf welche Melodie damals gesungen wurde. Aber wir wissen, dass dazu getrommelt und getanzt wurde. Füllt also beim Singen der Neuvertonung die Pausen mit rhythmischem Klatschen. Wenn ihr die Rhythmusnote mit Hals nach unten als Stampfer ausführt, erhält der Rhythmus mehr „Groove". Nehmt weitere Instrumente hinzu. Vielleicht erfindet ihr auch einen Tanz!
2. Die Melodie ist als Kanon für zwei Stimmen komponiert. Das kann als Anspielung auf die Urheberschaft gesehen werden:Vergleicht Ex 15,20–21 mit Ex 15,1. Was fällt euch auf?
3. In Ex 15,20 wird Mirjam als „Prophetin" bezeichnet. Was stellst du dir unter „Prophetie" vor?
4. Das Wichtigste, was wir über Mirjam erfahren, ist ihr Lied. Wenn es der Überlieferung gereicht hat, Mirjam als Prophetin zu bezeichnen, was ist dann nach alttestamentlicher Meinung eine Prophetin bzw. ein Prophet? (Berücksichtigt, was bzw. wozu sie singt und nicht nur, dass sie singt!)
5. In der Regel lassen sich biblische Namen übersetzen und sagen dann etwas über diese Person. Aufgrund verschiedener möglicher Ableitungen könnte „Mirjam" bedeuten: „Geliebte", Trotzkopf", „Geschenk", „Dicksack".
   a. Welche Namen passen deiner Meinung nach zu folgenden Texten: Ex 20–21; Num 12; 20,1; 26,59; Dtn 24,9; Mi 6,4?
      Schreibe drei bis vier Sätze zu verschiedenen Szenen im Leben Mirjams und verwende je einen Namen!
   b. Das hebräische „Mirjam" könnte im griechisch-lateinischen Sprachraum zu „Maria" geworden sein. Kannst du dir vorstellen, dass bei der Namensgebung der Mutter Jesu an die Mirjam des Schilfmeerwunders gedacht wurde? Sahen spätere Überlieferungen Parallelen zwischen beiden? Vergleiche beide!
      Lies Lk 1,46–55! Ändert sich deine Meinung?
6. a. Welche Textstellen (s. Aufgabe 5a) sprechen dafür, dass Mirjam (Aaron) und Mose

Geschwister waren? Welche scheinen nichts davon zu wissen?

b. Kennst du Erzählungen über Moses, die vor dem Ereignis am Schilfmeer liegen? Wird Mirjam dort namentlich erwähnt? Wofür spricht das?

c. Was hältst du für wahrscheinlicher:
   - Die Verwandtschaft der drei geriet in Vergessenheit, war unwichtig.
   - Durch die Verwandtschaft wollte man nachträglich auf einen besonderen Zusammenhang der drei hinweisen.

d. „Verwandt" ist ein mehrdeutiger Begriff. Nenne Beispiele! Fühlst du dich jemandem besonders „verwandt"?

7. Von sehr wenigen Personen der Bibel wird berichtet, wann und, noch seltener, wo sie gestorben sind. Mirjam gehört dazu! Was sagt das über einen Menschen aus, wenn man heute noch seine Grabstätte kennt und verehrt?

8. Schlage den Text des Liedes in verschiedenen Bibelübersetzungen nach! Vergleiche! Versuche, eine der folgenden Begründungen zuzuordnen!

- Israeliten sprechen den Namen Gottes aus Ehrfurcht nicht aus. Deshalb ersetzen viele Übersetzungen „Jahwe" durch „Er".
- Einige Bibelübersetzungen wollen den Charakter der Dichtung erhalten; sie benutzen Reime, Verse, hier z.B. Stabreime: „**R**oss und **R**eiter ..."
- Anderen sind die richtigen Inhalte besonders wichtig:
  Sie betonen, dass „Streitwagen" versunken sind, dass Israels Jubel sich nicht auf den Tod von feindlichen Menschen, sondern auf die Vernichtung von Kriegs*MATERIAL* bezieht, dass den besser Gerüsteten ihre Übermacht nicht half.
- Manche Texte wollen Gott nicht unbedingt als „Mann" sehen und vermeiden deshalb die Bezeichnung „Herr".
- Andere sehen das genau anders herum: Nur Gott verdient die Bezeichnung „Herr", denn er ist der einzig wahre „Herr(scher)", der die Unterdrückten von falschen Herrschern befreien wird.

S. Macht.

M 4

Mirjam hat Aussatz. Sieben Tage lang muss sie außerhalb des Lagers bleiben. Niemand spricht mit ihr. Man stellt ihr Essen und Wasser vor das Zelt, aber niemand fragt sie, wie es ihr geht. Alle fürchten sich vor ihrer Krankheit.

Zuerst ist Mirjam wütend, weil Gott Mose nicht straft (wegen der Frau aus Kusch), nur sie wird bestraft. Sie grübelt und redet leise mit sich selbst:

____

____

____

____

____

____

M 5

Die Geschichte von Rut

nacherzählt anhand der biblischen Quellen (Rut 1–4)

Elimelech und seine Frau Noomi hatten zwei Söhne, mit denen sie ins Land der Moabiter flohen, als eine Hungersnot ausbrach. Als Elimelech starb, nahmen die beiden Söhne moabitische Frauen: Orpa und Rut. Aber auch die Söhne starben, Noomi war alleine mit ihren Schwiegertöchtern. Sie wollte wieder zurück in das Land ihrer Väter. Die Schwiegertöchter begleiteten sie. Auf viel Drängen hin ging Orpa zurück in ihr Elternhaus; Rut aber blieb bei ihr. Sie sagte: „Wo du hingehst, da will ich auch hingehen; wo die bleibst, da bleibe ich auch. Dein Volk ist mein Volk, und dein Gott ist mein Gott. Wo du stirbst, da sterbe ich auch, da will ich auch begraben werden. Der Herr tue mir dies und das, nur der Tod wird dich und mich scheiden." Das war eine außergewöhnliche Rede für eine Frau, die nach geltendem Recht nur einen Bruder ihres Mannes oder ein anderes Familienmitglied hätte heiraten können. Noomi aber war zu alt, um noch ein Kind zu bekommen; und wie lange hätte dann Rut auf diesen Ehepartner warten müssen? So gehen die beiden nach Bethlehem, in Noomis Stadt. Rut geht auf das Feld des Boas, der ein Verwandter des Mannes der Noomi ist. Dort liest sie Ähren auf. Boas sieht sie, erkundigt sich, wer sie ist und lässt sie dann mit seinen Mägden arbeiten. Er ist freundlich zu ihr, weil er erfahren hat, dass sie gut zu ihrer Schwiegermutter war. Als Rut abends nach Hause zu Noomi kommt, hat sie sehr viel Gerste, ungefähr ein Scheffel voll. Noomi freut sich. Sie erfährt, dass Ruts Wohltäter Boas ist, der zu ihrer Familie gehört. So bleibt Rut bei den Mägden des Boas, bis die Gersten- und Weizenernte beendet ist.

Und dann schmiedet Noomi einen Plan: In der Nacht, in der auf der Tenne das Getreide geworfelt wird, soll Rut sich dem Boas nähern. Sie soll sich baden und salben und ein schönes Kleid anlegen und zur Tenne gehen. Wenn Boas gegessen und getrunken hat, sich schlafen legt, soll sie hingehen und sich zu seinen Füßen hinlegen. Rut tat, wie Noomi es ihr gesagt hatte. Nachdem Boas gegessen und getrunken hatte, legte er sich hinter einen Kornhaufen zum Schlafen. Da kam sie leise und legte sich zu seinen Füßen. Um Mitternacht wurde er wach, erschrak, als er merkte, dass eine Frau zu seinen Füßen lag. Rut gab sich zu erkennen und Boas freute sich. Er hatte aber Angst, dass ein anderer Mann der Familie Rut und das ihr zustehende Feld, das in Bethlehem noch bestand, beanspruchen würde. So machte er einen Plan, am nächsten Morgen zum Tor der Stadt zu gehen, zehn Männer als Zeugen zu nehmen und auf diesen Verwandten zu warten. Rut ging in der Zwischenzeit mit sechs Maß Gerste zu ihrer Schwiegermutter. Boas verhandelte mit dem Verwandten, der aber das Feld und Rut nicht haben wollte. So konnte Boas Rut heiraten, nach dem Recht seiner Zeit. Rut wurde schwanger und gebar einen Sohn. Noomi nahm das Kind und hütete es, als wäre es ihr eigenes. Die Nachbarinnen sagten sogar: Noomi ist ein Sohn geboren. Rut aber wurde durch diese Ehe und diesen Sohn eine Stamm-Mutter des Hauses David.

M 6

Wohin du gehst, dahin geh auch ich

Kanon für 2 Stimmen und Ostinato, die Stimmen laufen nacheinander aus.

Text (nach Buch Ruth 1,16–17 und 2,19)
und Musik: Siegfried Macht

Der Kanon nimmt die Worte auf, mit denen Rut nach dem Tod ihres Mannes der Schwiegermutter zurück in deren Heimat folgt. Dort wird sie, die „Ausländerin“, wieder heiraten und für die Ältere sorgen.

Ein ganzes biblisches Buch heißt nach ihr, niedergeschrieben in der Zeit, in der zur Lösung politischer, sozialer und religiöser Probleme angeregt wurde, Ehen mit ausländischen Frauen zu verbieten. Dagegen setzt das Buch Rut: Eine solche Fremde ist Ahnin König Davids (und des Messias ...).

M 7

Die gekrümmte Frau. Holzschnitt v. Schwester M. Sigmunda May OSF, 1978. 60 x 100 cm. Rechte bei der Künstlerin. Bitte nicht als Kopiervorlage verwenden. Das Bild ist auch als Dia erhältlich: Kloster Sießen, Pf. 1451, 98343 Saulgau,

M 8

Walter Habdank, Noli me tangere, 1981; © VG Bild-Kunst, Bonn 1998.

M 9

Maria von Magdala – Apostola Apostolorum,
Misereor Hungertuch „Biblische Frauengestalten – Wegweiser zum Reich Gottes“, a.a.O.

3 Die Kirchen im 3. Reich – Ein Projekt

1. Theologische und didaktische Aspekte

Das Kapitel „Die Kirchen im 3. Reich“ verlangt eine intensive Beschäftigung und Auseinandersetzung. Es ist ein Kapitel aus der Geschichte der Kirche, aber es zeigt Probleme und Erfahrungen auf, die für heute ebenso gelten. Wem soll man gehorchen: Gott oder dem Staat?

Was ist wichtiger, sein Leben zu retten oder für andere Menschen einzustehen?

Gibt es Menschen unterschiedlichen Wertes?

Die Kirchen – die evangelische wie die katholische Kirche, aber auch andere Religionsgemeinschaften – hatten sich mit diesen Fragen nicht nur theoretisch, sondern auch praktisch, d.h. in ihrem Alltag, in ihrem Lebensvollzug auseinander zu setzen. Es betraf auch das Leben der einzelnen Christen, die sich zur Kirche zählten. Dabei ging es häufig um den Einsatz des eigenen Lebens.

Die Geschichte der Kirchen in der Zeit der NS-Herrschaft von 1933 bis 1945 ist keine spektakuläre Widerstandsgeschichte; deshalb wird hier auf die Bezeichnung „Kirchenkampf“ verzichtet. Der Widerstand vollzog sich mehr schleichend und vor allem innerhalb der Kirchen, nicht so sehr in der Öffentlichkeit, und es gab neben dem Widerstand auch viel Mitläufertum und Schweigen.

Die Haltung der Kirchen in der NS-Zeit lässt sich verkürzt auf drei Positionen zusammenfassen:

- auf der einen Seite wurde aktiv Widerstand geleistet gegen Eingriffe des Staates in die Autonomie der Kirche – in mehr oder weniger offener Form;
- auf der anderen Seite gab es eine Anpassung an die NS-Ideologie und an die Maßnahmen der Partei – auch hier in mehr oder weniger deutlicher Weise;
- dazwischen lag dann eine dritte Position: der Versuch, sich zwischen den beiden extremen Positionen hindurchzuwinden auf eine mehr vorsichtige, vermittelnde, bewahrende Weise; diese Position wurde von den beiden anderen negativ beurteilt bzw. als Halbheit oder Lauheit angesehen.

Der ersten Position ist die *Bekennende Kirche* zuzurechnen, an ihrer Spitze Martin Niemöller, der anderen die Gruppe der *Deutschen Christen* mit ihren Anführern; der dritten Position gehörten die sogenannten *intakten Kirchen* an, die eine Spaltung in die beiden genannten Positionen vermeiden wollten, wie die Landeskirchen von Bayern (Landesbischof Meiser), Württemberg (Landesbischof Wurm) und Hannover (Landesbischof Marahrens), jede mit eigenem Gesicht und eigener Entwicklung.

Es ist eine Aufgabe des Unterrichts, diesen drei Positionen, ihrer Entwicklung, ihren Gefährdungen und Schwierigkeiten nachzugehen. Auf der anderen Seite gilt es, persönliche Schicksale zu verdeutlichen, den oft mutigen Einsatz von Einzelnen, die sich für ihren Glauben und ihre Überzeugung einsetzten; ohne diese Einzelschicksale und deren spannende und z.T. erschütternde Erzählungen ist der Unterricht langweilig.

Höhepunkt der theologischen Auseinandersetzung dieser Zeit ist das „Barmer Bekenntnis", das zwar auf traditionellen Formulierungen des Glaubensbekenntnisses basiert, sie aber im Blick auf die konkrete politische Situation formal und inhaltlich abändert:

- durch den Bezug auf Bibelstellen mit stark christologischer Zuspitzung,
- durch die Bekenntnisformulierung mit den Schwerpunkten Christus und Kirche und der Mahnung, die Verkündigung als eigentliche Aufgabe der Kirche anzusehen und zu praktizieren,
- durch die Verwerfungsformeln mit der Absage an einen ideologisch-religiös überhöhten Staat.

Ein zweiter theologischer Schwerpunkt ist in dem Bezug auf die 10 Gebote zu sehen, etwa in dem Wort der 12. preußischen Bekenntnissynode 1943 oder in der Predigt des Kardinals Galen 1941 mit ihrem Einspruch gegen die Unmenschlichkeit des sogenannten Euthanasieprogramms und der Vernichtung der Juden.

Ein dritter theologischer Aspekt ist die hinter allem stehende Frage: Wer ist Herr: „Gott oder der Staat?", die zwar nicht öffentlich diskutiert wurde, aber hinter allem Widerstand stand (vgl. 2. und 5. Barmer These).

Diese theologischen Aspekte gilt es im Unterricht im offenen Gespräch miteinander zu thematisieren.

Die Bedeutung für die Jugendlichen heute liegt darin, dass sie, obwohl sie an den Ereignissen von damals nicht beteiligt waren und jede Kollektivschuldzuweisung ablehnen, in anderen Ländern immer als Angehörige des Volkes angesprochen werden, von dem das unmenschliche Geschehen der Euthanasie und der Judenvernichtung ausging. Darüber hinaus ist die Erfahrung, dass jeder Krieg zerstört und kein Volk, keinen Kontinent zurücklässt, wie sie waren, eine ständige Aufforderung, mit der Kirche im Namen Gottes gegen Gewalt, für einen dauerhaften Frieden und für soziale Gerechtigkeit einzutreten.

Methodisch ist vorgesehen, dass nicht nur kleine Ausschnitte und verkürzte Textbeispiele bearbeitet werden, sondern dass aus längeren Abschnitten, Erzählungen und Dokumenten selbständig eine Auswahl getroffen wird; nur so können erste Schritte zu eigener historischer „Forschungsarbeit" mit Lesen, Kritik und Urteilsbildung getan werden. Diese Texte und Bilder können nicht alle abgedruckt werden; hier müssen die Sch. in den angegebenen Büchern selbst fündig werden.

Es geht bei einem kirchengeschichtlichen Stoff nicht ohne Lesen von Quellen, Darstellungen und Erzählungen; hier gilt es dann, das Angeeignete selbständig und kreativ mit eigenen Worten und Formen (Referat, Diavortrag, selbst angefertigte Statistik, eigene Zeichnungen, Zwiegespräch, Rollenspiel u.a.) wiederzugeben und zu interpretieren.

2. Intentionen

Die Sch. sollen

- erfahren, wie sich die Kirchen in der Zeit der NS-Herrschaft verhielten, wie Staat und Partei versuchten, sie systematisch in ihre Ziele einzuspannen bzw. auszuschalten und zu unterdrücken und wie sie darauf reagierten,
- zeitgeschichtliche Ereignisse zur Kenntnis nehmen und festhalten, um sie verstehen zu können,
- Personen und ihre Standpunkte und Schicksale kennen lernen und in Erinnerung behalten als Zeugen und Zeugnisse christlichen Glaubens in unserer Zeit,
- die Probleme der Zeit gründlich durchdenken und versuchsweise eigene Antworten finden,
- entdecken, welche Bedeutung diese Ereignisse und Fragen von damals für uns heute haben und wie Kirche und Theologie versuchen, mit den Fragen von damals heute fertig zu werden.

3. Literatur zur Vorbereitung (und Durchführung)

- Denzler, Georg/Fabricius, Volker: Christen und Nationalsozialisten. Fischer Tb, Frankfurt a.M. 1993[2] (eine auch für Sch. gut lesbare, katholisch/evangelische Darstellung der Geschichte beider Kirchen, mit Quellentexten), im Folgenden als **CN** abgekürzt.
- Gutschera, Herbert/Thierfelder, Jörg: Brennpunkte der Kirchengeschichte. Ein Arbeitsbuch. Schöningh, Paderborn 1982 (das erste Kirchengeschichtsbuch, das beide Kirchen behandelt; für Kurztexte und Bilder brauchbar); im Folgenden kurz **Brp**.
- Haas, Dieter u.a.: Kirche im Dritten Reich. Lehrerheft und 3 Schülerhefte: 1. Zwischen Wahn und Wahrheit, 2. Zwischen Schuld und Widerstand, 3. Zwischen Anpassung und Verfolgung. Reihe: Unterrichtsmodelle Religion. Kaufmann, Lahr 1982–84 (bes. das 3. Heft mit den biographischen Darstellungen); im Folgenden kurz (1, 2, 3) **KDR**.
- Petri, Dieter/Thierfelder, Jörg: Vorlesebuch Kirche im 3. Reich – Anpassung und Widerstand. Kaufmann/Butzon & Bercker, 1995 (eine Fundgrube für Erlebnisberichte und Erzählungen); im Folgenden kurz **VbK**.
- Stupperich, Martin u.a.: 2000 Jahre Christentum. Band II, 2. Die Gegenwart. Vandenhoeck und Ruprecht, Göttingen 1984 (ein knapper Überblick mit Quellentexten, bes. für die Entwicklung nach 1945); im Folgenden kurz **2000J**.
- Röhn, Eberhard/Thierfelder, Jörg: Evangelische Kirche zwischen Kreuz und Hakenkreuz. Bilder und Texte einer Ausstellung. Calwer, Stuttgart 1990[4] (eine anschauliche Dokumentation der Zeit); im Folgenden kurz **Kr+H**.
- Steinwede Dietrich (Hg.): Erzählbuch zur Kirchengeschichte 2. Kaufmann/Christophorus/Vandenhoeck & Ruprecht, 1987 (mit längeren biographischen Erzählungen); im Folgenden kurz **ErzKG**.
- Evangelische Kirche und Drittes Reich. Ein Arbeitsbuch für Lehrer der Sek. I und II. Analysen und Projekte zum Religionsunterricht. Heft 7. Vandenhoeck und Ruprecht, Göttingen 1983 (darin Grundfragen des U. über das Thema und zwei U-Reihen).

4. Unterrichtsideen/Verlaufsplanung

Zur *Durchführung* des Projektes gibt es verschiedene *Möglichkeiten*, mit den Vorschlägen umzugehen.

Für alle Möglichkeiten ist die *gemeinsame Einstiegs- und Schlussphase* vorgesehen (A. u. C.). Dazwischen werden im Sinne des Projektunterrichts drei Möglichkeiten vorgeschlagen:

Möglichkeit 1: Nach der Einstiegsphase werden die kreativen Arbeitsvorschläge, B. a)–h), mit den inhaltlichen Themen (an der Tafel oder auf Folie) vorgestellt und auf Gruppen verteilt: es folgt eine längere Bearbeitungsphase in den Gruppen; danach Vorstellung der Gruppenergebnisse im Plenum mit Aussprache, Ergänzung, Korrektur.

Möglichkeit 2: Um die Bearbeitungs- und Vorstellungsphasen nicht zu lang werden zu lassen, wird der inhaltliche Teil in 2 Abschnitte geteilt, B. a)–e) u. f)–h), und nacheinander bearbeitet; das schafft auch die Möglichkeit, größere Gruppen zu bilden und für die Sch. die Methoden zu wechseln.

Möglichkeit 3: besteht darin, exemplarisch zu verfahren: Sch. und/oder L. wählen die Abschnitte aus, die sie von den Überschriften her ansprechen bzw. für wichtig/interessant halten, und bearbeiten nur diese; nötige Zusammenhänge müssen dann vom L. oder von einzelnen Sch. hergestellt werden.

A. Einstieg: Anfang und Ende – Täuschung und Wirklichkeit

Als emotionalen Einstieg in das Thema sind kontrastierende Bilder und Texte vorgesehen: sie sollen Anfang und Ende der NS-Zeit dokumentieren, zur Verwunderung und (evtl.) Entrüstung veranlassen, nach Gründen und Absichten der NS-Partei und NS-Regierung, nach dem Verhalten der Kirchen fragen lassen und nach dem Sinn und der Auswirkung von Kriegen.

Als Vorgehen wird ein *Gespräch über Bilder und Texte* vorgeschlagen. Das kann in zwei Schritten geschehen:

1. Schritt: Die beiden *Bilder* (**M 1a + b**) werden auf Folie(n) kopiert und mit OHP (evtl. mit 2 Geräten) groß an die Wand geworfen. Nach einer längeren stillen Betrachtung sollen im Gespräch etwa folgende Fragen angesprochen werden: Was fällt uns zu den Bildern ein? Was wissen wir über die Zeit? Wie sah es bei uns in ... vor 33 und nach 45 aus?

2. Schritt: Die *Texte* (**M 2a + b**) werden vorgelesen – evtl. auch auf Folie kopiert, damit sie ständig vor Augen stehen. Dann Aussprache u.a. über folgende Fragen: Wie berührt uns das? Wie sind die verschiedenen Aussagen Hitlers zu erklären? Was waren die Ziele der NS-Partei und -Regierung und welche Gründen standen dahinter? Wie hätte die Haltung der Kirchen sein müssen?

Als Nacharbeit zu dem Gespräch ist denkbar: eine Erkundung (Befragung und Aufzeichnung) von Erfahrungen aus dieser Zeit bei Eltern und Großeltern, Nachbarn und Bekannten, die noch eigene Erinnerungen haben. Das kann in der nächsten Stunde als Anstoß zum weiteren Vorgehen benutzt werden.

B. Themen für die Arbeitsgruppen

a) Ein Überblick über die Zeit von 1933–1945: Herstellen einer *Zeitleiste*. In einer Gruppenarbeit sind mehrere Arbeiten zu erledigen: Zeitleiste anfertigen, evtl. kirchliche und allgemeine politische Ereignisse zweifarbig unterscheiden, Texte auf Zettel schreiben und auf die Zeitleiste heften, Bilder zu den Ereignissen sammeln, kopieren oder zeichnen und auf der Zeitleiste anbringen. (Material: aus den angegebenen Büchern, aus Zeitschriften etc.)

b) Die Kirchen und der Nationalsozialismus vor 1933: *Podiumsgespräch* (s. **M 3a** u. **M 3b–d**)

c) 1933–34: Der Versuch der Machtübernahme in der evangelischen Kirche: *Diavortrag* (s. **M 4**)

d) Erster Widerstand – Vom Pfarrernotbund zum Barmer Bekenntnis (1933–34): Ein *Feature* (s. **M 5a, 5b–d**)

e) Verschärfte staatliche Maßnahmen gegen die Kirchen (1935–39): *Lesung* mit Bildern (s. **M 6**)

f) Kirche und Judenverfolgung: *Wandzeitung* (s. **M 7a** u. **M 7b–d**)

g) Jesus – ein Jude: *Diskussion* (s. **M 8**)

h) Kirche und Krieg: *Interview* (s. **M 9**)

i) Kirche und Euthanasie (1939–41): Anfertigung einer *Zeitung* (s. **M 10a** u. **M 10b–f**)

j) Kirche und Politik: Dieses Problemfeld lässt sich sehr gut in Form eines *Rollenspiels* – z.B. als „Diskussion am Familientisch“ zwischen Mutter, Vater, Sohn und Tochter etc. – bearbeiten. Die Diskussion wird dabei wahrscheinlich auf folgende Grundfragen kommen: Ist es einem Christen erlaubt, Gewalt anzuwenden, Sachen oder Menschen zu beschädigen oder gar zu töten, wenn für ihn das Gebot der Nächstenliebe gilt? Darf die Kirche sich politisch betätigen? Im Rollenspiel können diese Fragen angesprochen werden; ausdiskutiert werden sollten sie im Nachgespräch mit der ganzen Klasse.
Der Gang der Familiendiskussion könnte sein: Ausgang von einer Zeitungsmeldung über eine kirchliche Äußerung zu Politik oder Wirtschaft heute – Diskussion – Ende: durch Aufbruch zur Arbeit/Schule.

k) Ende und Anfang – die Kirchen nach 1945: Eine *fish-pool-Diskussion* (s. **M 11a**, **M 11b–d**).

C. Schlussgespräch: Was hat es uns gebracht?

Nach einem derart langen und intensiven Projekt muss ein „feed-back" stattfinden. Damit es nicht in eine Wiederholung von aufgenommenen Einzelheiten und in emotionale Äußerungen („gefallen" – „nicht gefallen") abgleitet, sollte das Gespräch unter folgende Fragen gestellt werden:

1. Zur Kirche: Wie ist das Verhalten der Kirche während der 12 Jahre des 3. Reiches zu bewerten? Kann man den Widerstand, der geleistet wurde, als „Kirchenkampf" bezeichnen?

2. Zur Theologie: Sind die theologischen Positionen, auf denen der Widerstand beruhte (10 Gebote, Nächstenliebe, Untertansein unter die Obrigkeit: Röm 13), heute noch überzeugend? Hat die Theologie seit 1945 zu den Erschütterungen durch die NS-Zeit (Häufung der Kirchenaustritte, Theodizeefrage: Gibt es Gott? Warum hat Gott nicht geholfen?, Jesus: ein jüdischer Mensch, ein Rabbi? Glaube ohne Ethik ist unfruchtbar?) etwas zu sagen gehabt?

3. Zur Bedeutung heute: Was hat uns überzeugt – was hat uns kritisch gemacht? Was trägt es für unser/mein Leben aus?

Für die Durchführung:

Um möglichst viele/alle an der Plenumsdiskussion zu beteiligen, sollte vorher von jedem zu einer bzw. einigen der Fragen ein Satz schriftlich formuliert werden (Antwort anonym, soweit nötig). Die Fragen sind auf Folie an die Wand zu werfen: Sch. suchen sich Frage(n) aus, zu der (denen) sie Stellung nehmen möchten. Diese Antworten können in der Diskussion vorgelesen und/oder anschließend gesammelt und vervielfältigt werden. Ziel der Plenumsdiskussion ist eine vielstimmige Reaktion, nicht eine gemeinsame, einheitliche Meinungsäußerung.

5. Das Thema in Schulbüchern und Unterrichtsmaterialien

- Fabricius, Volker: Kirche im Nationalsozialismus – zwischen Widerstand und Loyalität. Schülerband u. Lehrerhandbuch. Diesterweg, Frankfurt a.M. 1982.
- Gadesmann, Frieder u.a.: Das Leben suchen 7/8. Diesterweg, Frankfurt a.M. 1984 (darin das Kapitel 8: „Alle Menschen wollen leben" zum Thema „Aktion unwertes Leben").
- Goedeking, Friedrich: Kirche, Krieg und Frieden. Reihe: Oberstufe Religion 9. Calwer, Stuttgart 1986 (gute Texte zum Verhältnis Kirche zu Krieg und Kriegsdienstverweigerung).
- Kluge, Jürgen u.a.: Entdeckungen machen 9/10. Schwann, Düsseldorf 1987 (darin die Kapitel: „Juden – Christen – Deutsche" und „Kirche muß Kirche bleiben").
- Prot. Landeskirchenrat der Pfalz, Speyer am Rhein: 60 Jahre Barmen. Kirche im Dritten Reich. Religionspädagogische Hefte 1/84.
- van Norden, Günther/Schönborn, Paul Gerhard/Wittmütz, Volkmar: Wir verwerfen die falsche Lehre. Arbeits- und Lesebuch zur Barmer Theologischen Erklärung und zum Kirchenkampf. Jugenddienst Vgl., Wuppertal-Barmen 1984 (für zusätzliche Texte und kurze biographische Informationen zu gebrauchen).
- Schilling, Jörg: Kirchenkampf in Celle, in: Arbeitshilfe für den RU an Gymnasien, Heft 54. Landeskirchenamt Hannover 1994 (eine auf regionale Vorkommnisse gerichtete Unterrichtsreihe).
- Röhm, Eberhard/Thierfelder, Jörg: Kirche – Staat – Politik: Zum Öffentlichkeitsauftrag der Kirche. Reihe: Oberstufe Religion 3. Calwer, Stuttgart 1979

6. Materialien und Medien

Dias/Tonbilder:

- Kirchenkampf im 3. Reich. Von Wilhelm Niemöller. 30 Dias s/w.

Filme:

- Kirchen unterm Hakenkreuz. Ein Film von Klaus Figge. Teil 1: Die SA Jesu Christi – Deutsche Christen gegen Bekennende Kirche. 30 Min. s/w 1988 VHS. Teil 2: Die ev. Kirche zwischen 1938 und 1945 – Widerstand und Ergebung. 30 Min. s/w 1988 VHS.
- Heimsuchung. Ein Film von Jost von Morr unter Mitwirkung von Klaus Scholder. Begleitheft von E. Röhm und J. Thierfelder, 43 Min. 1988 VHS.
- Dietrich Bonhoeffer – Nachfolge und Kreuz, Widerstand und Galgen. Ein Film von H.J. Dörger. Begleitheft von D. Petri und J. Thierfelder.

Text-Materialien:

Zwei Beispiele für regionale biographische Berichte und Erzählungen:

- Meyer-Stiens (Hg.): Dann werden die Steine schreien – 50 Jahre Theologische Erklärung Barmen. Vlg. Kirche und Mann. Bielefeld 1983 (Tb) (für Norddeutschland).
- Winter, Helmut: Zwischen Kanzel und Kerker. Augenzeugen berichten vom Kirchenkampf im 3. Reich. Sonntagsblatt-Tb. Claudius Vlg., München 1982 (für Bayern).

M 1a

Hitler, Abt Schachleitner, Reichsbischof Müller auf einem Reichsparteitag. Süddeutscher Verlag, Bilderdienst.

M 1b

„Hier ist zu sagen, dass es sich bei Reichsbischof Müller um den im September 1933 von der deutschen Nationalsynode gewählten höchsten Repräsentanten der Deutschen Evangelischen Kirche handelt, während der frühere Prager Benediktiner-Abt Alban Schachleitner mit seinem Programm eines nationalsozialistischen Katholizismus in der katholischen Kirche Deutschlands eher eine Außenseiterrolle spielte. (schon ein Vergleich von Haltung und Gesichtsausdruck der beiden Männer ist entlarvend: nass-forsch und verlegend-lächelnd usw.) – Allerdings haben nicht wenige Mitglieder des deutschen Episkopats eine deutliche Zustimmung zum ‚neuen Staat' zum Ausdruck gebracht."

Hannes Kilian, aus: Herbert Gutschera/Jörg Thierfelder: Brennpunkte der Kirchengeschichte, Ferdinand Schöningh, Paderborn 1976, S. 215.

Stuttgart 1945: Kreuzigungsgruppe vor der Lorenzkirche

M 2a

Programm der Nationalsozialistischen Deutschen Arbeiterpartei

München, 24. Februar 1920

§ 24
Wir fordern die Freiheit aller religiösen Bekenntnisse im Staat, soweit sie nicht dessen Bestand gefährden oder gegen das Sittlichkeits- und Moralgefühl der germanischen Rasse verstoßen.

Die Partei als solche vertritt den Standpunkt eines positiven Christentums, ohne sich konfessionell an ein bestimmtes Bekenntnis zu binden. Sie bekämpft den jüdisch-materialistischen Geist *in* und *außer* uns und ist überzeugt, dass eine dauernde Genesung unseres Volkes nur erfolgen kann von *innen* heraus auf der Grundlage: *Gemeinnutz vor Eigennutz.*

Aus: Brp 217 (= Gutschera/Thierfelder: Brennpunkte der Kirchengeschichte, S. 217: s. 3. Lit., S. 54); zu den Abkürzungen „Brp" etc. hier und im Folgenden s. S. 54.

M 2b

Hitler 1933

In privaten Kreisen dagegen zeigte *Hitler* sein wahres Gesicht. Welches Los der zu keinem Augenblick aus der Katholischen Kirche ausgetretene Parteiführer und spätere Reichskanzler Adolf Hitler den christlichen Kirchen und dem Christentum überhaupt zugedacht hatte, offenbarte er zu Beginn der dreißiger Jahre in einem Gespräch mit *Hermann Rauschning*:

„Mit den Konfessionen, ob nun diese oder jene: das ist alles gleich. Das hat keine Zukunft mehr. Für die Deutschen jedenfalls nicht. Der Faschismus mag in Gottes Namen seinen Frieden mit der Kirche machen. Ich werde das auch tun. Warum nicht? Das wird mich nicht abhalten, mit Stumpf und Stiel, mit allen seinen Wurzeln und Fasern das Christentum in Deutschland auszurotten ...

Für unser Volk aber ist es entscheidend, ob sie den jüdischen Christenglauben und seine weichliche Mitleidsmoral haben oder einen starken, heldenhaften Glauben an Gott in der Natur, an Gott im eigenen Volke, an Gott im eigenen Schicksal, im eigenen Blute ...

Eine deutsche Kirche, ein deutsches Christentum ist Krampf. Man ist entweder Christ oder Deutscher. Beides kann man nicht sein. Sie können den Epileptiker Paulus aus dem Christentum hinauswerfen. Das haben andere vor uns getan ...

Die katholische Kirche ist schon etwas Großes. Herr Gott ihr Leut', das ist eine Institution und es ist schon was, an die zweitausend Jahre auszudauern. Davon müssen wir lernen. Da steckt Witz und Menschenkenntnis darin. Die kennen ihre Leute! Die wissen, wo sie der Schuh drückt. Aber nun ist ihre Zeit um! Das wissen die Pfaffen selbst. Klug genug sind sie, das einzusehen und sich nicht auf einen Kampf einzulassen. Tun sie es doch, ich werde bestimmt keine Märtyrer aus ihnen machen. Zu simplen Verbrechern werden wir sie stempeln. Ich werde ihnen die ehrbare Maske vom Gesicht reißen. Und wenn das nicht genügt, werde ich sie lächerlich und verächtlich machen."

Aus: CN 17; kürzer in: Brp 217.

M 3a

Die Kirchen und der Nationalsozialismus vor 1933

Ein Streitgespräch

Die Frage *Wie soll man sich als Christ zur NSDAP stellen?* soll als Podiumsgespräch inszeniert werden: zunächst stellen sich die Teilnehmer (ein Vertreter der NS-Partei, ein Vertreter der DC, ein Vertreter der BK, ein Vertreter der katholischen Kirche) vor (oder werden von dem Gesprächsleiter vorgestellt); dann vertritt jeder seinen Standpunkt; anschließend gibt es ein Streitgespräch zwischen den 4 Vertretern. Abbruch durch den Gesprächsleiter. – Im Anschluss daran diskutieren die Zuhörer (die übrige Klasse), welche Argumente ihnen am meisten eingeleuchtet haben und wie sie sich wohl entschieden hätten.

In einer vorbereitenden Gruppenarbeit sind die Texte **M 2a** und **3b–d** zu lesen unter folgenden Fragen: Wie ist die Einstellung der Partei zur Kirche bzw. zum Christentum zu beschreiben? Was soll mit dieser Einstellung bezweckt werden? Wie ist die Einstellung der Kirche zur Partei bzw. die Haltung der DC zur Partei? Wie ist diese Einstellung zu beurteilen?

Für die 4 Personen, die die unterschiedlichen Standpunkte vertreten, sind Namen, Berufe, evtl. Titel zu erfinden und gut lesbare Schilder herzustellen, auf denen das verzeichnet ist.

Material:
- zur allgemeinen Situation: VbK 20–22*;
- der Text „Seine erste Wahl“ (VbK 32) kann als Anregung für das Streitgespräch dienen;
- § 24 des Parteiprogramms: Brp 217;
- Hitler 1928: Brp 217;
- der Gauleiter Kube 1932: Brp 215, vgl. VbK 317;
- aus den Richtlinien der DC 1932: Brp 220, 2000J 13, Kr+H 25, VbK 314 (1/3);
- das Mainzer Bischöfliche Ordinariat 1931: Brp 219, VbK 318, vgl. 2000J 17 (Fuldaer Bischofskonferenz);
- Walter Künneth 1931: Brp 220, Kr+H 20.

* bedeutet: Vorlesebuch Kirche im 3. Reich, S. 20–22 (s. 3. Literatur); zu den Abkürzungen „VbK“ etc. hier und im Folgenden S. 3. Literatur.

M 3b

Wir stehen auf dem Boden des positiven Christentums. Wir bekennen uns zu einem bejahenden artgemäßen Christus-Glauben, wie er deutschem Luther-Geist und heldischer Frömmigkeit entspricht ...

Wir sehen in Rasse, Volkstum und Nation uns von Gott geschenkte und anvertraute Lebensordnungen, für deren Erhaltung zu sorgen uns Gottes Gesetz ist. Daher ist der Rassenvermischung entgegenzutreten ...

Wir wollen eine evangelische Kirche, die im Volkstum wurzelt, und lehnen den Geist eines christlichen Weltbürgertums ab. Wir wollen die aus diesem Geiste entspringenden verderblichen Erscheinungen wie Pazifismus, Internationale, Freimaurertum usw. durch den Glauben an unsere von Gott befohlene völkische Sendung überwinden ...

Aus den Richtlinien der Glaubensbewegung „Deutsche Christen“ vom 26. Mai 1932; aus: Brp 220.

M 3c

In der katholischen Kirche *gab es einige scharfe Erklärungen gegen den Nationalsozialismus:*

Wir mussten diese Anweisungen (gegen eine Mitgliedschaft in der NSDAP) geben, da das Programm der NSDAP Sätze enthält, die sich mit katholischen Lehren und Grundsätzen nicht vereinigen lassen. Namentlich ist es der § 24 des Programms, den kein Katholik annehmen kann, ohne seinen Glauben in wichtigen Punkten zu verleugnen ...

Wir fragen: Was ist Sittlichkeits- und Moralgefühl der germanischen Rasse? ... Das christliche Sittengesetz gründet sich auf die Nächstenliebe. Die nationalsozialistischen Schriftsteller anerkennen dieses Gebot nicht in dem von Christus gelehrten Sinn; sie predigen Überschätzung der germanischen Rasse und Geringschätzung alles Fremdrassigen ... Diese Geringschätzung, die bei vielen zu vollendetem Hass der fremden Rasse führt, ist unchristlich und unkatholisch. – Das christliche Sittengesetz ist ferner allgemein, es gilt für alle Zeiten und für alle Rassen. Es ist deshalb ein großer Irrtum zu fordern, dass das christliche Bekenntnis dem Sittlichkeits- und Moralgefühl der germanischen Rasse angepasst werde ...

Wir fragen: Was ist hier unter positivem Christentum zu verstehen? Die Führer der NSDAP wollen einen deutschen Gott, ein deutsches Christentum und eine deutsche Kirche ... Was hier gefordert wird, ist nichts anderes als eine deutsche Nationalkirche ...

Durch diese Auffassung von Religion geraten die Nationalsozialisten in eine feindliche Stellung zur katholischen Kirche, weshalb auch von nationalsozialistischen Rednern in Volksversammlungen wiederholt der Gedanke ausgesprochen wurde: „Unser Kampf gilt Juda und Rom." Wohl hat Hitler in seinem Buch „Mein Kampf" einige anerkennende Worte über die christliche Religion und die katholischen Einrichtungen geschrieben, aber das täuscht uns nicht darüber hinweg, dass die Kulturpolitik des Nationalsozialismus mit dem katholischen Christentum in Widerspruch steht.

Vorstehende Ausführungen geben Antwort auf die Fragen: Kann ein Katholik eingeschriebenes Mitglied der Hitlerpartei sein? Kann ein katholischer Pfarrer gestatten, dass Mitglieder dieser Partei korporativ an kirchlichen Beerdigungen oder sonstigen Veranstaltungen teilnehmen? Kann ein Katholik, der sich zu den Grundsätzen dieser Partei bekennt, zu den hl. Sakramenten zugelassen werden? Wir müssen dies verneinen.

Aus einer Stellungnahme des Bischöflichen Ordinariats Mainz vom 30. September 1930; aus: BRP 219.

M 3d

Weite Kreise in der evangelischen Kirche *haben wohl Folgendes akzeptiert:*

Was sagen wir als evangelische Christen zum Rufe des Nationalsozialismus? ...

Wir antworten als evangelische Christen auf den Ruf des NS zunächst mit einem „Ja". Wir antworten aber zugleich auf seinen Ruf mit einer kritischen Frage ... Wir antworten mit einem Ja und zwar mit einem Ja als *zu seinem Dienst am Volke* ... Wir sagen ein Ja aber auch zu dem *Willen zur sozialen Neugestaltung* ... Wir sehen drittens in der Bewegung den *Willen zum Christentum* ... Die christliche Kirche erscheint als Kulturträger bedeutungsvoll für das Volk und darum soll sie unter Achtung und Schutz des Staates stehen. Man erkennt die kirchlichen Lehren prinzipiell an ... Man bekennt sich offiziell zu einem „positiven Christentum", wobei freilich umstritten bleibt, was im Einzelnen darunter zu verstehen ist ...

Wir haben aber die heilige Verpflichtung, zugleich auch eine *kritische Frage* zu stellen ... Wir stellen zunächst eine kritische Frage angesichts der weltanschaulichen *Ideologie* und *Mythologie* des NS. Zunächst im Blick auf den Rassenmythus. Es wird immer wieder betont: der Blutwert ist der Grundwert ... Hier wird Rasse zum Maßstab und Ziel des Lebens. Der Rassegedanke wird zu einem Mythos fortgebildet. Die Gefahr der Übersteigerung des Rassenprinzips liegt zweifellos vor ...

Wir müssen schließlich die kritische Frage auch noch stellen hinsichtlich der praktischen Lebensäußerungen der Bewegung. Denken wir an die Art des Kampfes, an die Propaganda, an die Presse, so ist das Bild wenig erfreulich. Sind das bloß Schlacken, Auswüchse einer großen Bewegung, oder handelt es sich vielleicht doch um Symptome einer tiefer sitzenden Geistigkeit? Die skrupellose Verhetzung, der maßlose Hass, die Rücksichtslosigkeit in der Wahl der Mittel muss ja zu Explosionen führen ...

Walter Künneth, 1931; aus: Brp 220f.

M 4

1933–34: Der Versuch der Machtübernahme in der evangelischen Kirche

Vorbereitung und Halten eines Diavortrages

Die evangelische Kirche spürte die ersten Schritte eines Eingreifens im Versuch der neuen NS-Regierung, mit Hilfe der „Deutschen Christen" in der Kirche die Macht zu übernehmen, das Stichwort hieß „Gleichschaltung". Die Absicht war, eine einheitliche Kirche zu schaffen, was Zustimmung weckte, aber dahinter stand der Versuch, eine – nach dem „Führerprinzip" – von oben gesteuerte Einheitskirche zu errichten und damit der Kirche vorschreiben zu können, was sie zu tun, zu sagen, zu glauben habe. Diese Absichten bestimmten die Vorgänge in den nächsten Monaten und Jahren. In der Novembertagung der DC wurden dann deren wahre Absichten so deutlich ausgesprochen, dass es zu einem Bruch innerhalb der DC und zu einem allgemeinen Abrücken von ihren Bestrebungen kam.

Verwirrung entstand durch die ungeschickten Maßnahmen des neuen „Reichsbischofs": seinen „Maulkorb-Erlass", den Hausarrest gegen die Landesbischöfe von Bayern und Württemberg, Meiser und Wurm, die auf den großen Protest aus der Bevölkerung hin wieder freigelassen werden mussten und von Hitler in ihrem Amt anerkannt wurden.

In der katholischen Kirche gab es eine Art „Friedensschluss" durch den Abschluss des „Reichskonkordats" zwischen Deutschland und dem Vatikan im Juli 33 durch den Außenminister v. Papen.

Um diese vielschichtigen Ereignisse im Jahre 1933 durchsichtig zu machen, wird vorgeschlagen: *Vorbereitung und Halten eines Dia-Vortrages.*

Die Gruppe sucht Bilder aus, die sie – mit Dia-Film aufgenommen, entwickelt und gerahmt – zu einem Dia-Vortrag zusammenstellt und mit einem eigenen Text versieht. Das Vortragen kann dann auf verschiedene Beteiligte verteilt werden: Sprecher/Vorleser, Diavorführer. Benötigte Geräte: Fotoapparat (Spiegelreflexkamera mit Zoom für Nahaufnahmen), Diafilm, Diaprojektor.

Material:
- *Karte, Plakate, Bilder* in: Kr+H, Brp, 2000J.
- zur allgemeinen Situation: VbK 23–25, Kr+H 21–22;
- *Erlebnisberichte:* VbK 27, VbK 36;
- zur kath. Kirche: VbK 328, Reichskonkordat: Brp 224;
- Hitlers Regierungserklärung am 23.3.33: Brp 223, 2000J 17;
- Kirchenwahl 23.7.33: Brp 225, Kr+H 32,33;
- der Hausarrest gegen Weiser und Wurm April 34: Brp 231, 2000J 13, Kr+H 81.

M 5a

Erster Widerstand – Vom Pfarrernotbund zum Barmer Bekenntnis, 1933–34

Herstellung eines Features

Der Widerspruch gegen die Maßnahmen der NS-Regierung begann schon früh, allerdings nur bei Einzelnen, nicht bei der Kirche als Institution (Dietrich Bonhoeffer im Februar 1933 in seinem Radiovortrag gegen das „Führerprinzip" in der Kirche; Gründung des „Pfarrernotbundes" im September 1933 durch Martin Niemöller als Widerspruch gegen die Anwendung des „Arierparagraphen" in der Kirche; Gründung der Bewegung der „Bekennenden Kirche" als Opposition gegen die ns-orientierten „Deutschen Christen", die sich in der Novembertagung 33 in ihren wahren Zielen entlarvten; Widerspruch gegen den „Reichsbischof" Müller und seine Maßnahmen und das Treffen der Kirchenvertreter bei Hitler im Januar 34; das „Barmer Bekenntnis" auf der Bekenntnis-Synode in Barmen am 31.5.34, das auf Entwürfen von Karl Barth beruhte).

Ein *Feature* ist ein Dokumentarbericht in der Form einer Hörfolge: verschiedene Szenen unterschiedlicher Art wie Berichte, Interviews, Spielszenen, vorgelesene Dokumente, Kommentare (z.B. aus heutiger Sicht) folgen aufeinander und geben so ein lebendiges Bild der Ereignisse wieder.

Zur Herstellung eines Features gehört neben verschiedenen Sprechern ein „technischer Aufnahmeleiter" der gewissermaßen Regie führt, das Tonbandgerät bedient, den Sprechern ein Zeichen gibt, wann sie an der Reihe sind. Ein Feature gelingt am besten, wenn es spontan ausgeführt wird, also die einzelnen Abschnitte auf Band gesprochen werden ohne eine Textvorlage (außer bei vorzulesenden Dokumenten). Vorher sind Reihenfolge und Inhalt der Szenen, die Sprecher und der ungefähre Ablauf des jeweiligen Gesprächs festzulegen; dieses sollte einmal zur Probe gesprochen und beim zweiten Mal aufgenommen werden; dann folgt die nächste Szene. (Bei zwei vorhandenen Tonbandgeräten [Cassettenrecordern] können die einzelnen Szenen auch noch nachträglich bearbeitet und überspielt werden.)

Benötigt werden: 1(–2) Cassettenrecorder, 1(–2) Cassetten; 1 technischer Leiter (Regisseur), 3–4 Sprecher.

Material:

- zur allgemeinen Situation: Kr+H 48–50; VbK 25–26;
- biographische Notizen: zu Bonhoeffer: ErzKG 575; zu Niemöller: Kr+H 36–37; zu Barth: Kr+H 53;
- der Text der Pfarrernotbund-Verpflichtung: 2000J 20;
- Berichte von der Novembertagung der Deutschen Christen: 2000J 119; VbK 324; Kr+H 40–41, vgl. 22;
- der Text einer BK (Bekennenden Kirche)-Mitgliedskarte: Kr+H 53;
- der Wortlaut des Barmer Bekenntnisses: Kr+H 53f; VbK 338f.

Dietrich Bonhoeffer

M 5b

Zwei Tage, nachdem Hitler an die Regierung gekommen war, hielt ein Berliner Pfarrer einen Rundfunkvortrag mit dem Thema „Wandlungen des Führerbegriffs in der jungen Generation". Er hatte gesehen, wie die Menschenmassen Hitler zujubelten und ihm blindlings vertrauten.

Eindringlich wollte er vor den Folgen dieses Begeisterungstaumels warnen. Einige Sätze lauteten:

... gibt er (der Führer) nicht dem Geführten immer wieder klar Auskunft über die Begrenztheit seiner Aufgabe und über dessen eigenste Verantwortung, lässt er sich von dem Geführten dazu hinreißen, dessen Idol darstellen zu wollen – und der Geführte wird das immer von ihm erhoffen – dann gleitet das Bild des Führers über in das des Verführers, dann handelt er verbrecherisch am Geführten wie an sich selbst ...

Führer und Amt, die sich selbst vergotten, spotten Gottes ...

Die Schlusssätze wurden allerdings nicht mehr übertragen. Das Mikrophon war vorher abgeschaltet worden.

Aus: Dietrich Bonhoeffer, Gesammelte Schriften, Band 1 + 2, © Chr. Kaiser/Gütersloher Verlagshaus, Gütersloh; auch in: 1KDR 15.

M 5c

Dietrich Bonhoeffer: Der Arierparagraph in der Kirche

August 1933

Die D.C. sagen:
Das deutsche Kirchenvolk kann die Gemeinschaft mit den Juden, die ihm politisch soviel Schaden getan haben, nicht mehr ertragen.

Wir antworten:
Gerade hier muss dann in aller Deutlichkeit gesagt werden, dass hier der Ort ist, an dem es sich bewährt, ob man weiß, was Kirche ist. Hier, wo der mir unsympathische Juden-Christ neben mir als Glaubender sitzt, hier gerade ist Kirche ...

Zusammengefasst:
Kirche ist die Gemeinde der Berufenen, in der das Evangelium recht gepredigt und die Sakramente recht verwaltet werden, die kein Gesetz für die Zugehörigkeit zu ihr aufrichtet. Darum ist der Arierparagraph eine Irrlehre von der Kirche und zerstört ihre Substanz. Darum gibt es einer Kirche gegenüber, die den Arierparagraphen in dieser radikalen Form durchführt, nur noch einen Dienst der Wahrheit, nämlich den Austritt. Dies ist der letzte Akt der Solidarität mit meiner Kirche, der ich nie anders als allein mit der ganzen Wahrheit und allen ihren Konsequenzen dienen kann.

Aus: Dietrich Bonhoeffer, a.a.O.; auch in: CN 273.

M 5d

Im Oktober 1933 brachte eine evangelische Wochenzeitung in Breslau folgenden Text:

Vision
Gottesdienst. Das Eingangslied ist verklungen. Der Pfarrer steht am Altar und beginnt.
„Nichtarier werden gebeten, die Kirche zu verlassen."
Niemand rührt sich.
„Nichtarier werden gebeten, die Kirche sofort zu verlassen."
Wieder bleibt alles still.
„Nichtarier werden gebeten, die Kirche sofort zu verlassen."
Da steigt Christus vom Kreuze des Altars herab und verlässt die Kirche.

Den Schriftleiter des Blattes wollte man wegen dieses Beitrags in ein Konzentrationslager einliefern.

Aus: 1KDR 13.

Nur wer für die Juden schreit, darf auch gregorianisch singen.
(Bonhoeffer 1935)

M 6

Verschärfte staatliche Maßnahmen gegen die Kirchen, 1935–39

Lesung mit Bildern

Nachdem die ersten Versuche, die evangelischen Kirchen zu vereinnahmen, gescheitert waren, wurde vom NS-Staat ein zweiter Versuch gestartet, die ev. Kirchen gleichzuschalten. Den unfähigen „Reichsbischof" ließ man „im vollen Ornat in einer Nische verstauben" (Kupisch). Es wurde ein „Minister für die kirchlichen Angelegenheiten" ernannt, Hans Kerrl, der die Aufgabe hatte, staatliche Maßnahmen in den kirchlichen Verwaltungen durchzuführen: in der Finanzverwaltung, in der Besetzung kirchlicher Ämter, in der Ablegung eines „Treueeids auf den Führer" durch alle Pastoren und kirchlichen Amtsträger.

Gegen diese Maßnahmen gab es verschiedene Arten von Widerstand: Es wurde eine „Vorläufige Kirchenleitung" eingesetzt, die eigene Tagungen durchführte und eigene Verlautbarungen herausgab. Diese Verlautbarungen wurden im Laufe der Zeit immer deutlicher; ihre Verlesung in den Gottesdiensten führte unter den Pastoren zu Verhaftungen, Redeverbot, Verbannungen, KZ-Einweisungen (die bekanntesten unter den Verhafteten waren Paul Schneider, der 1938 im KZ Buchenwald umkam, und Martin Niemöller). Eine der Verlautbarungen wurde im Ausland bekannt und zeigte dort die Bedrohung der Kirche; dies hatte weitere Strafmaßnahmen zur Folge. Die Verweigerung des „Treueeids" hätte zu weiteren Strafen führen können, wenn nicht der Staat selbst diese Maßnahme zurückgenommen hätte.

Auch auf katholischer Seite gab es Verhaftungen, da sich auch der Vatikan in der Enzyklika von 1937 schärfer gegen die NS-Kirchenpolitik geäußert hatte und dies in den katholischen Kirchen verlesen wurde. Einen Rückzug musste die NS-Politik auch in Oldenburg machen, da sich der Versuch, das Kreuz aus den katholischen Schulen zu entfernen, nicht durchführen ließ. So richtete sich der Kampf gegen die katholische Kirche auf Enteignung von Klöstern und auf sog. Sittlichkeitsprozesse gegen Mönche und Priester.

Erst der Beginn des 2. Weltkrieges 1939 brachte eine gewisse Beruhigung, da Hitler weitere Maßnahmen gegen die Kirchen „bis nach dem Kriege" zurückstellte, um im Lande keine Unruhe zu wecken.

Die Gruppe wählt – nicht zu lange – Texte aus, die *als Dokumente vorgelesen* werden. Diese Texte werden mit Einleitung und *Kommentar* versehen, die von anderen Sprechern *vorgelesen* werden. Hierzu können auch *Bilder* (auf dem OHP oder mit Diaprojektor) *gezeigt* werden.

Material:

allgemein zum Verhältnis NS und Kirche:
- zur allgemeinen Situation: 2000J 12; Kr+H 83–85; VbK 80–82;
- Äußerung Hitlers: „Tischgespräche": Brp 228; Kr+H 114; VbK 376;
- Äußerungen von Nationalsozialisten: Brp 228; VbK 370 u. 342;
- Kirchenminister Kerrl: Kr+H 83, vgl. CN 79ff; Kr+H 88,89;
- Vorgehen gegen eine Sitzung des Bruderrats am 23.6.37: CN 84f;
- Treueeid auf den Führer für Pastoren: CN 85f;
- Behinderung der ökumenischen Verbindungen: Kr+H 85ff; CN 308;
- Trennung von Staat und Kirche: Kr+H 124;

Kirche und Schule:
- Entfernung der Schulkreuze: VbK 349; CN 118–121;
- Gemeinschaftsschule statt Konfessionsschule: Kr+H 86; CN 102ff;
- zum RU: VbK 304f;
- Denkschrift der VKL gegen das Neuheidentum v. 21.2.35: CN 76f;
- Maßnahmen gegen kirchliche Zeitungen: Brp 228; Kr+H 87; VbK 118;
- Vorgehen gegen Einzelpersonen, Martin Niemöller, Paul Schneider, Friedrich Weißler, die vier Lübecker Pastoren, und Fürbittlisten für Verhaftete: in Kr+H, Brp, VbK, ErzKG;

Kirchliche Stellungnahmen:
- Kanzelabkündigung der BK v. 5.3.35: Kr+H 74f, vgl. 66;
- Denkschrift der VKL v. 28.5.38: Brp 230; Kr+H 90f; CN 279;
- BK-Friedensgebet November 1938: Kr+H 112;
- die Enzyklika des Papstes v. 14.3.37: Brp 230; 2000J 26; VbK 352; CN 93ff, 284;
- Aktionen gegen Klöster und Priester: VbK 255; CN 117f;
- Hitlers Erlass: keine Unruhe während des Krieges: Kr+H 122, 123.

M 7a

Kirche und Judenverfolgung

Anfertigen und Vorstellen einer Wandzeitung mit einigen Erzählungen

Die sog. „Judenfrage“ war eines der Hauptanliegen der NS-Ideologie; sie entstammt der Rassentheorie Hitlers, wie er sie in seinem Buch „Mein Kampf“ aufgeschrieben hatte: um die germanische Rasse von fremden Einflüssen reinzuhalten, musste sie von Überfremdung durch jede andere, bes. die jüdische Rasse, freigehalten werden. Daraus ergibt sich seine konsequente antijüdische Politik: Einschränkung des jüdischen Einflusses – Unterdrückungsmaßnahmen gegen die Juden – Vertreibung und Vernichtung der Juden.

Es gab einige wenige, von einzelnen Personen getragene Aktionen, mit denen gegen die Judenverfolgung protestiert wurde; u.a. 1933: die Predigt von Pfarrer *von Jan* in Oberlenningen bei Stuttgart, 1936–42 die Arbeit des „Büro Grüber“ in Berlin, Gersteins Einsatz gegen die Gasvergiftungen; dazu gehören auch die versteckten persönlichen Hilfen für „untergetauchte“ Juden, von denen in Jerusalem im Museum „Yad Vashem“ berichtet wird.

Zum Vorschlag *Wandzeitung*:
Titel: Die antijüdische Politik des NS-Staates
- heraussuchen der *Daten* und der zugehörigen *Ereignisse* aus Lexika und Geschichtsbüchern: 01.04.1933 – 15.09.1935 – 09.11.1933 – 20.01.1942;
- aufschreiben mit Hand oder Computer auf kleine Zettel;
- anheften auf der Wandzeitung *mit* zugehörigem *Bildmaterial* und einer graphischen Kurve, die die Steigerung der Ereignisse deutlich macht (Bilder aus Büchern und Zeitschriften kopieren).
- Da es hier um die Haltung der Kirche zu diesen Ereignissen geht, sollte diese Darstellung ergänzt werden durch *Worte* aus entsprechenden Texten (einprägsam gestaltet durch Umrandung, Fettdruck etc.; es geht dabei bes. um folgende Worte: Dietrich Bonhoeffer August 1933 (siehe **M 5c**), Martin Niemöller: Erklärung des Pfarrernotbundes September 1933, Erklärung der Breslauer Bekenntnis-Synode Herbst 1943, Erklärung der dänischen Bischöfe Herbst 1943).

Zum Vorschlag *Erzählungen*:
- Unter der Fragestellung: *Wie verhielt sich die Kirche zum Vorgehen gegen die Juden?* sollten – bei der Vorstellung der Wandzeitung – kurze Erzählungen oder Berichte über einzelne Schicksale eingebracht werden (Pfarrer v. Jan, Grüber und seine Mitarbeiter, die Rettungsaktion der dänischen Juden).
- Hier kann das Lied *Die Nacht ist vorgedrungen* von Jochen Klepper (EG 16) und sein Schicksal eingebracht werden, um zu zeigen, wie sich die antijüdische Politik bis in die christliche Familie hinein auswirkte (siehe **M 7b**).

Material zur Wandzeitung findet sich in: CN, Kr+H, Vbk, Brp, 2000J, ErzKg, VbK; für die Erzählungen und Berichte in: CN, Kr+H, VbK.

Jochen Kleppers letzte Tagebuchaufzeichnungen **M 7b**

8. Dezember 1942 – Dienstag

Gott weiß, dass ich es nicht ertragen kann, Hanni und das Kind in diese grausamste und grausigste aller Deportationen gehen zu lassen. Er weiß, dass ich ihm dies nicht geloben kann, wie Luther es vermochte: „Nehmen sie den Leib, Gut, Ehr, Kind und Weib, lass fahren dahin." – Leib, Gut, Ehr – ja! Gott weiß aber auch, dass ich alles von ihm annehmen will an Prüfung und Gericht, wenn ich nur Hanni und das Kind notdürftig geborgen weiß.

10. Dezember 1942 – Donnerstag

Nachmittags die Verhandlung auf dem Sicherheitsdienst.
Wir sterben nun – ach, auch das steht bei Gott –
Wir gehen heute Nacht gemeinsam in den Tod.
Über uns steht in den letzten Stunden das Bild des Segnenden Christus, der um uns ringt.
In dessen Anblick endet unser Leben.

Aus: Jochen Klepper, Unter dem Schatten deiner Flügel, © Deutsche Verlags-Anstalt GmbH, Stuttgart 1956 (auch in: ErzKG 538f).

Der Schriftsteller und Dichter Jochen Klepper (1903–1942) **M 7c**

Geboren am 22. März 1903 in Beuthen (Oder), Pfarrerssohn, Theologiestudent in Berlin und Erlangen, bewusst auf den Pfarrerberuf verzichtend, ist der Zeitzeuge des Nationalsozialismus Jochen Klepper in kirchlicher Presse- und Rundfunkarbeit, dann als freier Schriftsteller tätig.

Seit 1931 in christlicher Ehe mit der getauften Jüdin Hanni, geb. Gerstel, verw. Stein, erleidet er die tödliche Bedrohung durch die Judenverfolgung des Naziregimes zutiefst. Das Tagebuch („Unter dem Schatten deiner Flügel", 1956 veröffentlicht) gibt detailgenau und mit tiefstem Engagement Auskunft nicht nur darüber, sondern generell über die Zeit 1933/42.

Trotz Verbindungen zu den höchsten Stellen des Naziregimes (Frick, Eichmann) vermag Klepper die (rettende) Ausreise nach Schweden für Frau und Stieftochter nicht zu erwirken. Die „grausamste und grausigste aller Deportationen" droht. Das letzte Gespräch auf dem Sicherheitsdienst am 10. Dezember 1942 hatte offensichtlich ein negatives Ergebnis. So scheidet er mit Frau und Stieftochter in der Nacht vom 10. zum 11. Dezember 1942 freiwillig aus dem Leben.

Aus: Jochen Klepper, a.a.O. (auch in: ErzKG 543).

Aus seinem Gedichtband „Kyrie" (1938) finden sich zahlreiche Lieder im Evangelischen Gesangbuch (EG): **M 7d**

„Die Nacht ist vorgedrungen" (Lied 16),
„Du Kind, zu dieser heilgen Zeit" (50),
„Der du die Zeit in Händen hast" (64),
„Gott Vater, du hast deinen Namen" (208),
„Freuet euch im Herren" (239),
„Gott wohnt in einem Lichte" (379),
„Ja, ich will euch tragen" (380),
„Er weckt mich alle Morgen" (452),
„Schon bricht des Tages Glanz hervor" (453),
„Der Tag ist seiner Höhe nah" (457),
„Ich liege, Herr, in deiner Hut" (486),
„Nun sich das Herz von allem löste" (532).

M 8

Jesus – ein Jude

Diskussion eines Problems mit Thesen

Ein Grund für den Widerstand der Kirche gegen die Judenverfolgung hätte auch die Tatsache sein müssen, dass das Christentum der jüdischen Religion entstammt bzw. dass Jesus selbst ein Jude war: Angriff gegen das Judentum hieß immer auch Angriff gegen den Glauben an Jesus als den Christus. Darüber hinaus wurde damals von der NS-Ideologie der christliche Glaube in seinen Grundlagen als eine „artfremde“ Religion bekämpft. Der Beauftragte Hitlers für den ideologischen Kampf, Alfred Rosenberg, hatte in seinem Buch „Der Mythos des 20. Jahrhunderts“ (1932 erschienen) behauptet, oberste Grundlage der Religion sei der Glaube an Rasse und Volk, nicht die Offenbarung von Gott. Wenn deshalb Christus eine Bedeutung für das deutsche Volk habe, dann nur in einer Form, die den Vorstellungen der germanischen bzw. arischen Rasse entspräche: also Jesus als eine heldische Gestalt, als Vorbild für ein tapferes Leben; Jesus, der gegen die Juden kämpfte und sich von seinem Judentum lossagte. Damit hing zusammen die Ablehnung des Alten Testaments als eines „Judenbuches“ mit einer „Sklavenmoral“ (die 10 Gebote: Du sollst ...!) und mit unmoralischen Geschichten.

Hiergegen gab es damals zwar Äußerungen von Einzelnen und in kirchlichen Stellungnahmen, aber das Problem wurde nicht in seiner ganzen Tiefe ernst genommen. Erst nach dem Krieg wurde in der Theologie neu über das Problem, wer Jesus ist und wie an ihn zu glauben sei, nachgedacht: Jesus – ein Jude, – ein ethisches Vorbild, – ein politischer Aufrührer (gestorben wegen seines Einsatzes für die Armen und Entrechteten), – der Erlöser der Menschheit (gestorben als Gottes Sühnopfer für die Sünden der Menschen)?

Um über diese Frage nachzudenken, wird eine *Diskussion in der Klasse* vorgeschlagen, zu der die Arbeitsgruppe einige *Informationen und Thesen* vorbereitet. Die Informationen sollen das Wissen um die damaligen Auseinandersetzungen liefern; die Thesen sollen den Anstoß für die heutige Diskussion geben.

Benötigt werden für die Informationen:

- eine Kurzdarstellung der Aussagen aus dem „Mythos“,
- Äußerungen von Parteifunktionären zu den Auseinandersetzungen um den christlichen Glauben,
- die Entgegnung von Walter Künneth,
- Verlautbarungen der ev. und kath. Kirche für die „Thesen“,
- einige Aussagen aus den Diskussionen um Jesus und um seinen Zusammenhang mit der jüdischen Religion.

Die Gruppe sollte in Ruhe die Texte lesen und untereinander diskutieren, dann eine Information (mündlich oder schriftlich) für die Klasse zusammenstellen. In einem zweiten Schritt sollten sie einige Thesen/Sätze formulieren, wie sie heute dieses Problem ansehen; dafür können die Aussagen aus der neueren Diskussion herangezogen werden.

Material:

- zu Rosenbergs „Mythos des 20. Jh.“: CN 18f; vgl. „Evangel. Kirche u. Drittes Reich“, S. 173ff (s. 3. Lit.);
- zu NS-Äußerungen zu Jesus: VbK 324; CN 50; VbK 342, 370;
- ein Schuldiktat zu Jesus: Kr+H 78;
- evangelische Stellungnahmen: Kanzelabkündigung 1935: Kr+H 74;
- Walter Künneth zu Rosenberg: CN 76;
- die VLK (Vorläufige Kirchenleitung) 1935: CN 76f, 81f, 273;
- kath. Stellungnahmen: Enzyklika „Mit brennender Sorge“ (1937): CN 234, 290, 94ff;
- neue „Jesus-Bilder“: s. in: H.G. Pöhlmann: „Wer war Jesus von Nazareth?“ Gütersloher Tb 109, 1976;
- Jesus der Jude: in: Synodalbericht der Rheinischen Kirche, 1981;
- Erlebnisberichte: VbK 41 (von jüdischer Seite), VbK 118, 160 (zum Gleichnis vom Barmherzigen Samariter).

M 9

Kirche und Krieg

Ein Interview und Berichte

Im September 1939 begann Hitler den Krieg gegen Polen, nachdem er schon in den Jahren vorher systematisch eine „Ost-Erweiterung" betrieben hatte.

Wie hat sich die Kirche während der NS-Zeit zum Problem Krieg gestellt? Wie steht sie heute dazu? Die Frage, ob die Kirche, die die Friedensbotschaft Jesu vertritt, Kriege gutheißen darf, ist ein schon lange diskutiertes – und oft negativ entschiedenes – Problem. Es wurde beantwortet mit der Definition vom „gerechten Krieg", der unter bestimmten Gegebenheiten bejaht werden darf. Trotz der schlimmen Erfahrungen des 1. Weltkrieges von 1914–18 setzte nur sehr zögernd eine Diskussion um Bejahung oder Ablehnung des Krieges und um einen christlichen Pazifismus ein. Sie wurde durch den militärisch eingestellten NS-Staat abgebrochen. Erst mit dem Ausbruch des Krieges und den fortschreitenden Zerstörungen auch in der Heimat gab es wieder erste Stimmen zu diesem Problem. Es ist allerdings bis heute innerhalb der Kirche nicht geklärt.

Für die Bearbeitung wird vorgeschlagen:

1. Ein *Interview* innerhalb der Klasse: Mit einem Cassettenrecorder die Antworten einiger (nicht aller!, freiwillige Bereitschaft ist dazu erforderlich) Mitschüler/innen aufnehmen zu folgenden Fragen:
- Welche Haltung erwartest Du von der Kirche zum Thema Krieg und Kriegsdienstverweigerung?
- Was fällt Dir ein zur Frage: Was sagt die Bibel zum Thema Krieg und Frieden?
- Wie ist Deine Meinung zum Thema Krieg und Kriegsdienstverweigerung?

  Die Antworten werden durch Zusammenstellen von besonders charakteristischen Aussagen (schriftlich oder durch Überspielen auf eine 2. Cassette) ausgewertet und dem Plenum später vorgespielt – als Anstoß für eine Diskussion in der Klasse.

2. Anfertigung und Vortragen einiger *Berichte*:
- kirchliche Aussagen zum Krieg aus diesem Jahrhundert (Zusammenstellung von Computertexten für die Wandzeitung),
- „Der Fall Martin Stöhr": ein überzeugter Pazifist am Beginn des 2. Weltkrieges (als mündlicher Bericht vorzutragen),
- eine erste kirchliche Stellungnahme während des 2. Weltkrieges zum Thema Krieg: die Verlautbarung der Bekenntnissynode in Breslau vom September 1943 (im Auszug als Wandzeitung zu veröffentlichen),
- „Kirche und Krieg nach 1945" (Zusammenstellung von kurzen kirchlichen/christlichen Aussagen zu zeitgeschichtlichen Ereignissen [1951: Wiederbewaffnung der Bundesrepublik; 1958: Atombewaffnung der Bundeswehr; 1982: die sog. „Nachrüstung"]).

  Nach dem Vorstellen der Berichte soll in einem Schlussgespräch zum Thema „Kirche und Krieg?" eine *freie Aussprache* stattfinden. (Zur weiteren Vertiefung können einige Sätze aus Luthers „Zwei-Reiche-Lehre" und zur Frage „Gibt es einen gerechten Krieg?" bereitgehalten werden).

Material:
- zum Fall Stöhr: Kr+H 116;
- „Gebetsliturgie" der BK 1938: Kr+H 112; 187;
- allgemein zur Situation 1939–45: Kr+H 110f; VbK 155–159;
- Stimmen zum Krieg 1939–45: evg. positiv: Kr+H 113; VbK 361, 364; CN 183–186, 189, 191, 192; kritisch: Bonhoeffer Kr+H 110; CN 184; 12 BK-Synode Breslau 1943: Kr+H 115; Marburger Stellungnahme 1945: CN 321;
- kath. positiv: CN 193–196, 345; kritisch: CN 182;
- Erlebnisberichte: VbK 160, 165, 229, 307;
- zum „Burgfrieden" mit den Kirchen während des Krieges: Hitlers Weisung: Kr+H 122, 123; VbK 375;
- Bibeltexte für die Diskussion: Mt 5,9.44; Mt 26,52; Apg 5,29; Röm 13,1;
- Denkschrift der EKD zum Frieden (1981): 2000J 46;
- vgl. zum Thema das Heft: Friedrich Goedeking: Kirche, Krieg und Frieden (s. 5., S. 56).

M 10a

Kirche und Euthanasie, 1939–41

Anfertigung einer Zeitung

Eine Konsequenz aus der Rassentheorie der NS-Partei war die Forderung nach „Reinhaltung der Rasse"; das hatte zur Folge die Vernichtung von „lebensunwertem Leben", von „unreinem Erbgut", d.h. die Tötung von geistig und körperlich Behinderten. Diese Forderung wurde in den ersten Kriegsjahren in die Tat umgesetzt: die Heime für behinderte Menschen wurden systematisch entleert und die Insassen in besonderen Anstalten unter der Bezeichnung „Aktion Gnadentod" getötet. Die Angehörigen bekamen Bescheinigungen über das „Ableben" ihrer Angehörigen zugesandt. Die Öffentlichkeit konnte das nur aus Gerüchten und aus der Zunahme von Todesanzeigen in den Zeitungen entnehmen, die auf solches Sterben in Anstalten aufmerksam machten (siehe **M 10b–f**). Hiergegen gab es zum ersten Mal aus christlicher Gesinnung heraus heftigen, öffentlichen Widerspruch: durch den Leiter der Anstalten in Bethel, Pastor Friedrich von Bodelschwingh, der die Herausgabe der Insassen seiner Heime verweigerte; durch den württembergischen Landesbischof Theophil Wurm, der einen „offenen Brief" an den damaligen Reichsinnenminister Frick schrieb und auf die Vorgänge und die entstandene und größer werdende Unruhe in der Bevölkerung hinwies; durch den katholischen Kardinal Graf von Galen in Münster (vgl. **M 10f**), der in öffentlichen Predigten auf dieses Unrecht hinwies; seine Predigten wurden unter der Hand weitergegeben – die kirchliche Presse war inzwischen durch Verweigerung von Papier zum Drucken unterbunden – und in den Kirchen – auch in evangelischen – verlesen. Ein späteres Opfer des Einschreitens gegen dieses Vorgehen war der 1996 selig gesprochene Probst Lichtenberg aus Berlin. Die Aktion wurde wegen dieses Widerstandes abgebrochen, ging aber insgeheim noch in kleinerem Umfang weiter.

Es ist wichtig, dieses mutige Einschreiten Einzelner und ihre Beweggründe in Erinnerung zu bewahren.

Deshalb der Vorschlag *Anfertigung einer Zeitung* in Form einer kleinen Informationsschrift mit Kurzdarstellungen des Problems, aus Tatsachenberichten, von Todesanzeigen, Zitaten aus den Predigten und öffentlichen Schreiben und mit eigenen Kommentaren.

Die „Zeitung" sollte mit dem Computer ansprechend hergestellt und gestaltet werden. Evtl. können Kopien von Bildern (Fotos) eingefügt werden. Jede/r Sch. sollte eine Kopie erhalten, evtl. können weitere Kopien an Eltern (bei einem Elternabend) und an L. verkauft werden.

Material:

- zur allgemeinen Situation: Kr+H 125f, 138, 130, CN 124, 127, 130ff;
- Pastor Braune, Lobetal: CN 133ff;
- zur Weigerung in Bethel: Kr+H 142;
- Brief Bischof Wurm: Brp 231, Kr+H 140, 141 (Bild), 2000J 26, CN 135f, 325;
- kath. Proteste, CN 138ff;
- Predigt Bischof v. Galen: ErzKG 535;
- Brief Probst Lichtenberg: VbK 168;
- Brief Dr. Kreyssig: VbK 364;
- Erlebnisbericht „graue Busse": VbK 204.
  (vgl. hierzu die Erzählungen in „Das Leben suchen 7/8", s. 5., S. 56).

Die „Aktion Gnadentod"

M 10b

Berlin, 1. September 1939
Reichsleiter Bouhler und Dr. med. Brandt
sind unter Verantwortung beauftragt, die Befugnisse namentlich zu bestimmender Ärzte so zu erweitern, dass nach menschlichem Ermessen unheilbar Kranke bei kritischster Beurteilung ihres Krankheitszustandes der Gnadentod gewährt werden kann.

Adolf Hitler

Aus: Dieter Haas, Kirche im Dritten Reich, 2. Zwischen Schuld und Widerstand (Unterrichtsmodelle Religion), Verlag Ernst Kaufmann, Lahr 1982–84, S.4.

M 10c

In einer Beispielsammlung für den Mathematikunterricht aus dem Jahr 1935 standen folgende Aufgaben:

Nr. 95. Der Bau einer Irrenanstalt erforderte 6 Millionen Reichsmark. Wieviele Siedlungshäuser zu je 15000 Reichsmark hätte man dafür bauen können?

Nr. 97. Ein Geisteskranker kostet täglich RM 4,–, ein Krüppel RM 5,50, ein Verbrecher RM 3,50. In wie vielen Fällen hat ein Beamter täglich nur etwa RM 4,–, ein Angestellter kaum RM 3,50, ein ungelernter Arbeiter noch keine RM 2,– auf den Kopf der Familie:
a) Stelle diese Zahlen bildlich dar. Nach vorsichtiger Schätzung sind in Deutschland 300000 Geisteskranke, Epileptiker usw. in Anstaltspflege.
b) Was kosten diese jährlich insgesamt bei einem Satz von RM 4,–?
c) Wieviel Ehestandsdarlehen zu je RM 1000,– könnten – unter Verzicht auf spätere Rückzahlung – von diesem Geld jährlich ausgegeben werden?

Aus: Dieter Haas, a.a.O., S. 3.

M 10d

Landespflegeanstalt Grafeneck Münzingen, den 6. Aug. 1940

Frau B... Sch..., Z...
Sehr geehrte Frau Sch.!

Es tut uns aufrichtig leid, Ihnen mitteilen zu müssen, dass Ihre Tochter F... Sch..., die am 26. Juli 1940 im Rahmen von Maßnahmen des Reichsverteidigungskommissars in die hiesige Anstalt verlegt werden musste, hier am 5. August 1940 plötzlich und unerwartet an einer Hirnschwellung verstorben ist. Bei der schweren geistigen Erkrankung bedeutete für die Verstorbene das Leben eine Qual. So müssen Sie ihren Tod als Erlösung auffassen. Da in der hiesigen Anstalt z.Z. Seuchengefahr herrscht, ordnete die Polizeibehörde sofortige Einäscherung des Leichnams an. Wir bitten um Mitteilung, an welchen Friedhof wir die Übersendung der Urne mit den sterblichen Überresten der Heimgegangenen durch die Polizeibehörde veranlassen sollen ... Etwaige Anfragen bitten wir schriftlich hierher zu richten, da Besuche hier gegenwärtig aus seuchenpolizeilichen Gründen verboten sind ...

gez.: Dr. Koller

Aus: Dieter Haas, a.a.O., S. 5.

M 10e

Eine Häufung von Todesanzeigen mit ähnlichem Wortlaut fiel manchem auf:

Mein Letztes wurde mir genommen, mein liebes

Gretel

* 3. 7. 1910 † 9. 10. 1940

Die Einäscherung hat bereits in der Landesanstalt Grafeneck stattgefunden. Nach erfolgter Ueberführung wird die Beisetzung der Urne noch bekanntgegeben.

Leipzig N 22, Heinrothstraße 3

In tiefstem Schmerz

Charlotte Schilling

Nach Tagen der Ungewißheit erhielten wir die unfaßbare Nachricht von dem plötzlichen Tode meiner lieben Frau, der Mutter unserer kleinen Christa, unserer lieben unvergeßlichen Tochter, Schwiegertochter, Schwester, Schwägerin und Tante, Frau

Ella Görlitz geb. Rosenbaum

geb. 6. 8. 01 gest. 21. 9. 40

nach bereits erfolgter Einäscherung in Grafeneck.

In stiller Trauer

Erich Görlitz und Töchterchen

Clara verw. Rosenbaum geb. Spranger

und Angehörige

Leipzig C 1, Peterssteinweg 21

Leipzig O 5, Reclamstr. 24

Die Beisetzung der Urne erfolgt nach Ueberführung auf dem Südfriedhof.

---

geb. 30. 11. 09 † gest. 5. 10. 40

Wir erhielten, nach bereits erfolgter Einäscherung, aus Grafeneck i. Wttbg. die traurige Nachricht von dem plötzlichen Tod unseres einzigen geliebten Sohnes und Bruders

Bernhard Siemant

Leipzig W 31, Elisabethallee 34

In tiefstem Herzeleid

Familie Joh. Siemant

sowie alle Angehörigen

Die Beisetzung der Urne erfolgt nach der Ueberführung in aller Stille auf dem Johannisfriedhof in Leipzig.

Aus: Dieter Haas, a.a.O., S. 6.

M 10f

Predigt des Bischofs Graf Galen, Münster am 3.8.1941:

Deutsche Männer und Frauen! Noch hat Gesetzeskraft der § 211 des Reichsstrafgesetzbuches, der bestimmt: „Wer vorsätzlich einen Menschen tötet, wird, wenn er die Tötung mit Überlegung ausgeführt hat, wegen Mordes mit dem Tode bestraft“ ... Das StGB bestimmt in § 139: „Wer von dem Vorhaben ... eines Verbrechens wider das Leben ... glaubhafte Kenntnis erhält und es unterlässt, der Behörde oder dem Bedrohten hiervon rechtzeitig Anzeige zu machen, wird ... bestraft.“ Als ich von dem Vorhaben erfuhr, Kranke aus Marienthal abzutransportieren, habe ich am 28. Juli bei der Staatsanwaltschaft beim Landgericht Münster und bei dem Herrn Polizeipräsidenten in Münster Anzeige erstattet durch eingeschriebenen Brief mit folgendem Wortlaut: „Nach mir zugegangenen Nachrichten soll im Laufe dieser Woche eine große Anzahl Pfleglinge der Provinzialheilanstalt Marienthal bei Münster als sogenannte ‘unproduktive Volksgenossen’ nach der Heilanstalt Eichberg überführt werden, um dann alsbald, wie es nach solchen Transporten aus anderen Heilanstalten nach allgemeiner Überzeugung geschehen ist, vorsätzlich getötet zu werden. Da ein derartiges Vorgehen nicht nur dem göttlichen und natürlichen Sittengesetz widerstreitet, sondern auch als Mord nach § 211 des StGB mit dem Tode zu bestrafen ist, erstatte ich gemäß § 139 des StGB pflichtgemäß Anzeige und bitte, die bedrohten Volksgenossen unverzüglich durch Vorgehen gegen die den Transport und die Ermordung beabsichtigenden Stellen zu schützen und mir von dem Veranlassten Kenntnis zu geben.“

Nachricht über ein Einschreiten der Staatsanwaltschaft oder der Polizei ist mir nicht zugegangen ... So müssen wir damit rechnen, dass die armen wehrlosen Kranken über kurz oder lang umgebracht werden ... Wenn einmal zugegeben wird, dass Menschen das Recht haben, „unproduktive“ Mitmenschen zu töten ..., dann ist grundsätzlich der Mord an allen unproduktiven Menschen, also an den unheilbar Kranken, den Invaliden der Arbeit und des Krieges, dann ist der Mord an uns allen, wenn wir alt und altersschwach und damit unproduktiv werden, freigegeben ... Es ist nicht auszudenken, welche Verwilderung der Sitten, welch allgemeines Misstrauen bis in die Familien hineingetragen wird, wenn diese furchtbare Lehre geduldet, angenommen und befolgt wird. Wehe den Menschen, wehe unserem deutschen Volke, wenn das heilige Gottesgebot: „Du sollst nicht töten“, ... das Gott, unser Schöpfer, von Anfang an in das Gewissen der Menschen geschrieben hat, nicht nur übertreten wird, sondern wenn diese Übertretung sogar geduldet und ungestraft ausgeübt wird ...

Aus: ErzKG 536.

M 11a

Ende und Anfang – die Kirchen nach 1945

Eine fish-pool-Diskussion

Mit dem Ende des Krieges, Hitlers und des NS-Systems endeten auch die Unterdrückungsmaßnahmen gegen die Kirchen und den christlichen Glauben. Diese Befreiung bedeutete aber für die Kirchen auch, sich zu besinnen, was sie in den letzten 12 Jahren getan bzw. nicht getan hatten, und zu überlegen, welchen Weg sie nun gehen wollten.

Es gab eine Menge Probleme zu lösen: die Frage ihrer Schuld an und in dem Geschehen der letzten 12 Jahre; die Frage eines stärkeren Heraustretens aus den Kirchenmauern in die Öffentlichkeit; die Frage einer Mitverantwortung für die politischen, wirtschaftlichen und sozialen Probleme, die Stellung zum Krieg und zur Wiederbewaffnung, die Stellung zum Judentum und zur jüdischen Religion.

Für die Bearbeitung wird vorgeschlagen:

1. Zusammentragen von Kenntnissen:

Die an die Kirchen gestellten Fragen und die Lösungen sollten von der Gruppe mit den dazugehörigen Zeitangaben in eine Liste geordnet und „veröffentlicht" werden: kurze Texte als Wandzeitung/auf Folie/als Handzettel mit mündlicher Interpretation. (Eine sehr gute, überschaubare Hilfe dazu bietet das Buch: „2000 Jahre Christentum", s. 3., Bd. II,2 in den Kapiteln 25 und 26.)

2. Diskussion der Neuansätze:

Unter der Frage: Haben die Lösungen die anstehenden Fragen zur Zufriedenheit beantwortet? Als Methode wird hierzu eine *Fish-pool-Diskussion* vorgeschlagen. Darunter versteht man eine Diskussion in einer kleinen Gruppe von 5–6 Teilnehmern; um ihren Sitzkreis herum ist ein größerer Kreis von „Beobachtern" (wie um einen „Fischteich") versammelt, der nach einer gewissen (vom Leiter bestimmten) Zeit die Diskussion weiterführt, ausgehend von Beobachtungen an den geäußerten Argumenten, aber dann selbständig weiter argumentierend. Es folgt schließlich eine allgemeine Schlussaussprache im Plenum; Schwerpunkte der abschließenden Diskussion: Für und Wider das Schuldbekenntnis **M 11b + c**; Für und Wider die Denkschriften (= das Einmischen der Kirche in politische Fragen); Für und Wider die Aussöhnung mit den Juden.

Die Diskussion kann – je nach der Art der Teilnehmer – frei gestaltet werden oder aber eingeteilt nach den jeweiligen Fragen und nach Befürwortern und Kritikern.

Benötigt wird je nach der Entscheidung, wie die Gesprächsgrundlagen vervielfältigt werden sollen: Papier für die Wandzeitung; Vervielfältigungsmöglichkeiten für auszuhängende Zettel oder auszugebende Handzettel oder Folien und Folienstifte.

Material:
- allgemein zur Situation: Kr+H 150, VbK 280ff, CN 226–233;
- Bonhoeffer 1940: VbK 372;
- „Darmstädter Wort" 1947: CN 350, CN 228f;
- K. Hutten erläutert die Stuttgarter Erklärung 1946: VbK 401;
- katholische Situation: CN 219–255;
- K. Adenauer zur Schuldfrage 1945: VbK 400, CN 349;
- Hirtenbrief der katholischen Bischöfe 1945: VbK 396, CN 347;
- Erlebnisberichte: VbK 291, 308.

M 11b

Erklärung des Rates der Evangelischen Kirche in Deutschland

Stuttgart, 19. Oktober 1945

Der Rat der Evangelischen Kirche in Deutschland begrüßt bei seiner Sitzung am 18./19. Oktober 1945 in Stuttgart Vertreter des Ökumenischen Rates der Kirchen:

Wir sind für diesen Besuch um so dankbarer, als wir uns mit unserem Volke nicht nur in einer großen Gemeinschaft des Leidens wissen, sondern auch in einer Solidarität der Schuld. Mit großem Schmerz sagen wir: durch uns ist unendliches Leid über viele Völker und Länder gebracht worden. Was wir unseren Gemeinden oft bezeugt haben, das sprechen wir jetzt im Namen der ganzen Kirche aus: Wohl haben wir lange Jahre hindurch im Namen Jesu Christi gegen den Geist gekämpft, der im nationalsozialistischen Gewaltregiment seinen furchtbaren Ausdruck gefunden hat; aber wir klagen uns an, dass wir nicht mutiger bekannt, nicht treuer gebetet, nicht fröhlicher geglaubt und nicht brennender geliebt haben.

Nun soll in unseren Kirchen ein neuer Ansatz gemacht werden.

Wir hoffen zu Gott, dass durch den gemeinsamen Dienst der Kirchen dem Geist der Gewalt und der Vergeltung, der heute von neuem mächtig werden will, in aller Welt gesteuert werde und der Geist des Friedens und der Liebe zur Herrschaft komme, in dem allein die gequälte Menschheit Genesung finden kann.

D. Wurm Dr. Lilje Dr. Heinemann Martin Niemöller
Asmussen DD Hahn Smend D. Dr. Lic. Niesel
D. Meiser Held Dibelius

Aus: CN 348.

M 11c

Martin Niemöller, 1946

... ich habe an dem Tage, als wir später nach Hause kamen, das Kapitel Matth. 25 mit neuen Augen gelesen: „Ich bin hungrig gewesen und ihr habt mich nicht gespeist; ich bin durstig gewesen und ihr habt mich nicht getränkt; ich bin gefangen und krank gewesen und ihr seid nicht zu mir gekommen." Als Christ hätte ich 1933 wissen dürfen und wissen müssen, dass aus jedem dieser Menschenbrüder – mochte man sie Kommunisten heißen oder sonstwie – Gott in Jesus Christus mich fragte, ob ich ihm nicht dienen wollte. Und ich habe diesen Dienst verweigert und habe mich meiner Freiheit begeben. Denn ich habe mich meiner Verantwortung begeben. Und ich weiß, auch in späteren Jahren ist manches geschehen, wo ich persönlich ganz anders hätte hinstehen müssen und wo ich – wie schon im Jahre 1933 – mich auch schuldig gemacht habe an meiner eigenen Gemeinde. Denn damals hätte ich meiner Gemeinde sagen müssen: Was dort geschieht, ist nicht nur gegen alles Recht und Gesetz, das bei uns gilt, sondern was da geschieht, ist ein Anruf Gottes an euch, ob ihr eure Verantwortung sehen wollt oder ob ihr eure Freiheit jetzt preisgeben wollt, ein Anruf Gottes an auch, dass ihr euren kommunistischen Brüdern die von ihm geforderte und verlangte Antwort nicht schuldig bleibt. Wenn ich damals geschwiegen habe, so weiß ich heute nicht mehr, was aus diesem Schweigen alles vor Gottes sehendem Auge für Folgerungen gewachsen sind. Wie mancher Mensch mag sich darauf berufen: „Ich habe dich predigen hören: du hast mich 1933 und 1934 vor nichts gewarnt, und so bin ich in die Partei gegangen, so bin ich SS-Mann geworden; du hast mich nicht gewarnt."

Aus: VbK 410.

M 11d

Als die Nazis die Kommunisten holten,
habe ich geschwiegen;
ich war ja kein Kommunist.
Als sie die Sozialdemokraten einsperrten,
habe ich geschwiegen;
ich war ja kein Sozialdemokrat.
Als sie die Katholiken holten,
habe ich nicht protestiert;
ich war ja kein Katholik.
Als sie mich holten, gab es keinen mehr,
der protestieren konnte.

Martin Niemöller; aus: Brp 189 (Lehrerheft).

4 Vom Glauben und vom Zweifeln – Zugänge zu Jesus Christus

1. Theologische und didaktische Aspekte

„Glauben" tritt in der Umgangssprache in vielfältigen semantischen Bedeutungszusammenhängen auf, zum Beispiel im Sinne von *glauben, dass* etwas ist oder sein wird; *etwas glauben* (‚das glaube ich'); *jemandem glauben* (‚ich glaube dir') oder *an etwas* oder *an jemand glauben*.

Der Systematiker Wilfried Härle führt die Bedeutungsfülle des Wortes Glauben auf zwei Grundbedeutungen zurück: „‚Glaube' wird entweder verstanden als eine *defizitäre* Erkenntnisbeziehung im Sinne subjektiven Überzeugtseins oder Vermutens, das aber objektiv unzureichend ist, weil es ohne hinreichende Gründe zustandekommt, oder als *unbedingtes Vertrauen*, d.h. als der Akt, durch den ein Mensch sich einem Gegenüber anvertraut." (Härle, Dogmatik, S. 56) In Anlehnung an M. Luther definiert er Glauben als *„Das grundlegende, daseinsbestimmende Vertrauen oder Sich-Verlassen eines Menschen auf ein Gegenüber"*. (Härle, S. 56) Demnach ist Glaube ein Vertrauen, das unbedingt ist und sich auf ein bestimmtes Gegenüber, christologisch gewendet, auf den sich in Jesus Christus offenbarenden Gott richtet. Vertrauen im Sinne von ‚Sein-Herz-an-etwas-Hängen' (M. Luther) meint das „Sich-bestimmen-Lassen eines Menschen zur Hingabe an ein Gegenüber in der Hoffnung auf Gutes." (Härle, S. 59) Der christliche Glaube, so Härle unter Bezug auf P. Tillich, „will verstanden sein als das unbedingte Vertrauen, das von seinem Gegenüber alles Gute, d.h. alles Lebens- und Heilsnotwendige erhofft und empfängt, also ‚Leben in Fülle'." (Härle, S. 59) Die Glaubwürdigkeit des Gegenübers des Glaubens ergibt sich aus dessen daseinsbestimmender Fähigkeit, „über Sein und Nichtsein (zu) entscheiden". (Härle, S. 61)

Der christliche Glaube konstituiert sich unabhängig von Wille, Vernunft und Gefühl des Menschen und wird dem Menschen ‚zugespielt' (H. Weder): zum einen durch die Botschaft, mit welcher der Mensch vom Beginn seines Lebens an konfrontiert wird, und zum anderen dadurch, inwiefern ihn diese Botschaft erreicht und in ihm Glaubensgewissheit und daseinsbestimmendes Vertrauen geweckt werden. Glaube ist letztlich der Verfügbarkeit des Menschen entzogen und damit im Sinne Luthers als ‚Werk Gottes' zu bezeichnen, allenfalls kann sich der Mensch darum bemühen, sich in die ‚Hörweite des Wortes zu begeben', ohne jedoch damit rechnen zu dürfen, sich selbst die Möglichkeit des Glaubens erschließen zu können.

Aus dem Wesen des Glaubens als Vertrauen, aus seinem Angewiesensein auf Gewissheit und seine Ausrichtung auf Gott resultiert die Angefochtenheit, der Zweifel des Glaubens. Der christliche Glaube hat den Charakter einer suchenden Bewegung. In dieser Suchbewegung wagt sich der Mensch über das hinaus, was er hat, was er sieht und was er beweisen kann. „Wer (unbedingt) vertraut, lebt nicht aus dem, was er besitzt oder sich selber geben und beschaffen kann, sondern erhofft sein Leben von außerhalb (ab extra).“ (Härle, S. 62)

Letztgültige Sicherheit kann der Glaube nur als Gewissheit haben, die aber verlässlicher sein kann als jede Garantie. Der christliche Glaube wurzelt in der Offenbarung Gottes in der Person Jesu Christi, seiner Verkündigung, seinem Tod und seiner Auferstehung. Diese Gottesoffenbarung vollzieht sich in einer dem Menschen unbegreiflichen Weise, die sich ihm als rätselhaft und widersprüchlich zu seiner Allmacht und Liebe erweist und eine ständige In-Frage-Stellung seines Glaubens bedeutet. „Glauben heißt, die Unbegreiflichkeit Gottes ein Leben lang aushalten.“ (K. Rahner) Demnach gehört der Zweifel konstitutiv dem Glauben an den unbegreifbaren Gott an. Er ist Ausdruck einer Suchbewegung, die sich dem Wort Gottes nähert und auch wieder abkehrt, ohne jedoch aus der ‚Hörweite des Glaubens‘ zu geraten.

In seinem sechsten bibeldidaktischen Grundsatz bezeichnet Horst Klaus Berg die „Erschließung biblischer Texte als Modelle gelingenden Lebens“ als Aufgabe religiöser Bildung (Berg, Grundriss, S. 163) Biblische Texte bekommen ihr eigenes Gewicht, „wenn sie als Erfahrungen von Menschen gelesen werden, die im Horizont des Glaubens leben und deren Existenz glückt, weil der Glaube sie prägt und motiviert.“ Wenn diese Texte als ‚Lebensmodelle‘ vermittelt und verstanden werden können, vermögen sie „auch heute neue (religiöse) Erfahrungen und Lernprozesse an(zu)stoßen.“ (ebd.)

Hierbei sind weniger Alltagserfahrungen, sondern religiöse – in Sonderheit christliche – Erfahrungen gemeint. „Christliche Erfahrung ist Geschenk.“ (Berg, Wort, S. 27) Es sind Erfahrungen, die überraschend in das Leben einwirken und das bisher Wahrgenommene neu wahrnehmen lassen, bisherige Erfahrung verändern, vertiefen und bereichern können.

Christliche Erfahrungen erschließen Grenzerfahrungen, Berg spricht von ‚Grunderfahrungen‘ wie Tod, Schuld, Angst wie auch Freude, Vertrauen, Glück und Ekstase, indem sie diese auf Gott beziehen: „Versagen und Gelingen werden im Zusammenhang der biblischen Rede vom Gericht und Gnade aufgefasst und erhalten damit Tiefe und Dynamik.“ (Berg, Wort, S. 28)

Eine Möglichkeit der ‚Nachzeichnung von biblischen Lebensmodellen‘ besteht darin, durch Verwendung kreativer und erfahrungsbezogener Methoden wie Nachspielen, Nacherzählen aus anderer Perspektive, Ausfüllen von ‚Leerstellen‘, Standbilder, Interviews mit Beteiligten etc. (zu den Methoden s. Berg, Grundriss, 182ff) die in den Texten existentiellen (Glaubens-)Erfahrungen und Einsichten zur Sprache kommen zu lassen. Diese Grunderfahrungen bekommen dadurch eine neue Wirklichkeit, die keinen normativen Anspruch erheben, sondern Angebotscharakter besitzen. Mittels der Identifizierung mit biblischen Gestalten erhalten die Sch. die Möglichkeit, in einer Art ‚Probehandeln‘ sich in andere (gläubige) Existenzen einzufühlen und hineinzudenken und dabei aus einer verfremdeten Perspektive eigene Erfahrungen in den Blick zu nehmen und mit ihnen neue Erfahrungen zu sammeln.

Zunächst wollen wir versuchen, uns an das Schwierigste, an das Zentrum des christlichen Glaubens – Kreuz und Auferstehung – heranzutasten. Wir bedienen uns dabei der Bildersprache so unterschiedlicher Maler wie Matthias Grünewald, Alfred Manessier, Emil Nolde und Michelangelo Merisi da Caravaggio, die das eigentlich Unmögliche versuchen: das Unsichtbare sichtbarer zu machen; und wagen es, mit Lied, Wort und Bild unser eigenes Glaubensverständnis auszuformulieren.

Wichtig ist dabei, dass die Sch. nicht nur Methoden der Bildbetrachtung, -analyse und -interpretation kennen lernen, sondern dass sie gerade auch einen affektiv-emotionalen Zugang zu diesem Thema finden, das von Jesus, dem Sohn Gottes, spricht, der den Tod überwunden hat, der den Unterdrückten und Verfolgten, Kranken und Sterbenden Trost und Solidarität zuspricht. Hierbei kommt es weniger darauf an, mit den Sch. eine der Intention des Malers gerecht werdende Interpretation zu erarbeiten. Wichtiger ist der Versuch, die Sch. in der Annäherung und im

Umgang mit den Bildern zu einer eigenen Glaubenssprache kommen zu lassen.

Die Zweifel der Sch. an der Auferstehungsvorstellung sind ernst zu nehmen und müssen in solch einer Unterrichtseinheit unbedingt aufgegriffen werden. Im Prinzip geht es den Sch. wie dem ungläubigen Thomas, der – genauso wie die Sch. – nach einem Beweis verlangt, aber eben ohne Beweis zum Glauben findet. Noldes Bild ‚Der ungläubige Thomas' erscheint als illustrierender Zugang besonders geeignet, weil die kraftvolle Expressivität seiner Farben und Formen das Geschehen aus seiner Geschichtlichkeit zieht und gleichzeitig eine starke Glaubwürdigkeit ausstrahlt. Einen produktiven Kontrast bietet das Bild des Manieristen Caravaggio.

Im Anschluss daran soll die Emmausgeschichte, die die gesamte ‚frohe Botschaft' in nuce enthält, als eine lebensbegleitende Geschichte lebendig gemacht werden.

Es ist zu beobachten, dass die jüngeren Sch. eine viel größere Bereitschaft zeigen, sich auf ‚schwierige' biblische Texte, wie die Wunder- und Auferstehungsgeschichten, einzulassen als Sch. der Klassen 9/10. Dies lässt sich mit dem entwicklungspsychologisch zu deutenden Abwendungsprozess der Jugendlichen von den christlich-religiösen Glaubensvorstellungen begründen, der sich parallel zur Ablösung von den Eltern vollzieht und in eine eigene erwachsene Identität mündet (vgl. Fraas, Glaube, S. 134f).

Auf unsere biblische Geschichte übertragen, kann dies so gedeutet werden: ‚Jerusalem' steht für den Gott des naiven Kindheitsglaubens, der insbesondere durch die drei folgenden Aspekte zu skizzieren wäre:

- enges Gottvertrauen,
- Jesus als Freund, der bei mir ist,
- die Zeit, in der die Glaubensvorstellungen noch eine Lebendigkeit (in Liedern, biblischen Geschichten, Bildern) besitzen.

Diese Sch. begeben sich nunmehr auf den Weg, vermutlich begleitet von schweren Enttäuschungen, ‚ihr' Jerusalem zu verlassen. Für Sch. der 9./10. Klassen stellt sich die Situation so dar, dass sie ‚Jerusalem' schon weit hinter sich gelassen haben und sich mehr oder minder bewusst auf der Suche, auf dem Weg nach einer eigenen, erwachsenen Identität und Glaubenshaltung befinden. Genau genommen sind sie von ‚Jerusalem' genauso weit entfernt wie von ‚Emmaus'. Durch einen Rückbezug ihrer Situation auf den Weg der Jünger kann es zu einer Art Verortung ihrer Identitätssuche und einer Vergewisserung des Zuspruchs, dass Jesus mit ihnen geht, kommen. Somit könnte es gelingen, den Ablösungs- bzw. Entwicklungsprozess der Jugendlichen zu einer rational-kritischen Glaubens- und Geisteshaltung sensibel zu begleiten, so dass ihnen die Frage nach Gott und dem Glauben offen gehalten wird.

Die Emmausgeschichte berichtet von einer für uns wichtigen, lebensnotwendigen Erfahrung zweier Jünger, geprägt von Unsicherheit und Vergewisserung, von Glauben und Zweifeln. Unser Versuch besteht darin, mit den Sch. dem Weg der Jünger, ihrer enttäuschten und dann doch wiedererstandenen Hoffnungen ein wenig zu folgen, sie ihnen näher zu bringen, sie zu einem Sich-Wiedererkennen zu führen.

2. Intentionen

Die Sch. sollen
- im kreativen Umgang mit biblischen Texten dazu angeregt werden, sich mit den Fragen von Zweifel und Glaubensgewissheit bezüglich der Auferstehung Jesu Christi auseinander zu setzen und sich selbst durch die in diesem Geschehen enthaltene Heilszusage angesprochen zu fühlen.

Die Sch. sollen dazu
- in der Vielfalt der Auferstehungsdarstellungen erkennen, dass das Mysterium der Auferstehung letztlich nicht abbildbar ist und folglich jedes Bild nur ein Versuch der Annäherung darstellen kann,
- erkennen, dass die Christusdarstellungen v.a. im Mittelalter im Sinne der biblia pauperum

eine naturalistische Erzählung der biblischen Heilsgeschichte beabsichtigten, während die Maler der Moderne Auferstehung in einer subjektiven/abstrakten Weise darstellen,

- mit Christusdarstellungen produktiv umgehen, um eigene Glaubensvorstellungen/-erfahrungen in die Bilder eintragen und ausprobieren zu können,
- anhand von Joh 20,24–29 erkennen, dass der Glaubenszweifel nicht nur Abwendung, sondern gerade auch Zuwendung zum Glauben bedeuten kann,
- Lk 24,13–25 als eine Erzählung des lebensbegleitenden Zuspruches Gottes in Jesus Christus verstehen lernen,
- eine Vorstellung entwickeln, dass auch ihr Lebensweg ein von Jesus Christus begleiteter ist.

3. Literatur zur Vorbereitung

- Baldermann, Ingo: Gottes Reich – Hoffnung für Kinder. Neukirchener, Neukirchen-Vluyn 1996³.
- Berg, Horst Klaus: Grundriss der Bibeldidaktik, Kösel/Calwer, Stuttgart/München 1993; Ders.: Ein Wort wie Feuer. Kösel/Calwer, Stuttgart/München 1996³.
- Fraas, Hans Jürgen: Glaube und Identität. Grundlegung einer Didaktik religiöser Lernprozesse. Vandenhoeck & Ruprecht, Göttingen 1983.
- Grundmann, Walter: Das Evangelium nach Lukas, ThHzNT 3, Berlin 1978.
- Härle, Wilfried: Dogmatik. Springer, Berlin/New York 1995.
- Krotz, Fritz: ... für uns gestorben? Zugänge zur Geschichte von der Passion Jesu. Neuenkirchener, Neukirchen-Vluyn 1987.
- Steinwede, Dietrich (Hg.): Erzählbuch zur Kirchengeschichte Bd. 2. Vandenhoeck & Ruprecht/Kaufmann/Christophorus, Lahr/Freiburg i.Br./Göttingen 1987.
- Stupperich, Martin u.a. (Hg.): Zweitausend Jahre Christentum II/1. Vandenhoeck & Ruprecht, Göttingen 1989.
- Tillich, Paul: Systematische Theologie. Bd. 1. Evangelisches Verlagswerk, Frankfurt a.M. 1984⁸.
- Wermke, Michael (Hg.): Tod und Auferstehung Jesu Christi. Arbeitshilfe Gymnasium 8. RPI Loccum, Loccum 1997.

4. Unterrichtsideen/Verlaufsplanung

Die kunsthistorischen Abbildungen im M-Teil dieses Kapitels sind aus reproduktionstechnischen Gründen schwarzweiß abgebildet.

Die farbigen Reproduktionen mit weiteren Hinweisen enthält der im Frühjahr 1999 erscheinende *Folienband zu RU praktisch 7–10* oder die Arbeitshilfe *Tod und Auferstehung Jesu Christi* von Michael Wermke (s. 3. Literatur).

A. Grünewalds Hauptwerk – ‚Der Altar zu Isenheim'

⇨ Erarbeitung des Films (s. 6.):
- kurze Einführung zu Film und Altar
- Film (10 Min.) mit Beobachtungsbogen:
- Was erfährst du über die Lebensumstände der Menschen?
- Warum wurde der Altar im Pestkrankenhaus aufgestellt?
- Wie hat der Künstler Maria, Maria Magdalena, den Apostel Johannes und Johannes den Täufer dargestellt?
- Filmnachgespräch.

B. Matthias Grünewald ‚Der Gekreuzigte'

⇨ Bildbetrachtung/-analyse zu **M 1**:
- L.-/Sch.-Vortrag zu Grünewald

- OHP-Folie ‚Der Gekreuzigte' (**M 1**), Abdeckverfahren
- Akzente: Bildergruppe links (Trauer, Verzweiflung), rechts (Hoffnung, Zuversicht), (Farb-)Symbolik, Gestalt des Gekreuzigten
- Arbeitsblatt mit Konturen der dargestellten Personen (**M 2**).

Der Gekreuzigte des Isenheimer Altars von M. Grünewald versinnbildlicht für die Kranken einen Bruder im Sterben. Er trägt die Spuren ihres eigenen Leidens und kann so Trost und Hoffnung auf Erlösung schenken. (= evtl. Tafelanschrieb)
L.-Impuls: „Gestaltet Arbeitsblatt **M 2** und begründet schriftlich die Farbauswahl."

C. Matthias Grünewald ‚Die Auferweckung Christi'

⇨ Bildbetrachtung (**M 3**):
- Vergleich **M 1** (Gesicht des Gekreuzigten) mit **M 3** (Gesicht des Auferstandenen), Abdeckverfahren
- **M 3** Bildbetrachtung: Gegensatz von Chaos/Tod/Finsternis und Licht/Leben/Rettung.

Bildanalyse:
- Herausarbeiten der Kompositionslinien, Pergamentpapier auf Kopie (vgl. **M 4**)
- Einführung der Begrifflichkeiten ‚abstrakte' und ‚gegenständliche Kunst'.

L.-Impuls: „Gestaltet die herausgearbeiteten Kompositionslinien und begründet schriftlich die Farbauswahl."

D. Alfred Manessier ‚Auferstehung'

⇨ Bildvergleich:
- Vorstellung der Sch.-Zeichnungen zu Grünewald
- Bildvergleich hinsichtlich Farbe, Komposition und Aussage mit Manessieres Bild ‚Auferstehung' (**M 5**), Beschreibung der Wirkung.

Bei dem Bild ‚Auferstehung' von Manessier handelt es sich um eine abstrakte Darstellung. Das Bild, das in Rot/Orange-Tönen gehalten ist und Wärme, Leben und Licht ausstrahlt, drückt die persönlichen Empfindungen des Malers aus.
Grünewald will durch das ‚Nacherzählen' der Leidens- und Auferstehungsgeschichte dem Betrachter Trost vermitteln.
Diskussion über die Darstellbarkeit des Mysteriums der Auferstehung in der heutigen Zeit.

E. Paul Gerhardt ‚O Haupt voll Blut und Wunden'

⇨ Erarbeitung (EG Lied Nr. 85):
- kurze Einführung zur Person des Dichters, L.-Vortrag (s. M. Stupperich, Zweitausend Jahre Christentum II,1, S. 7ff)
- Lesen des Kirchenliedes, Inhaltssicherung.

Tafelanschrieb:
Paul Gerhardt, geb. 1607, gest. 1676, evangelischer Kirchenlieddichter, geschichtlicher Hintergrund: 30jähriger Krieg

Tafelanschrieb:
An das Angesicht des Herrn Jesu
1. Strophe: Beschreibung des Hauptes
2. Strophe: Beschreibung des Gesichtes
3. Strophe: Beschreibung der Einzelheiten des Gesichts
4. Strophe: Schuldanerkenntnis und Bitte um Gnade
5. Strophe: Betrachter will Jesus im Sterben folgen
6. Strophe: Dank für den von Jesus erlittenen Schmerzenstod
7. Strophe: Bitte um Beistand im Tod

L.-Impuls: „Klebt die Strophen in Form eines Kreuzes auf ein Blatt, gestaltet das Bild farbig und begründet eure Gestaltung und Farbauswahl auf der Rückseite."

⇨ Vergleich Lied – Schülercollagen:
- Wiederholung zur Person des Dichters
- der 30jährige Krieg im Spiegel von Zeitdokumenten (s. D. Steinwede, Erzählbuch, S. 262ff)

Tafelanschrieb:
Die Schrecken des 30jährigen Krieges:
- Plünderungen

- Folterungen
- Teuerungen
- Pest

– Vorstellung der Schülercollagen.

(Der Dichter P. Gerhardt begleitet Christus in seinem Leiden und Sterben und schöpft so Kraft, den eigenen Tod zu bewältigen.)

F. Auferstehung als Initiationsgeschehen der Verkündigung:

⇨ Gestaltung von Osterbildern:
- Sammeln und Sichten verschiedener alter und neuer Osterlieder (EG, Gotteslob und unter 6. genannte Sammlungen);
- Bearbeitung in Gruppen, möglicher Ergebnisvortrag: Lied mit Gitarrenbegleitung vorsingen, Text erläutern und/oder grafisch gestalten;
  dazu z.B. Refrainzeile als Kreismitte „Eine freudige Nachricht ..." (aus: „Sieben Leben ...") oder „Seht die Jünger, wie verwandelt ..." (aus: „Noch lange nicht ausgedient"). Darum herum Kreisausschnitte, welche den Inhalt der freudigen Verkündigung konkretisieren, z.B. Strophen von „Einer ist unser Leben" (aus „Fontäne in blau").

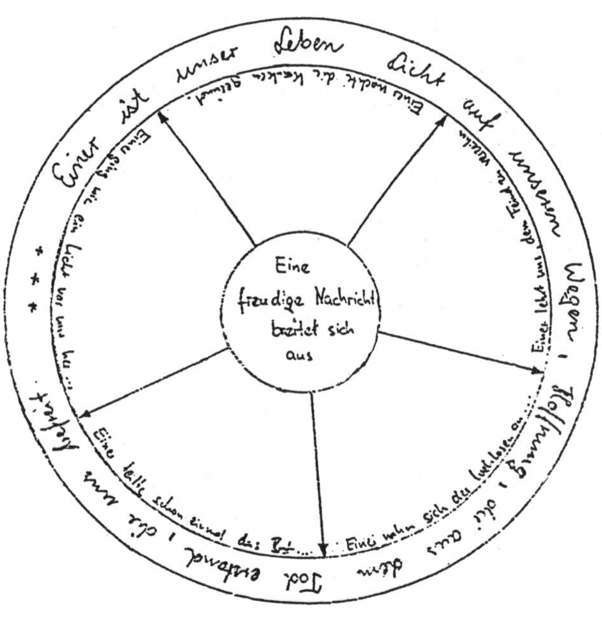

G. Christus und der ungläubige Thomas

⇨ Die Sch. sollen den biblischen Text Joh 20,24–29 mit den Bildern von E. Nolde und Michelangelo Merisi da Caravaggio (1571–1610) in thementeiligen Arbeitsgruppen in Beziehung setzen und kreativ ausgestalten.
Die Lerngruppe wird je nach Anzahl der zu bearbeitenden Arbeitsaufträge (s. **M 6**) in Gruppen (max. 7) aufgeteilt. Wenn nicht alle vorgeschlagenen Arbeitsgruppenaufträge genutzt werden sollen, ist es sinnvoll, ‚korrespondierende' Aufträge auszuwählen (z.B. Aufträge 1 und 2, 5 und 6).
L.-Impuls: „Zweifel eines Jüngers an der Auferstehung Jesu, er wünscht den Auferstandenen zu sehen: Wie könnte die Geschichte Joh 20,24–29 weitergehen?"
L.-Impuls: „Wie lässt sich die Begegnung zwischen Thomas und dem Auferstandenen künstlerisch gestalten?"
Gruppenarbeit; Material: Bibeltext Joh 20,24–29, Schwarz-Weiß-Skizze (**M 7**), Emil Nolde ‚Der ungläubige Thomas' (**M 8**), Caravaggio ‚Der ungläubige Thomas' (**M 9**), Figuren-Umrisse (**M 10**).
Als ein Arbeitsergebnis und weitere Diskussionsgrundlage kann ein Tafelanschrieb erarbeitet werden:

> Jesus und der ungläubige Thomas
>
> Thomas zweifelt an der Auferstehung Jesu, er fordert Beweise: die Wunden Jesu zu sehen und zu fühlen.
> Thomas bekennt Jesus als den Herrn und Gott, nachdem er ihn gesehen, aber nicht berührt hat.
> Thomas glaubt an Jesus, den Auferstandenen: Zweifeln/Erkennen/Glauben. (-> Selig sind die, welche nicht gesehen haben und doch glauben.)

Alternativ kann der Ausgestaltung des Bildes von Nolde (**M 7**) eine Texterarbeitung von Joh 20,24–29 vorangestellt werden.
Im Bedarfsfall können zu Nolde und Caravaggio kunstgeschichtliche Erläuterungen (fächerübergreifend mit dem Fach Kunst) gegeben werden.

H. ‚Was kommt danach?'

⇨ Textbeschreibung:
- Arbeitsblatt (**M 11**)
- Textarbeit: Vergleich vor der Geburt/nach dem Tod; Unwissen und tröstende Zusage

⇨ Der gute Hirte (Ps 23):
- Texterarbeitung: Der gute Hirte
- Lesen in Abschnitten, Besprechen, Zusammenfassung der Kernaussagen der Strophen.

⇨ Bezug zum Text ‚Was kommt danach?': Wie könnte der Text insb. mit Blick auf Ps 23,4 weitergeschrieben werden? (L.-Impuls)

I. Auf dem Weg der Jünger nach Emmaus

⇨ Lk 24,13–35 wird abschnittsweise gelesen und die wichtigsten Handlungsschritte werden an der Tafel festgehalten (Hinweg/Gespräch/Umkehr/Rückweg; vgl. **M 12**). Ausgehend von der Rekonstruktion der Situation, aus der die Jünger gerade gekommen sind (Verurteilung/Kreuzigung/verschwundener Leichnam), sollten Sch. die zu vermutende Gefühlslage der Jünger vor und nach der Begegnung mit Jesus Christus möglichst genau wiedergeben (vgl. **M 12**), um so die Wirkung des Umkehrerlebnisses näher beschreiben zu können.

J. Wo liegt eigentlich Emmaus?

⇨ Die genaue Überprüfung der Orts- und der erschließbaren Zeitangaben führt zu dem Ergebnis, dass die von Lukas gemachten Angaben auf keinen der möglichen Orte mit dem Namen Emmaus zutreffen können. Sch. können hier erkennen, dass Lukas keine einmalige, historisch nachweisbare Begebenheit, sondern eine überzeitlich gültige Glaubenserfahrung berichten will (s. Grundmann, Evangelium, S. 442ff). Emmaus kann demnach überall liegen. (Vgl. **M 13**)

K. Bildmeditation und das Gebet ‚Wer?'

⇨ Sch. sollen zunächst durch eine Betrachtung und eine Beschreibung der Tuschzeichnung ‚Unklarer Weg' von E. Jakobs (**M 14**), die den Betrachter an den Ausgangspunkt des Weges stellt und ihn in die Unabsehbarkeit des Weges hineinschauen lässt, einen Bezug zum Weg der Jünger nach Emmaus herstellen. (s. **M 12**).
In einem zweiten Schritt soll das Gebet ‚Wer?' (**M 15**) vorgetragen und inhaltlich auf die Zeichnung bzw. auf die Geschichte der Emmausjünger bezogen werden. Der jugendliche Sprecher sieht Gott als Ansprechpartner, verspürt jedoch die Verunsicherung, wie er mit ihm reden solle. (Es hat sich für ein Gespräch als sinnvoll erwiesen, dem Betenden von vornherein zumindest ein Geschlecht – er/sie – oder einen Namen zu geben.) Sch. erkennen, dass der Betende im Prinzip sich in einer gleichen Situation wie die Jünger nach dem Verlassen Jerusalems befindet. Nach der Erfahrung der Jünger auf dem Weg nach Emmaus könnten sie dem Betenden sagen, dass sich Jesus Christus in seiner Nähe befindet.
Wünschenswert wäre nun, wenn direkt ausgesprochen werden könnte, dass auch die Situation der Sch. der Situation des Betenden und der Jünger entspricht. Ich denke aber, dass durch die ‚indirekte Ansprache' über das Gebet eine ‚Verortung' der Sch. auf ihrem Glaubensweg erreicht werden kann.

L. Die Umkehr der Jünger nach Jerusalem

⇨ Als Abschluss dieser UE soll noch einmal genauer das Umkehr-Erlebnis der Jünger, das sie wieder zurück in das Zentrum, in die Gemeinschaft führte, untersucht werden. (vgl. **M 16**) Die Bedeutung der Tischgemeinschaft soll als der entscheidende auslösende Moment der Umkehr deutlich werden.

M. Erfahrungen mit der Tischgemeinschaft

⇨ Anlässlich einer morgendlichen Unterrichtsstunde wird ein gemeinsames Frühstück ‚gestaltet'. Hierzu wird eine Art ‚liturgischer Rahmen' gespannt: jeweils ein neueres Jugendgottesdienstlied zum Beginn und zum Abschluss. Außerdem wäre auch ein Tischgebet denkbar. Unter anderem bekommen die Sch. Brotstangen, von denen sie ihrem Nachbarn jeweils ein Stück abbrechen und geben.

Ingo Baldermann schreibt: „Wir können uns nicht vornehmen, Kindern diese Erfahrungen (der nachösterlichen Gemeinde, d. Verf.) zu vermitteln. Aber sie müssen Kategorien gewinnen, die ihnen ermöglichen, solche Hoffnungserfahrungen überhaupt wahrzunehmen, und das kann nur gelingen, wenn sie, was von der Tischgemeinschaft mit Jesus erzählt wird, mit eigenen Erfahrungen verbinden können." (Baldermann, Gottes Reich, S. 64)

5. Das Thema in Schulbüchern und Unterrichtsmaterialien

- Becker, Ulrich (Hg.): Versöhnung lernen. Klett, Stuttgart 1997, S. 86ff („Seht, welch ein Mensch – Kreuz und Auferstehung").
- Besser-Scholz, Birgit (Hg.): LebensZeichen 9/10. Vandenhoeck & Ruprecht, Göttingen 1992, S. 165ff („Auferweckung – Tod und Leben").
- Halbfas, Hubertus: Religionsbuch für das 9./10. Schuljahr. Patmos, Düsseldorf 1991, S. 89ff („Neues Testament: Ostergeschichten").
- Kluge, Jürgen (Hg.): Entdeckungen machen 9/10. Cornelsen, Düsseldorf 1987, S. 3ff („Jesus – Der Weg zum Leben").
- Kwiran, Manfred/Röller, Dirk (Hg.): Glauben und Leben 9./10. Realschule. Schroedel, Hannover 1990, S. 78ff („Leben, Tod und Auferstehung"); Diess.: Glauben und Lernen 9./10. Gymnasium. Schroedel, Hannover 1990, S. 22ff („Ecce homo – siehe, welch ein Mensch!").
- Schmidt, Heinz u.a. (Hg.): Das neue Kursbuch 9/10. Diesterweg/Calwer, Stuttgart/Frankfurt a.M. 1988, S. 71ff („Christliche Auferstehungshoffnung; Auferstehungsbilder").
- Wermke, Michael (Hg.): Tod und Auferstehung Jesu Christi. Arbeitshilfen Gymnasium 8. RPI Loccum, Loccum 1997 (verschiedene Unterrichtsmodelle von Klassenstufe 5–13).

6. Materialien und Medien

- Goecke-Seischab, Margarete Luise/Domay, Erhard: Botschaft der Bilder. Christliche Kunst sehen und verstehen lernen am Beispiel von 9 Farbtafeln und 9 Dias. Kaufmann, Lahr 1990 (u.a. zu M. Grünewald, Jesus am Kreuz).
- Schwebel, Horst/Mertin, Andreas (Hg.): Bilder und ihre Macht. Zum Verhältnis von Kunst und christlicher Religion. Katholisches Bibelwerk, Stuttgart 1989.
- Günter Rombold/Horst Schwebel: Christus in der Kunst des 20. Jahrhunderts. Herder, Freiburg i.B. 1983 (u.a. zu E. Nolde, Jesus und der ungläubige Thomas).
- Der Isenheimer Altar – Choral des Glaubens. Wilhelm Nyssen, Freiburg 1982, 60 Min., 45 Dias, f. Reproduktionen.
- Der Isenheimer Altar, Jünger-Verlag, Frankfurt a.M. o.J., 24 Dias, f., Altarbilder.
- Grünewalds Hauptwerk – Der Altar zu Isenheim. W. Wünsch, BRD 1986, 19 Min., f., Dokumentarfilm m. Spielszenen.
- Das Bild ‚Auferstehung' von Alfred Manessier befindet sich u.a. im Neuen Kursbuch 9/10, S. 139; als Folie ist es in der Reihe ‚Durchsichten', Mappe VI, Manfred Kwiran (Hg.), Amt für Religionspädagogik der Braunschweiger Landeskirche erhältlich.
- Folien der Gemälde von Caravaggio und Nolde

finden sich bei Michael Wermke: Tod und Auferstehung Jesu Christi, RPI Loccum, Loccum 1997.

- Die Fontäne in blau. Schriftenniederlage des Ev. Jugendwerks in Württemberg, 70182 Stuttgart, Dannecker Str. 19A, 1994[2]
- Noch lange nicht ausgedient. Neue Lieder für Schule und Gemeinde. Strube Verlag, München 1997 (Liederbuch + Doppel-CD).
- Sieben Leben möchte ich haben. Christophorus/Kaufmann, Freiburg/Lahr.
- In die Freiheit tanzen. Liedtänze für Schule, Freizeit und Gemeinde. Bonifatius, Paderborn 1997 (Werkbuch + Doppel-CD).

M 1

Matthias Grünewald, Der Gekreuzigte (Isenheimer Altar); Bildarchiv Foto Marburg.

M 2

M 3

Matthias Grünewald, Die Auferweckung Christi (Isenheimer Altar); Bildarchiv Foto Marburg.

M 4

Grünewalds Darstellung der Auferweckung Jesu Christi, Kompositionslinien

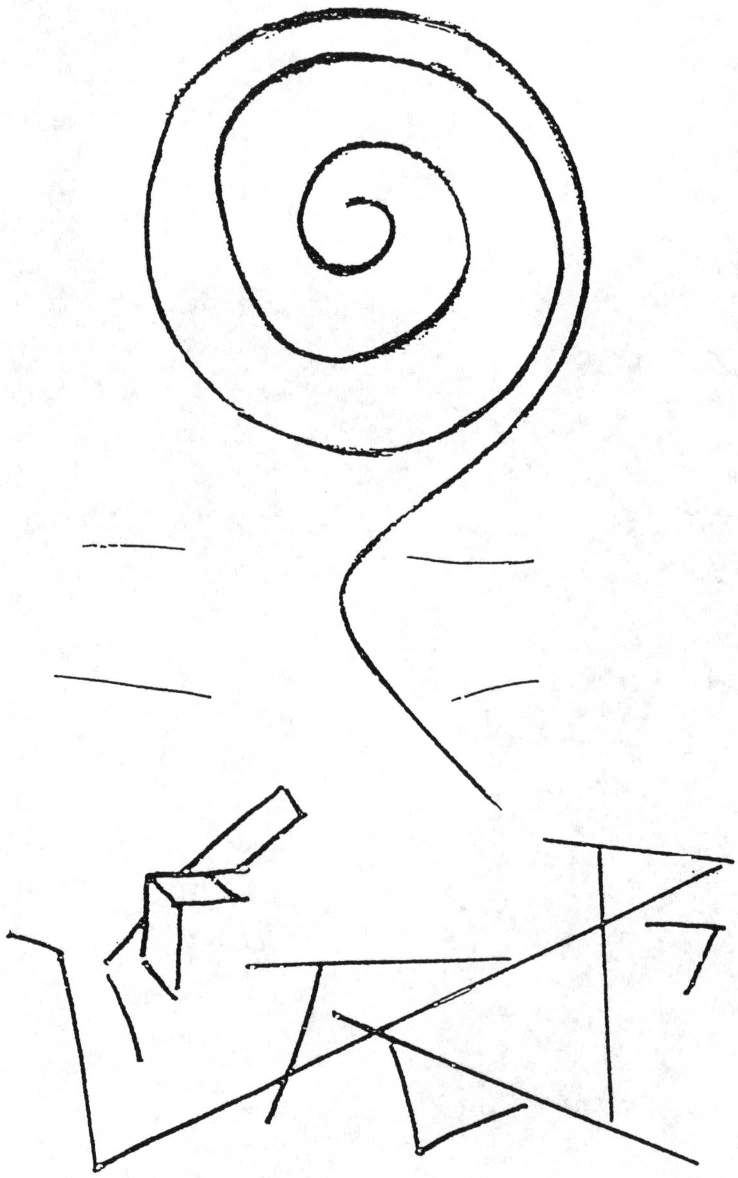

M 5

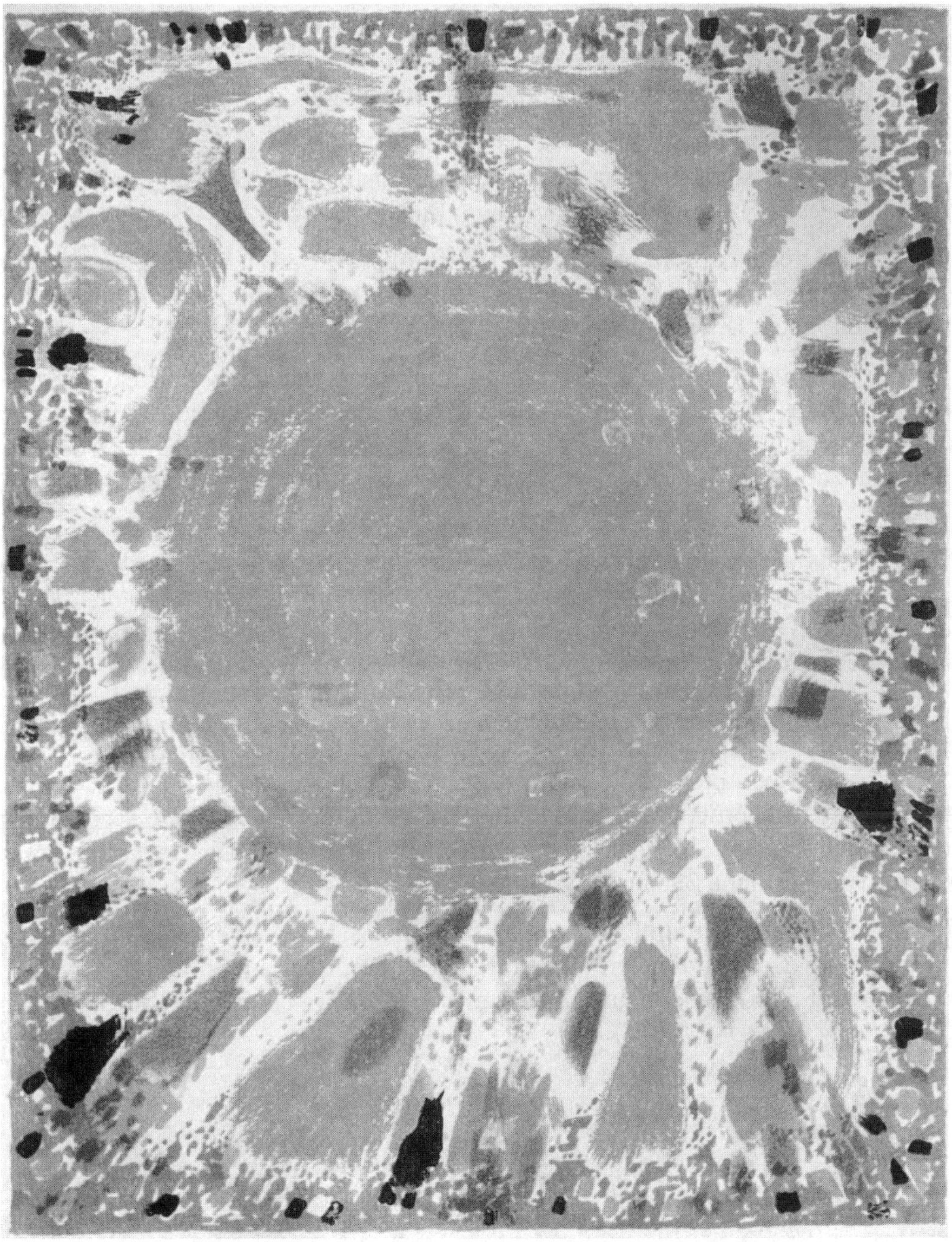

Alfred Manessier, Auferstehung, © *VG Bild-Kunst, Bonn 1998.*

M 6

Arbeitsgruppenaufträge zum ‚Ungläubigen Thomas'

1. Welche Empfindungen habt ihr bei der Betrachtung des Bildes von Emil Nolde? Schreibt dazu etwas auf! Wird die Bibelstelle, die ihr gelesen habt, in dem euch vorliegenden Bild verständlich umgesetzt oder passt das Bild eigentlich nicht zum Bibeltext? Schreibt eure Gedanken auf!
2. Welche Empfindungen habt ihr bei der Betrachtung des Bildes von Caravaggio? Schreibt dazu etwas auf! Wird die Bibelstelle, die ihr gelesen habt, in dem euch vorliegenden Bild verständlich umgesetzt oder passt das Bild eigentlich nicht zum Bibeltext?
3. Lest euch die Bibelstellen durch. Schaut euch anschließend die beiden Bilder von Nolde und Caravaggio an. Wie passen die Bilder zum Bibeltext? Vergleicht die Bilder miteinander und beschreibt ihre wichtigsten Unterschiede.
4. Lest euch die Bibelstelle durch! Überlegt euch anschließend, wie die beschriebene Szene mit der Begegnung zwischen Jesus und Thomas als Bild aussehen könnte. Malt ein Bild nach euren Vorstellungen. Überlegt euch dabei genau, wie ihr die Personen anordnen würdet und welche Elemente ihr hinzufügt und bewusst weglasst (Raumgestaltung, Größe der Figuren, Kleidung, Gegenstände etc.).
5. Als Arbeitsmaterial habt ihr eine Schwarz-Weiß-Skizze des Bildes von Emil Nolde und verschiedenfarbige Stifte erhalten. Lest euch zunächst die Bibelstelle durch! Malt dann die Skizze mit den vorgegebenen Farben aus. Überlegt euch dabei, welche Inhalte der Bibelstelle mit welchen Farben ausgedrückt werden können, und malt die Skizze nach euren Überlegungen und ‚Auslegungen' aus.
6. Als Arbeitsmaterial habt ihr verschiedene Figuren (**M 10**), die teilweise zerlegt sind, erhalten, eine Pinwand und Heftnadeln. Lest euch zunächst die Bibelstelle durch! Versucht dann anhand des Bibeltextes, ein Bild mit den vorliegenden Figuren zu gestalten. Die zerlegten Teile müssen dabei nach eurer Vorstellung und ‚Auslegung' zusammengesetzt werden. Überlegt euch auch, wie ihr die Figuren und das restliche Bild farbig gestaltet.
7. Stellt die Szene des Bildes von Emil Nolde nach (Standbild). Überlegt euch, was die dargestellten Menschen in diesem Moment denken und fühlen könnten. Überlegt euch dann, wie sich die im Standbild ‚festgehaltenen' Personen nun bewegen würden. Lest euch hierzu die Bibelstelle durch!

M 7

M 8

Emil Nolde, Der ungläubige Thomas, 1912; © Nolde-Stiftung, Seebüll.

M 9

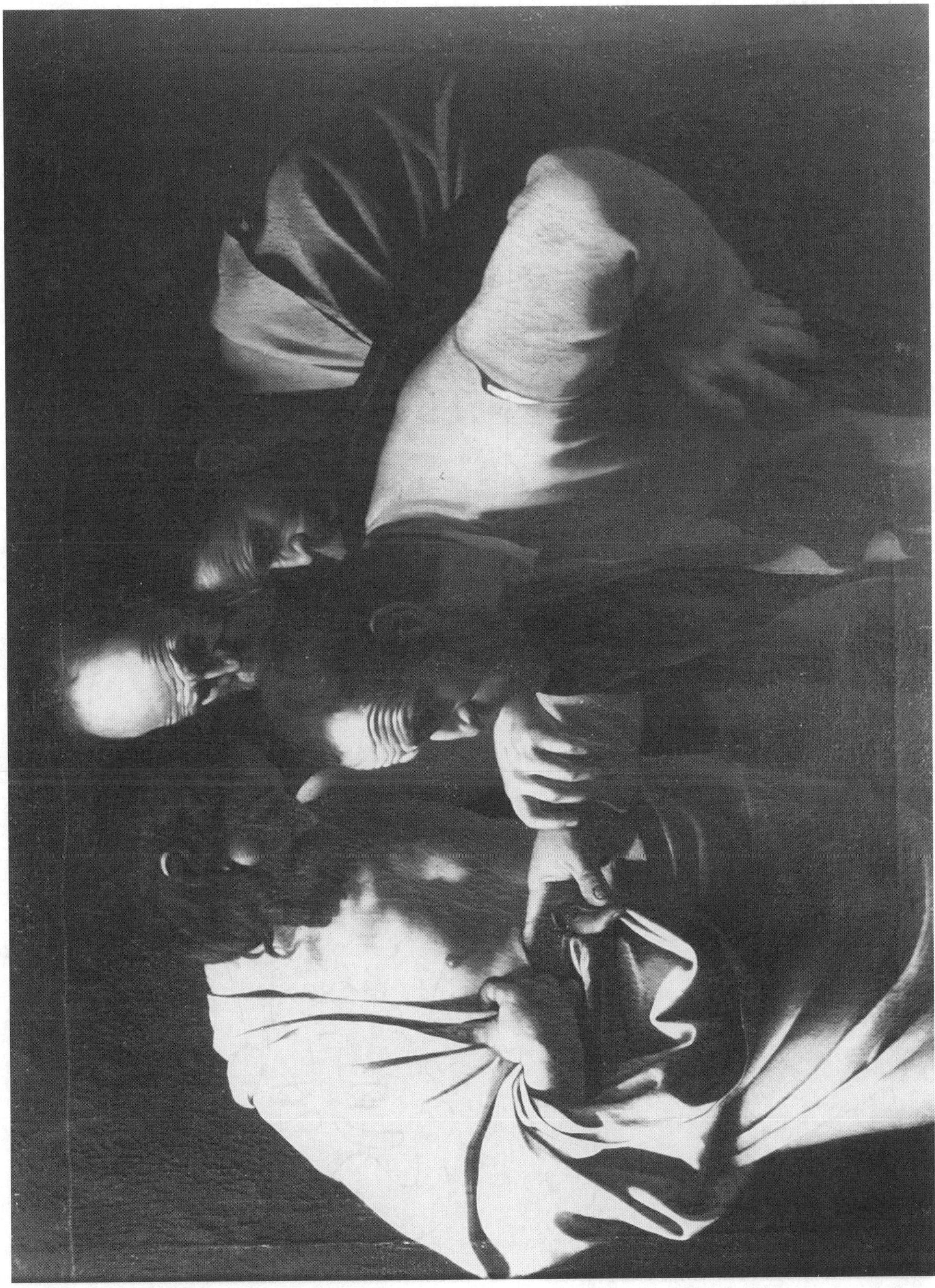

Caravaggio, Ungläubiger Thomas; Bildarchiv Foto Marburg.

M 10

Thomas 1.
Thomas 2.
Jünger
Jesus 2.
Thomas 3.
Jesus 1.
Thomas 4.

M 11

„... und was kommt danach?"

Wir alle haben uns schon einmal vorgestellt, wie es sein wird, wenn wir sterben müssen. Was wird geschehen, wenn ich meinen Tod bewusst erlebe? Angenommen, der Mensch besäße schon im Mutterleib die Fähigkeit zu denken. Dann könnte man zu ihm sagen: Jetzt bist du von Wärme und schützender Dunkelheit umgeben. Du weißt noch nicht, was es heißt, gestoßen zu werden und Schmerz zu empfinden. Alle Geräusche dringen nur gedämpft an dein Ohr. Aber dieser Zustand wird sich bald ändern. Du wirst zur Welt geboren werden. Grelles Licht wird in deine Augen eindringen, wobei ich dir noch nicht erklären kann, was grelles Licht ist. Du wirst es erleben. Du wirst dich frei bewegen und durch Sonne und Wind laufen können, wovon du dir ebenfalls noch keine Vorstellung machen kannst, und im Augenblick der Geburt wirst du ein gewaltiges Erlebnis haben: die Luft strömt ein in deine Lungen.

Den Menschen, der schon vor seiner Geburt in der Lage ist zu denken, würde eine solche Ankündigung in Furcht und Schrecken versetzen. Vor dem Augenblick seiner Geburt würde er ein großes Grauen empfinden. Erst später könnte er sagen: ich habe mich umsonst gefürchtet (Joh 5,24).

Wir alle gehen dem Tode entgegen. Was nach dem Tode sein wird, kann niemand mit Sicherheit sagen. Denn wir sind so unfähig, uns die kommende Welt vorzustellen, wie ein Kind im Mutterleib, das sich von dieser Welt keine Vorstellung machen kann. Aber Jesus hat gesagt: „Ich lebe und ihr sollt auch leben. Wo ich bin, da sollen die, die zu mir gehören, auch sein. Euer Herz erschrecke nicht und fürchte sich nicht!" (Joh 14,19.27; Joh 12,26).

Hans Georg Lubkoll

Quelle unbekannt.

1. Versuche, den Inhalt zusammenzufassen.
2. Was wird über das, was nach dem Tod kommt, ausgesagt?
3. Welche Einstellung will der Text gegenüber Tod und Auferstehung vermitteln?

M 12

Lk 24,13–35: Auf dem Weg der Jünger nach Emmaus

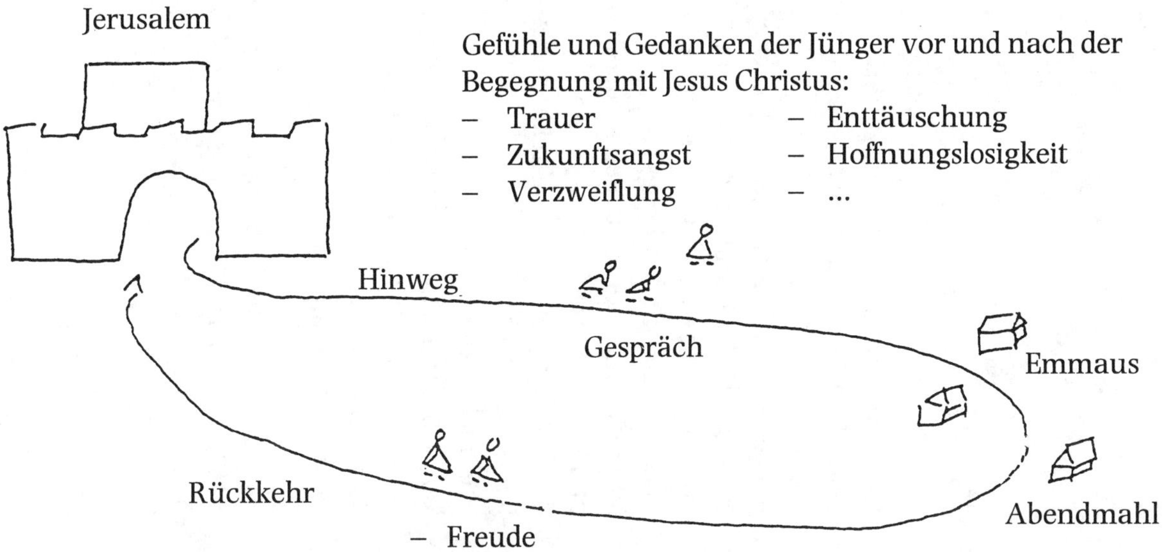

Gefühle und Gedanken der Jünger vor und nach der Begegnung mit Jesus Christus:

- Trauer
- Zukunftsangst
- Verzweiflung
- Enttäuschung
- Hoffnungslosigkeit
- ...

- Freude
- Zuversicht
- Hoffnung
- neuer Lebenssinn
- ...

M 13

Wo liegt eigentlich Emmaus?

Zu den Jüngern:	Kleopas (s. Joh 19,25): eventuelles Mitglied der Familie Jesu 2. Jünger: mögl. Kleopas' Sohn
Biblisches Emmaus:	60 Stadien = 11 km von Jerusalem entfernt (s. V.13), entspricht ca. 3 Std. Fußmarsch; demzufolge: mögl. Ankunftszeit bei den anderen Jüngern in Jerusalem ca. 22 Uhr (s. V.33, vgl. V.29)
Emmaus-Nikopolis:	120 Stadien = 23 km von Jerusalem entfernt, entspricht bei den dortigen Wegverhältnissen mind. 7 Std. Fußmarsch; demzufolge: mögl. Rückkehrzeit frühestens 2 Uhr nachts!
Emmaus-Kalonija:	30 Stadien = 6 km von Jerusalem entfernt, jedoch Städtchen (Militärstützpunkt) (s. V.13)

Ergebnis: Die biblischen Angaben zu Emmaus lassen sich nicht in Übereinstimmung mit einem der beiden bei Jerusalem gelegenen Orte mit dem Namen Emmaus bringen.

Lukas will uns keine einmalige historische Begebenheit berichten, sondern von einer Glaubenserfahrung zweier Jünger erzählen, die auch wir in unserem Leben machen können.

M 14

Erhardt Jacobus, Unklarer Weg, 1991.

M 15

Wer?

Ich suche jemanden, der mir zuhört,
dem ich meine Sorgen anvertrauen,
dem ich alles sagen kann.
Ich gehe jeden Tag mit vielen Menschen um,
zu Hause in der Familie mit Eltern und Geschwistern,
im Betrieb mit ganz unterschiedlichen Menschen,
in der Schule mit den Kollegen,
ich treffe junge Leute auf Feten oder in der Disko,
und doch gibt es niemand,
dem ich das Geheimste sagen kann, das mich bewegt.
Ich versuche zu beten,
aber meine Kindergebete
kommen mir nicht mehr über die Lippen.
Vielleicht möchte ich sagen können: „Gott" –
doch ich weiß nicht, bist du es, der mich liebt,
der mich so nimmt, wie ich bin?

Aus: Günter Riediger, Wo ist Gott in meinem Leben (GTB 818), Gütersloher Verlagshaus, Gütersloh.

M 16

Das Umkehrerlebnis der Jünger in Emmaus

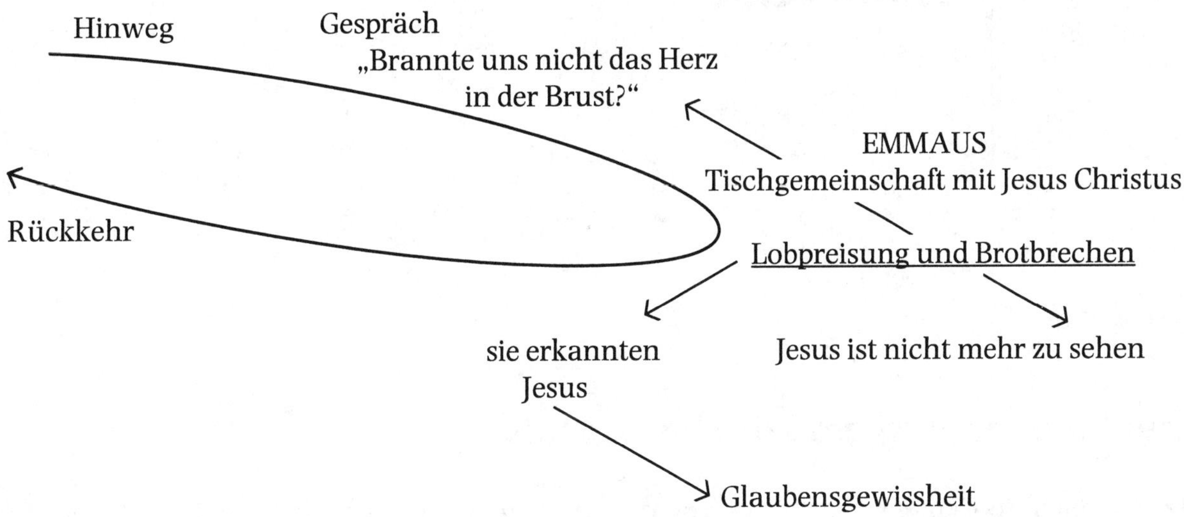

5 Sekten

1. Theologische und didaktische Aspekte

„Sekten", „religiöse Gemeinschaften" ,"esoterische Gruppen", wie immer sie sich selbst nennen oder wir sie nennen – was verbirgt sich dahinter? Vielfach haben sie Namen, die von einem Guru (d.h. geistigen Führer) abgeleitet sind oder sie bezeichnen sich selbst nach ihrer „Lehre". Dabei geraten Begriffe ins Schwimmen: Gab es vor Jahren noch den „Sektenbeauftragten", der Auskunft und Hilfe anbot, so heißt dieser heute „Weltanschauungsbeauftragter". Der Name „Sekte" wird von Mitgliedern dieser Gruppen als diffamierend empfunden; gerichtlich werden Verbote solcher „Verleumdung" erzwungen. Die Anerkennung einer Sekte als „Kirche" (s. Zeugen Jehovas) hat ganz praktische finanzielle Vorteile: „Spenden" können steuerlich abgesetzt und weltanschauliche „Marktanteile" problemlos erwirtschaftet werden. Selbst die Inanspruchnahme von Rechtsmitteln bietet Sekten eine Plattform zur Verbreitung der eigenen Ansichten (s. Abel, Ralf: Aufklärung, Dialog und Gerichte, in: Goßmann, Hans-Christoph u.a. (Hg.), Identität und Dialog, E.B.-Verlag Hamburg 1995, S. 84ff).

Gerade deshalb soll in diesem Kapitel der Fachausdruck „Sekten" Verwendung finden. Abgeleitet vom Lateinischen „secare/sector" bedeutet er, dass da etwas abgetrennt, abgeschnitten ist. Der Dialog mit einem Andersdenkenden setzt Dialogfähigkeit voraus, den Willen, andere Argumente zu hören, zu bedenken. Wer mit Sektenmitgliedern „diskutiert" oder diskutieren will, wird sehr bald merken, dass diese nur überzeugen, missionieren wollen. Unsere Anfragen und Antworten sind ihnen längst bekannt, die Dialogmechanismen im Rollenspiel eingeübt, ein freies Wort an keiner Stelle eingeplant oder möglich. Seit Jahren wissen wir, wie welche Sekten operieren, wie ihre Organisation funktioniert, ihre Mitglieder leben. Und doch gibt es immer wieder Meldungen, die zeigen, wie stark diese Gemeinschaften sind.

Menschen suchen seit altersher nach dem Sinn des Lebens. Bis tief in das 19. Jahrhundert hinein erhielten sie ihre Antworten von den Kirchen. Dann traten vermehrt Menschen (vor allem Männer) auf, die den Mitmenschen Heilszusagen machten. Gleichzeitig drohten sie allen Ungläubigen die Vernichtung an. Der Weltuntergang wurde terminiert; als das Datum verstrich, bedeutete das zuerst Enttäuschung – aber dann stärkte es die Gemeinschaft. Alle Sekten verzichten jetzt auf konkrete Zeitangaben.

Auch andere „konkrete" Angaben sind in den wenigsten Fällen zu erhalten. Sekten machen kaum Angaben zur Zahl ihrer Mitglieder, zu ihren Finanzen und wirtschaftlichen Unternehmungen. Man erfährt allerdings in ihren Schriften sehr viel über die „schöne neue Welt", das schöne Leben in der Gemeinschaft, das Leben des Gurus. Diese Biographien sind nachweislich geschönt (s. Ron Hubbard, Scientology). Die Schriften versprechen die perfekte Lösung für alle Probleme der Menschheit, ohne an irgendeiner Stelle konkret zu werden.

Alte Menschen werden ganz gezielt von Zeugen Jehovas, Adventisten, Mitgliedern der Neuapostolischen Kirche u.a. angesprochen, weil man vermutet, dass sie einsam sind, enttäuscht von der Familie, ihre Freunde sind verstorben. Man bietet ihnen Geselligkeit, Zuhören, Hilfe in täglichen Dingen, und man nimmt gerne das Erbe, das die undankbaren Verwandten gar nicht verdient haben. Junge Leute werden von anderen Gruppen angesprochen, z.B. Hare Krishna, Vereinigungskirche, Scientology Church und den Bhagwan-Anhängern. Jugendliche sind oft enttäuscht nach zerbrochenen oder gestörten Beziehungen, sie suchen Freunde, Gemeinschaft. So sind die Ansprechorte häufig von diesen Gruppen geführte Discos oder Jugendtreffs. Gemeinsame Wochenenden werden durchgeführt. In einer schönen Umgebung mit gesunder Ernährung kann da schon leicht so etwas wie Urgemeinden-Stimmung aufkommen. Jeder fühlt sich wertvoll und wichtig. Arbeitslosigkeit und die daraus wachsende Perspektivlosigkeit führt noch mehr junge Leute in die Nähe dieser Gruppen, die ihnen u.a. Arbeit versprechen. Sie sagen natürlich nicht, wie wenig ihre Mitglieder verdienen, dass man von ihnen erwartet, dass sie vorhandenes Vermögen überschreiben. Auch körperlich schwere, zeitaufwendige Arbeit wird erwartet. Im Normalfall führt dies zu einer Entpersonalisierung, Programmierung. Gerade Jugendliche und alte Menschen haben der organisierten, gut durchstrukturierten Einbindung der neuen Mitglieder wenig entgegenzusetzen. Ein Wiederausstieg ist schwierig, manchmal nur über eine aufwendige Therapie („Deprogrammierung") möglich.

Exemplarisch soll das Thema „Sekten" am Beispiel von *Bhagwan Shree Rajneesh* behandelt werden. Von allen Gurus war er der Faszinierendste, er selbst war die Religion. Mit seinem Tod starb die Gruppe nicht; sie lebt weiter, nicht so aggressiv missionierend wie andere, aber doch aktiv auf vielen Gebieten und an vielen Orten. Die Anhänger glauben immer noch an die vom Meister versprochene Neue Welt, sie rezitieren seine Worte, sehen seine Videos wie Reliquien oder Ikonen. „Osho", wie sie ihn nennen, seit er wieder in Poona war, lebt für die Sannyasins weiter.

2. Intentionen

Die Sch. sollen
- die Grundstrukturen religiöser Heilsbewegungen kennen lernen,
- erkennen, was Menschen in den Sekten suchen, was sie dort hält, was den Ausstieg schwer macht,
- die christliche Heilsbotschaft als Antwort auf die Verlockungen der sog. „religiösen Gemeinschaften" begreifen.

3. Literatur zur Vorbereitung

- Bannach, Kurt u.a. (Hg): Religiöse Strömungen unserer Zeit. Eine Einführung und Orientierung. Quell, Stuttgart 1991.
- Haack, Friedrich-Wilhelm: Europas neue Religion. Sekten-Gurus-Satanskult. Herder, Freiburg 1996[3].
- Ders.: Guruismus und Guru-Bewegungen. Evangelischer Presseverband, München 1982.
- Ders.: Scientology-Magie des 20. Jahrhunderts. Claudius, München 1995[3].
- Hartwig, Renate: Scientology – Ich klage an! Heine, München 1994.

- Hemminger, Hansjörg: Das Duell der Gurus. Kriminalfälle aus dem Sektenmilieu. Brunnen, Gießen 1994 (Vorlesebuch, auch Material für Freiarbeit).
- Heurich, Franz (Hg.): Verführung statt Erleuchtung. Sekten. Scientology. Esoterik, Patmos, Düsseldorf 1993.
- Hutten, Kurt: Seher-Grübler-Enthusiasten. Das Buch der traditionellen Sekten und religiösen Sonderbewegungen. Quell, Stuttgart 1997[15] (sehr ausführlich!).
- Reller, Horst u.a. (Hg.): Handbuch Religiöse Gemeinschaften. Freikirchen. Sondergemeinschaften. Sekten. Weltanschauungen. Missionierende Religionen des Ostens. Neureligionen. Psycho-Organisationen. Für den VELKD-Arbeitskreis Religiöse Gemeinschaften. Gütersloher Verlagshaus, Gütersloh 1993[4].
- Stamm, Hugo: Sekten. Im Bann von Sucht und Macht. Ausstiegshilfen für Betroffene und Angehörige. Kreuz, Zürich 1995.
- Thiede, Werner: Scientology – Religion oder Geistermagie? Friedrich Bahn, Konstanz 1992.
- Updike, John: S., rororo 12955, Reinbek 1992 (Roman).
- Wunderlich, Gerd: Jehovas Zeugen. Die Paradies-Verkäufer. Claudius, München 1994[4].

4. Unterrichtsideen/Verlaufsplanung

A. Sekten – was ist das?

Sekten üben vor allem Anziehung auf Menschen aus, die unsicher in Lebensumbruchsphasen stehen, sie wissen nicht, wohin sie gehen sollen, was sie tun sollen, suchen nach Antworten und Wegen.

⇨ Diesem Gefühl sollen die Sch. in einer ersten Phase nachspüren. Das kann entweder über einen *Filmausschnitt* geschehen (z.B. Denke nicht und frage nicht – Bhagwans neue Religion oder Beate S. in der Sekte) oder im Unterrichtsgespräch. Nach einem *stummen Impuls* (Tafelanschrieb: „Ich hab' alles satt. Keiner hilft mir ...") werden Vermutungen angestellt, wer dieser Mensch ist, wie alt er ist, weshalb er so verzweifelt ist. Hilfsangebote werden gesucht, diskutiert. In einem *Schreibspiel* werden (anonym) Ratschläge erteilt: „Mir ging es auch mal schlecht, weil ... Da habe ich ..." Dann werden die Briefe gemischt und wieder ausgeteilt. Jeder hat eine Antwort und kann nachfragen: „Aber ..." Je nach Einstellung der Lerngruppe kann der Ablauf noch einmal wiederholt werden. Zum Schluss werden in Kleingruppen die Anfragen und Antworten besprochen und die wichtigsten vorgelesen.

⇨ Ein möglicher Einstieg bietet sich auch über *Karikaturen* an. Auf Folie gezogen „sprechen" sie die Sch. an, ein verbaler Impuls ist in den meisten Lerngruppen überflüssig. Für Freiarbeitsphasen oder Gruppenarbeit sind den einzelnen Karikaturen aber auch noch Arbeits- bzw. Diskussionsfragen zugeordnet worden (**M 1–3**).

B. Bhagwans Leben und Lehre

⇨ Das *Leben und Wirken* des Rajneesh Chandra Mohan, genannt *Bhagwan*, wird vorgestellt: er war einer der Menschen, die von sich behaupteten, alle Menschen glücklich machen zu können, allen helfen zu können (**M 4**).

⇨ „Na, und?" werden viele Sch. fragen. Sie können sich nicht vorstellen, dass intelligente Menschen ihre Arbeit, Wohnung, Freunde aufgaben und aufgeben, um dem Guru zu folgen, in seiner Nähe sein zu können. Ein zweiter Baustein wird hinzugefügt: die *Lehre* des Bhagwan (**M 5**). Die beigefügten Originaltextstellen zeigen, was Bhagwan in seinem Leben und Lehren wollte: sich nicht festlegen, vieles sagen und doch immer wieder anders, gegensätzlich sogar. Es gab und gibt keine feste Lehre, die Anhänger sind gezwungen, in seiner Nähe zu bleiben (auch nach seinem Tod), ihm

immer wieder zuzuhören (Videoaufnahmen). Wer nicht im Ashram leben kann, kommt in die Zentren (z.B. Köln), kauft dort Video-Cassetten (ca. 4000 Stunden wurden aufgenommen!) und Bücher (ca. 300).
Diese Informationen können von einer anderen Kleingruppe vorgestellt werden (s. o.). Da die Lehre des Bhagwan für die Sch. aber auch auf die Aussagen über Liebe und Tod exemplarisch verkürzt werden kann, bietet sich ein Schreibgespräch an: Je drei bis vier Sch. erhalten einen Arbeitsauftrag und sollen mit Hilfe von Textunterlagen erarbeiten, was Jesus, sie selbst und Bhagwan (weitere Personen sind denkbar, z. B. Martin Luther, Paulus ...) über Leben und Tod denken und lehren. In einer Podiumsdiskussion kommen dann die Lehrmeinungen auf den Prüfstand: Welche Äußerungen sind oberflächlich? Was erscheint unverständlich oder unlogisch?
Mögliche Arbeitsaufträge siehe Arbeitsblatt **M 5**.

C. Werbemethoden der Sekten

⇨ Sekten werben für ihre Gruppe mit Wochenendfreizeiten, gemeinsamen Abendessen u.ä. Die Bhagwan-Anhänger werben vor allem mit Therapieangeboten. Einführungsworkshops werden angeboten, auch als Schnupperkurse. Die Anzeigen und Broschüren erwähnen nicht, dass es sich um Veranstaltungen der Bhagwan-Gruppe handelt. In diesen Kursen wird vor allem die sog. „Dynamische Meditation“ geübt (**M 6**).
Diese Übung ist so einfach, dass sie vom L. angeleitet werden kann. Man kann in der Klasse den Sch. ein Gefühl dafür geben, was Menschen empfinden, die solche Meditationen regelmäßig durchführen. Sie werden aber auch erfahren, dass sie dadurch keine Probleme lösen können oder innere Werte entdecken. Im UG werden Empfindungen ausgetauscht, evtl. gibt L. weitere Informationen.

D. Das Leben im Ashram

⇨ Das Leben als Sannyasin kann das sein, was ein Mensch sich schon immer gewünscht hat, eine gute Gemeinschaft, eine sinnvolle Aufgabe. Er möchte in der Nähe wertvoller Menschen sein, vielleicht sogar des Meisters, er will ein Leben in gesunder Umwelt, ein gutes Leben. Es kann aber auch das totale Gegenteil bedeuten: ausgebeutet werden, depersonalisiert, finanziell entmündigt, ohne Perspektive sein. Beide Sichtweisen werden in authentischen Berichten gezeigt (**M 7** u. **M 8**). Die Sch. sind aufgefordert, sich in beide Personen hineinzuversetzen, sie können im Rollenspiel beide miteinander sprechen lassen. Denkbar ist auch ein Interview (Cassettenrecorder), bei dem ein Reporter Fragen stellt (vorher in der Gruppe erarbeitet) und (viele) Sannyasins antworten.

E. Bhagwans Stellung zum Christentum

⇨ Für Bhagwan waren Christus und Christentum nicht das Gleiche. Er schätzte Jesus deshalb besonders hoch ein, weil dieser wie er selbst östliche und westliche Lehren sinnvoll verbunden hat. Er hatte auch nie die Absicht gehabt, eine neue Religion zu gründen. Er war Jude und hielt sich an die Anweisungen der Tora. Bhagwan greift das berühmte Jesuswort „komm und folge mir“ auf und ändert es in „komm und folge ... zu dir!“ Er meint, dass Jesus gerade in diesem entscheidenden Punkt durch die Kirchen verfälscht wurde. „In atemberaubenden Kommentaren zu Texten aus den vier Evangelien und in direkter Antwort auf Fragen moderner Sucher befreit Osho nicht nur Jesus, sondern das Wesen des Religiösen selbst aus den mythischen Nebeln und folgenschweren Missverständnissen des christlichen Aberglaubens.“(Rückseite des Buches „Komm und folge ... zu dir“, Osho-Verlag, Zürich 1992) Für die Bhagwan-Anhänger sind die Kirchen am Ende. Sämtliche organisierten Religionen sind für sie ratlos, bankrott. Die ökumenische Bewegung sehen sie als „Konkursverschleierung“, denn es gibt keine stellvertretenden Erlöser, sondern nur einen, der den Weg zur Erlösung zeigen kann. Und diese Erlösung muss jeder Einzelne in sich selbst vollziehen. In seinen letzten Lebensjahren behauptete Bhagwan, sich nur mit dem Christentum beschäftigt zu haben, um sich den Amerikanern und Europäern gegenüber verständlich machen zu können. Sekten, auch die Bhagwan-Anhänger, versprechen das Heil der Seele, die Erlösung. Dagegen halten Christen zu dem, was ihnen in der Bibel gesagt wird (s. nächster Schritt). Sch. werden aufgefordert, die biblischen Aussagen mit denen der Lehre Bhagwans zu vergleichen. Sie erkennen, dass für Bhagwan die christliche Heilserfahrung überflüssig ist. Er selbst sieht sich als Gott oder Heiland und wird damit zum Götzen, seine Bewegung zur Ersatzkirche, seine Bücher treten an die Stelle der Bibel. Für Christen ist das völlig unannehmbar. Motivierte Lerngruppen könnten an dieser Stelle ein Streitgespräch inszenieren zwischen Christen und Bhagwan-Anhängern.

F. Gespräche mit Fachleuten

⇨ Die Behandlung der Sekten könnte aber auch abschließen mit der Einladung eines *Weltanschauungsbeauftragten* oder fachkundigen Pfarrers in die Schule, der zu Fragen Stellung nehmen kann. Auch ein ehemaliger Sektenangehöriger könnte den Sch. Auskunft geben. Gewarnt wird allerdings vor noch so liberalen Sektenangehörigen, die immer wieder versuchen werden, gerade in solchen Gruppen zu missionieren. Sie halten sich erfahrungsgemäß nie an vorher getroffene Absprachen.

G. Freiarbeitsphasen

⇨ In Freiarbeitsphasen können sich Gruppen intensiver mit anderen Sekten befassen. Als Arbeitsunterlagen eignen sich Filme (Videos), die über die Bildstellen ausgeliehen werden können (Verzeichnis s. 6. Medien). Informationsmaterialien können auch Prospekte, Bücher, Broschüren u.ä. der jeweiligen Sekte sein, dazu Nachschlagwerke (z.B. Handbuch Religiöse Gemeinschaften).
Zur Präsentation der Ergebnisse eignen sich Wandzeitungen, Lesehefte, Rollenspiele (z.B. ein Interview) oder ein 5-Minuten-Videoclip, in dem die Gruppe das für sie Wichtigste über die jeweilige Sekte zeigt.

5. Das Thema in Schulbüchern und Unterrichtsmaterialien

- Dilger, Jochen: Scientology, Arbeitshilfen Sekundarstufe I, Loccum 1995 (erhältlich im: Religionspädagogischen Institut Loccum, Uhlhornweg 10–12, 31547 Rehburg-Loccum, Tel.: 05766/81-0).
- Gesellschaft für Religionspädagogik e.V. Villigst: Freiräume. Religionsbuch für berufsbildende Schulen. Cornelsen, Berlin 1993, S. 210–211.
- Jaeger, H. u.a. (Hg.): Ich entdecke, was die Bibel lehrt! Christliche Verlagsgesellschaft, Dillenburg 1994, S. XVIII, 1–9.
- Schmidt, Heinz u.a.: Das neue Kursbuch 9/10. Arbeitsbuch für den Religionsunterricht im 9./10. Schuljahr. Calwer/Diesterweg, Stuttgart/Frankfurt a.M. 1988, S. 242–253.

6. Materialien und Medien

Videos / Filme

- Abtrünnig und Ausgestoßen: Ehemalige Zeugen Jehovas berichten, 30 Min., Dokumentation, BRD 1989. Kathol. Filmwerk (KFW), Postfach 11 11 52, 60046 Frankfurt, 136,25 DM.
- Geschäft mit der Seele – Scientology, 30 Min., Dokumentarfilm, BRD 1990. KFW, (Adr. s.o.).
- Im Reich des Bösen – Der Kreuzzug der Munsekte,45 Min., Dokumentation, BRD 1991, KFW, (Adr. s.o.).
- Gehirnwäsche, 45 Min., Dokumentarfilm von Egmont R. Koch, BRD 1990, Eignung: ab 14 Jahren; Vorschlag: in Teilen zeigen, z.B. 1.–14. Min.: Erfahrungsbericht von ehemaligen Scientology-Mitgliedern oder 15.–23. Min.: Zentrale von Scientology in Clearwater, Florida (finanzielle Macht und organisatorische Struktur der Sekte).
- Beate S. in der Sekte, 45 Min., Spielfilm von Michael Lähn, BRD 1978, Eignung: ab 14 Jahren.
- Die Auserwählten, 30 Min., Kurzspielfilm von Viktor Frantz, BRD 1979, Eignung: ab 14 Jahren.
- Denke nicht und frage nicht – Bhagwans neue Religion, 43 Min., Dokumentarfilm von Manfred Bannenberg, BRD 1984 Eignung: ab 16 Jahren.
- Was suchen und finden Menschen bei Sekten? z.B. Zeugen Jehovas, 27 Min., Fernsehmagazin, M. Blachmann / M. Dickmeis, WDR, Deutschland 1991.
- Siebenten-Tags-Adventisten, 17 Min., Dokumentarfilm von T. Claudius, F. Stephan, G. Stingl, BRD 1978.
- Vereinigungskirche e.V. – Muns Schüler berichten, 20 Min., Dokumentarfilm von Sven Christensen, BRD 1987 (FWU).
- Jugendreligionen: Internationale Vereinigungskirche, 17 Min., Dokumentarfilm von Georg Stingl, BRD 1977.

Folien

- Haack, Friedrich-Wilhelm: Psychomutation. Erzwungene Persönlichkeitsverwandlung. Evangelischer Presseverband für Bayern, München o.J. (4 grafische Darstellung für Overlay-Technik, älter aber gut!).
- Ders.: Bettler, Nepper oder Heilsbringer? Die neuen Jugendsekten (12 Folien, 1 Textheft). Jünger, Offenbach o.J.

Dias

- Haack, Friedrich-Wilhelm: Sekten (30 Dias und Begleittext). Evangelischer Presseverband für Bayern, München 1980.
- Ders.: Die neuen Jugendreligionen, (34 Dias und Begleittext). Evangelischer Presseverband für Bayern, München 1979.

Medienpaket

- Rajneesh, Bhagwan Shree: Meditation. Die Kunst, zu sich selbst zu finden. Heyne, München 1980^2 (Textbuch und Meditationskassette).

M 1

Erik Liebermann.

M 2

Walter Hanel, FAZ.

M 3

Quelle unbekannt.

1. Worin besteht das Religiöse der gezeichneten Situation?
2. Welche Kritik enthält die Karikatur? Stimmst du ihr zu?
3. Was ist nach Definition des Karikaturisten eine Sekte? Kannst du weitere Sekten im Sinne des Zeichners (also nicht nur religiöse im engeren Sinn) nennen?
4. Woran erkennt man jeweils die Anhängerschaft?

zu 1.: Kniefall des „Microsoft-Jüngers", Text in Gebetsform (Vaterunser), den „Guru Gates" umgibt eine Art Heiligenschein.

zu 2. und 3.: Verabsolutierung jeder Begeisterung ist gefährlich: „Woran du dein Herz hängst, das ist dein Gott." (M. Luther)

zu 4.: Mit umgedrehter Schirmmütze, Turnschuhen und „bekennendem" T-Shirt versucht der Karikaturist Szene-Kleidung einzufangen.
Was kennzeichnet Sektenmitglieder und/oder andere hier relevante Subkulturen in Kleidung, Lebensgewohnheiten ... Legen sie wert darauf, „normal" zu erscheinen, wie die Zeugen Jehovas es in ihren Postwurfsendungen betonen? Wollen sie unterscheidbar sein, Zusammengehörigkeit demonstrieren? Wie verhält sich dazu die biblische Aussage „An ihren Früchten sollt ihr sie erkennen?" (Mt 7,16), und wie sieht das bei uns aus?

M 4

Rajneesh-Bhagwan-Osho geb. 1931 in Zentralindien

1953 Erleuchtungserlebnis während des Philosophiestudiums: „In dieser Nacht öffnete eine andere Realität ihre Tür, eine andere Dimension wurde erreichbar. Plötzlich war es da – die andere Realität, die andere Wirklichkeit, das wirklich Wirkliche oder wie immer man es nennen mag. Ihr könnt es Gott nennen, Wahrheit, Dharma, nennt es Tao oder was auch immer ihr wollt .... In jener Nacht wurde ich leer und ich wurde voll. Ich hörte auf zu existieren und wurde die Existenz selbst. In jener Nacht starb ich und wurde wieder geboren." (aus: Handbuch religiöse Gemeinschaften, Horst Reller, Gütersloher Verlagshaus, Gütersloh 1993[4], S. 689) Für Bhagwan-Anhänger erkennt er in diesen sieben Tagen die *eigene* Göttlichkeit. Alles, was existiert, ist Gott. Gott ist das universelle Bewusstsein. Danach arbeitet Rajneesh noch eine Zeit lang im akademischen Bereich, als Lehrbeauftragter oder sogar Professor.

1964 findet das erste Meditationscamp statt, bei dem er mit verschiedenen Arten der Meditationen experimentiert; 1970 zum ersten Mal mit der Technik der „dynamischen Meditation".

1970 gründet er auch das erste *Ashram*, d.h. eine kleine Gruppe von Leuten beschließt, nach bestimmten Regeln zu leben. Sie wollen eine spirituelle Bewegung für die ganze Welt in Gang bringen. Alle Unterschiede im Namen von Rasse, Religion, Nation, Kaste und Konfession sollen aufgehoben werden. Ziel ist es, eine Weltfamilie von solchen Menschen zu schaffen, die nach innerer Transformation suchen. Seit dieser Zeit nennt sich Rajneesh *Bhagwan*, d.h. Göttlicher oder auch einer, der sich selbst erkannt hat. Europäer und Amerikaner kommen in seinen Ashram. Die Gruppe macht sich in Bombay unbeliebt und Bhagwan wird gezwungen, den dortigen Ashram aufzulösen.

1974 wird der Ashram in Poona, 180 km südöstlich von Bombay, gegründet. Immer mehr Anhänger kommen nach Poona, unter ihnen viele Intellektuelle. Jeden Morgen hält Bhagwan eine Ansprache, die aufgezeichnet und zu Büchern verarbeitet wird. Abends gibt es Treffen mit ausgewählten Teilnehmern, bei denen persönliche Fragen beantwortet werden. In diesen Sitzungen werden neue Jünger eingeweiht, sie bekommen einen neuen, indischen Namen und ihre *Mala* (eine hölzerne Kette mit dem Foto des Bhagwan). Die *Sannyasins* kleiden sich in orange,

Aus: Osho, Liebe beginnt nach den Flitterwochen, Zürich 1993[4] (Umschlagabb.); © Osho International Foundation, www.osho.org.

später auch weinrot und andere rotbraun gefärbte Gewänder. Seit 1975 gibt es auch Bhagwan-Anhänger in Deutschland.

1981 fährt der erkrankte Bhagwan in die USA. Viele seiner Anhänger verlassen Indien. Sie kaufen in Oregon ein großes Gelände, auf dem eine Stadt errichtet wird. In dieser Zeit kommt es zu Problemen mit der Einwanderungsbehörde und den örtlichen Verwaltungen (Wasserrechte, Abfall und anderes).

1985 verlässt eine Gruppe Sannyasins den Ashram angeführt von Sheela, der engsten Mitarbeiterin Bhagwans. Gegenseitig wirft man sich vor, das Meditationslager in ein Konzentrationslager verwandelt zu haben oder Mordpläne geschmiedet zu haben. Die amerikanischen Behörden verhaften Bhagwan, verurteilen ihn und verweisen ihn des Landes. Nach einer „Weltreise" (kein Staat möchte den Guru aufnehmen) landet Bhagwan mit einigen Schülern in Bombay (1986) und lebt im Ashram in Poona, das nun in „Osho-Kommune" umbenannt wird. *Osho* bedeutet Meister d.h. Urvater des Zen-Buddhismus. In Poona werden abends weiße Roben getragen, tagsüber dunkelrote. Außerhalb der Kommune geben sich Mitglieder durch ihre Kleidung nicht mehr zu erkennen.

1990 stirbt Bhagwan in Poona. Seine Nachfolger sind 21 Mitglieder der Kommune, ein sog. „innerer Kreis".

M 5

Die Lehre des Bhagwan

Nirgendwo ist die Lehre des Bhagwan systematisch aufgeschrieben und in sich stimmig dargestellt. Immer wieder stößt man auf Widersprüche, die von den Mitgliedern so erklärt werden, dass nicht das wichtig ist, was er sagt, sondern allein er selber. Und doch lassen sich drei wich-tige Aussagen feststellen:

1. Der Mensch, so wie er hier und heute ist und lebt, ist schlecht, verdrängt seine wahren Gefühle und Bedürfnisse. Er muss sich selbst annehmen, so wie er ist, d.h. sich dem Meister hingeben wie in einer Liebesbeziehung. Nur wenn der Mensch das eigene Ich aufgibt, kann er eine reine Bewusstheit erlangen.

2. Bhagwan versteht sich als der erleuchtete Meister. Er hat sich von allen Bindungen frei gemacht und hilft damit seinen Jüngern, selbst frei und bewusst zu werden. Bhagwan selbst sah sich als Meister, der in seinem Leben als Johannes der Täufer und Christus und auch Buddha gelebt hat.

3. Bhagwan glaubt an die Wiedergeburt des Hinduismus-Buddhismus und gibt damit dem engeren Kreis seiner Jünger die Hoffnung, selbst erleuchteter Meister zu werden.

Aus diesen Lehren lässt sich seine Sicht der Welt und der persönlichen Beziehungen erklären:

Seine Religion braucht keinen Gott, keine Priester, keine heiligen Schriften, keine Gebete oder andere Rituale. Er ruft auf zu einer Religion, die aus Energie besteht. Das zeigt sich in seinen Meditationstechniken, aber auch in seinen Schriften zur Sexualität. Anfangs setzte er die Familie des Ashram der alten Familie gleich und befürwortete ein Leben von Müttern und Kindern im Ashram. Später, vielleicht unter Einfluss der Armut in Indien, verfolgte er Geburtenkontrolle und Ende der sexuellen Freizügigkeit.

1. „Selbst-Annahme“ und „Ich-Aufgabe“: Wie stellst du dir das vor? Geht das (gleichzeitig), kannst und willst du das?
2. Informiert euch in Gruppen über je eine der von Bhagwan angesprochenen Personen und teilt es anderen mit. Wie „identisch“ ist das, was ihr erfahrt, mit Bhagwan?
3. „Kein Gott, kein Priester, keine heiligem Schriften ...“, wenn die Anhänger das alles nicht brauchen, was dann? Nur Meditationstechniken, Videos? Überlegt, wer oder was euch in Notsituationen hilft.
4. Lest die folgenden Originaltexte: Was ist für Bhagwan
   - Liebe?
   - Tod?
   - der Mensch?

Liebe:

Liebe hat kein Motiv. Liebe ist einfach. Liebe ist absurd, ohne Ziel, ohne Zweck – und deshalb ist sie so schön. Sie ist keine Ware, sie ist kein Ding dieser Welt. Sie ist etwas aus dem Jenseits; sie ist ein Besucher aus dem Jenseits, deshalb können wir keinen Grund dafür finden. Wenn du irgendeinen Grund für deine Liebe finden kannst, dann ist es nicht Liebe; dann muss es etwas anderes sein. Wenn du antworten kannst, warum, dann bedeutet das einfach, dass es etwas anderes war – nicht Liebe.

Liebe ist der Grund für alles, daher kann Liebe selbst keinen Grund haben. Liebe ist der Endzweck von allem, alles andere dient der Liebe, daher kann Liebe nicht ein Mittel zu etwas anderem sein. Sie ist der höchste Wert.

Aus: Osho, Liebe beginnt nach den Flitterwochen, Zürich 1993[4], Rückseite Einband, © Osho International Foundation, www.osho.org.

Mensch:

Ein Mensch, der liebt und frei ist, ist das Schönste, was es auf der Welt gibt. Und wenn sich zwei Menschen in solcher Schönheit treffen, ist ihre Beziehung überhaupt keine Beziehung mehr; es ist ein Sich-Beziehen. Es ist ein ständiges, flussgleiches Strömen, ein Wachstum den größten Höhen entgegen. Der höchste Gipfel von Liebe und Freiheit ist die Erfahrung des Göttlichen. Dort findest du beides: totale Liebe und totale Freiheit.

Aus: Osho, Beziehungsdrama oder Liebesabenteuer, Zürich 1995[4], Rückseite Einband, © Osho International Foundation, www.osho.org.

Tod:

Der Mensch, der den Tod nicht erkennen kann, wird auch das Leben nicht erkennen können, denn im Grunde sind sie zwei Äste am gleichen Baum. Wenn du vor dem Tod Angst hast, wirst du wahrscheinlich auch vor dem Leben Angst haben – denn das Leben bringt ja den Tod: Gerade das Leben führt dich zum Tod ... Ein Mensch, der den Tod fürchtet, hängt zu sehr am Leben; aber die Ironie liegt darin, dass er, selbst wenn er zu sehr am Leben hängt, doch nicht erkennen kann, was das Leben ist. Sein Festhalten am Leben verhindert, dass er das Leben versteht. Er kann den Tod nicht verstehen, er kann das Leben nicht verstehen; er bleibt in einem tiefen Missverständnis, in tiefer Unwissenheit.

Aus: Osho, Der Höhepunkt des Lebens, Zürich 1992[3], Rückseite Einband, © Osho International Foundation, www.osho.org.

M 6

Die Dynamische Meditation

1. Zehn Minuten lang läuft Musik. Dabei wird tief und schnell, chaotisch durch die Nase geatmet, vor allem ausgeatmet, geschnauft. Die Teilnehmer werden aufgefordert, selbst Atem zu werden, alles um sich herum zu vergessen, Körper und Verstand. Der Körper soll sich bewegen, wie er will.
2. Wieder zehn Minuten Musik. Jetzt soll der Teilnehmer alles loslassen, explodieren, verrückt sein, schreien, weinen, herumspringen, sich schütteln, tanzen und lachen. Er soll seinen Gefühlen und Körper-Energien freien Lauf lassen, er soll alles zulassen.
3. Zehn Minuten Musik. Nun springen die Teilnehmer mit erhobenen Armen auf und ab und rufen „Hu! hu! hu!", d.h. auf Englisch „wer". Dieser Ruf soll tief ins Innere in das sog. „Sex-Zentrum" hämmern. Es soll intensiv, schnell und energisch gerufen werden.
4. Fünfzehn Minuten Stille. Die Teilnehmer sollen augenblicklich völlig still sein, in ihren Bewegungen einfrieren, dabei aber nicht verkrampfen. Sie sollen auf die in sich fließenden Energien aufmerksam reagieren.
5. Fünfzehn Minuten Musik. Nun werden die Teilnehmer aufgefordert, zu tanzen und sich zu bewegen wie sie es fühlen, singen, sich erfreuen.

Eine Teilnehmerin einer solchen Meditation sagte später: „Man wird seine Aggressionen los, der ganze Eiter, die ganze Scheiße kommt heraus, und hinterher fühlt man sich wie neu geboren."

Das Leben als Sannyasin – aus der Sicht einer Aussteigerin

M 7

1976, als junge Frau aus gutem Haus, die alles hatte, war ich trotzdem mit meinem Leben nicht zufrieden. Ich suchte etwas.

So kam ich zu den Bhagwan-Leuten.

Diese fröhlichen, wilden Typen mit ihren roten Roben beeindruckten und faszinierten mich, besonders, als sie mir erzählten, dass ihr Meister den Weg zur sofortigen Erleuchtung gefunden hatte.

1979 nahm ich an Gruppenseminaren der Sekte teil. An einem Zen-Meditations-Wochenende mussten wir im Schneidersitz mit verbundenen Augen stundenlang meditieren. Reden war verboten. Das körperliche Unbehagen, verbunden mit dem Entzug jeglicher sinnlicher Wahrnehmung verwirrte uns und machte verwundbar, die perfekte Voraussetzung für die psychische Manipulation, die die Sekte benutzt, um ihre Mitglieder zu gewinnen. Am Ende des letzten Tages durften wir unsere Augenbinden abnehmen und uns bequem hinlegen. Das Gefühl der Erleichterung war groß, als ich entspannt und halbwach, aber erschöpft, dalag. Ich empfand totale Leere in meinem Kopf.

Dann wurde ein Tonband mit einer Rede von Bhagwan abgespielt. Er sagte: „Ich liebe dich, komm zu mir, ich habe alle Antworten."

Fasziniert von meinen Erfahrungen besuchte ich sechs Wochen später eine zweite Seminargruppe. Mir wurde schnell klar, dass ich mich auf mehr eingelassen hatte, als ich erwartet hatte.

Die Leiterin forderte uns nach einer kurzen Einführung auf, unsere Kleider abzulegen und auf dem Flur herumzukriechen bei totaler Dunkelheit. Wir sollten einander berühren. Da war ich schockiert und versteckte mich, noch angekleidet, in einer Ecke.

Als nach etwa 20 Minuten die Lichter wieder angingen, fühlte ich mich total fehl am Platz, in einem Raum voller nackter Leute, die mich anstarrten.

Die Leiterin sagte zu mir: „Mensch, hast du Probleme!" Da habe ich mich entschlossen, meine Hemmungen zu überwinden. Am letzten Tag dieses Seminars war ich völlig erschöpft. Wir hatten geschrien, unsere Aggressionen auf Kissen abreagiert, wild getanzt und Meditationstechniken eingeübt.

Mein Widerstand war auf Null gesunken. Ich weinte. Die Leiterin legte ihren Arm um mich und drehte mich in Richtung eines großen Bildes von Bhagwan. „Schau tief in seine Augen. Er hat alle Antworten!" Innerhalb einiger Monate zog ich in die Wohngemeinschaft der Bhagwan-Leute am Ort um. Innerhalb eines Jahres hatte ich meine Arbeit aufgegeben, meine Wohnung und meine ganzen Habseligkeiten verkauft und wurde ins britische Hauptquartier der Bewegung nach London geschickt.

Ausgerüstet mit einem neuen Namen, roten Kleidern und einer Perlenkette aus Holz mit dem Bild des Meisters um meinen Hals, habe ich mich ganz der Kommune gewidmet. Es gab kein Zurück.

Wir arbeiteten mindestens 12 Stunden am Tag, sieben Tage in der Woche, mit einer niedrigen Protein-Diät. Wir lebten in überfüllten Räumen ohne Privatsphäre. Ich verlor mein Selbstvertrauen, die Fähigkeit zu denken – und viel Gewicht. Wer einen Nervenzusammenbruch erlitt, wurde einfach hinausgeworfen.

Ein Mann übergoss sich im Garten der Kommune mit Benzin und zündete sich an. Ich war schockiert, aber die Leiterin sagte nur: „Unser Meister ist nur für die Starken der Richtige. Er war schwach – und im Übrigen war es nur sein Karma*."

Bhagwan nutzte die hinduistische Philosophie, um die Menschen zu entpersönlichen. Im Hinduismus gibt es keinen prinzipiellen Unterschied zwischen Gut und Böse. Das machte mir Schwierigkeiten, vor allem, wenn schlimme Dinge passierten.

Leute haben für die Organisation Drogen geschmuggelt, Frauen haben sich prostituiert, um ihre Unterkunft und Therapien zu bezahlen, viele Männer und Frauen ließen sich sterilisieren, um ihren Gehorsam dem Meister gegenüber zu beweisen, für den Kinder „Sonderabfall" waren. 1985, in einem Jahr, als ich von der Sekte durch ganz Europa, und sogar nach Oregon (USA) zum Hauptquartier, geschickt worden war, landete ich in Berlin. Ich wusste nicht mehr, wer ich war, wo ich war, ob es Tag war oder Nacht. Ich hatte meine Persönlichkeit verloren und funktionierte wie ein Roboter, dem man alles auftragen konnte. Irgendetwas von mir muss doch noch am Leben gewesen sein, denn ich schrieb an meine Eltern einen Brief mit dem Satz: „Das Leben ist ein Roulette-Spiel und ich habe meine Kugel auf die falsche Zahl gesetzt." Meine Eltern haben diesen Brief als Hilfeschrei verstanden. Die Rettungsaktion, die schon lange geplant war, konnte beginnen.

---

* „Karma" bedeutet vorherbestimmtes Schicksal, d.h. der Mensch wird wieder geboren: Böse Taten des vorherigen Lebens bestimmen das jetzige.

Arbeitsaufgabe:
Informiert euch! Was heißt „Deprogrammierung"? Was bedeutet es? (Horst Reller, Handbuch Religiöse Gemeinschaften, oder Video-Film)
Wie wird eine solche Rettung aussehen?

M 8

Das Leben als Sannyasin – aus der Sicht einer Anhängerin

Liebe Freunde,

ihr wollt von mir wissen, wie ich hier in Indien lebe.

Vor ein paar Tagen hat die Regenzeit angefangen und wir sind alle sehr dankbar dafür, dass die Affenhitze aufgehört hat. Zwar muss man ständig mit Regenmantel und Plastikschuhen im Rucksack herumlaufen, aber sonst ist die Temperatur um 27° angenehm, nachdem es wochenlang ca. 38° war. Allerdings ist die Luftfeuchtigkeit sehr hoch. Glücklicherweise sind alle Büros hier im Ashram mit Klimaanlagen ausgestattet, sonst wäre es sehr stickig.

Wir sind zur Zeit nur wenig Leute hier im Ashram, weil die meisten Sannyasins ihr Geld im Westen verdienen müssen, um im Winter wieder hier sein zu können. Das Problem habe ich nicht. Wie ihr wisst, habe ich meine Wohnungseinrichtung und das Auto verkauft und dadurch habe ich so viel Geld, dass ich es mir erlauben kann, solange wie ich will, in Poona zu sein. Und ich habe noch genug, um einen neuen Anfang in Europa machen zu können, wenn ich es möchte. Hier brauche ich nur wenig Geld, denn ich habe einen sog. „essential job“. Ich bin Production Manager bei der Osho Times, die jetzt als Monatszeitschrift in Farbe erscheint. Ich bin verantwortlich dafür, dass die Seiten gemacht werden, auf Film kommen und zum Drucker gebracht werden. Inzwischen bin ich fast eine Expertin mit dem Computer und kenne mich mit allen möglichen Dingen aus, von denen ich früher keine Ahnung hatte. Als Kind wollte ich eigentlich Journalistin werden; das bin ich zwar immer noch nicht, aber immerhin beim Zeitungswesen gelandet. In ein paar Tagen erscheint die zweite Ausgabe – ich schicke euch ein Exemplar davon. Weil ich diesen „essential job“ habe, bezahlt der Ashram meine Miete und mein Essen – ich brauche nur ein Taschengeld von normalerweise etwa 2000 Rupien im Monat – das sind etwa 90 DM!

Unsere Arbeit hier im Ashram ist Arbeitsmeditation jeden Tag von 9 Uhr morgens bis 16 Uhr nachmittags. Abends kommen wir alle zusammen in unseren weißen Roben zur „White Robe Brotherhood“ von 19 Uhr bis 21 Uhr. Danach essen wir zusammen und schon ist der Tag vorbei! Aber ich liebe diesen Tagesablauf und deswegen bin ich auch hier. Natürlich gibt es Kino, Theater, Disco, Parties usw.; aber das sind eigentlich nur Randerscheinungen.

Das Leben in Indien ist nicht immer einfach für Europäer, die Hitze ist sehr unangenehm, die staubige Luft und der allgemeine Dreck sind schwer zu verkraften. Im Ashram hingegen ist es sehr schön. Der Lebensstandard ist hoch und wir genießen sauberes Essen und Wasser. Außerhalb vom Ashram müssen wir immer sehr vorsichtig sein, dass wir uns keine Krankheiten holen. Ihr könnt euch gar nicht vorstellen, wie schön unser Ashram inzwischen geworden ist! Die Wege sind mit weißem Marmor belegt. Überall stehen große Schatten spendende Bäume, blühen wunderschöne Blumen, plätschert Wasser. Viele Menschen kommen aus Amerika und Europa hierher, einfach nur um Urlaub zu machen. Sie genießen die Stille und Freundlichkeit, die Meditationen und Gespräche.

Ich habe ab und zu Sehnsucht nach Deutschland, nach dem Herbst, meiner Lieblingsjahreszeit, nach dem verhältnismäßig angenehmen Leben in Europa. Aber im Großen und Ganzen habe ich die richtige Entscheidung getroffen.

Aus Poona grüße ich euch ganz herzlich und wünsche euch weiterhin viel Spaß bei der Arbeit.

Eure S.

6 Sterben, Tod und Trauer

1. Theologische und didaktische Aspekte

Durch den Verlust von Menschen oder Beziehungen, durch einen Schicksalsschlag oder ein Unglück müssen viele Menschen Erfahrungen machen, deren Sinn sich weder gegenwärtig noch langfristig für sie erschließt.

Andererseits werden Sch. zwar in den Medien mit Sterben und Tod konfrontiert, sei es in den Nachrichten über Hunger oder Krieg, sei es in Krimis oder anderen Filmen, eine persönliche Begegnung mit Sterben und Tod findet aber eher selten statt. Bedingt durch die gesellschaftliche Situation findet Sterben immer weniger zu Hause statt. Auch Erwachsene erleben Sterben und Tod eher aus der Entfernung. Familien wohnen nicht mehr zusammen, sind häufig über viele Kilometer voneinander getrennt. So obliegt es vielfach Krankenhäusern oder anderen Organisationen, sich um Sterbende zu kümmern. Die Beerdigung, das öffentliche Abschiednehmen, wird immer mehr von Beerdigungsunternehmen übernommen.

Auf der einen Seite scheint es der Wissenschaft durch den medizinischen Fortschritt in der Gentechnologie zu gelingen, dem Tod seine Macht zu nehmen, auf der anderen Seite boomt der Markt der Bücher, Fernsehsendungen und Filme, die sich des Themas Sterben und Tod auf radikale Weise annehmen. Diese Auseinandersetzung geht von Sterbebegleitung bis Sterbehilfe, von humanem Sterben bis zu der Frage, ob es ein Weiterleben nach dem Tod gibt.

In den biblischen Büchern begegnet uns das Fragen nach Sterben, Tod und Weiterleben beginnend mit der Schöpfungsgeschichte und der Androhung, dass die Menschen, bei Nichtachtung der Verhaltensregeln im Paradies, des Todes sterben werden, über Kain und Abel bis zu den Abrahamerzählungen, in denen durch die Beschreibung der Situation an der Grabstätte in Mamre ein Totenkult mit Grab, Trauer und Gedenken erkennbar ist (Gen 25,7–10).

Die Psalmen bieten einen hilfreichen Schatz für Sterbende und Trauernde an (Ps 6; 32; 32; 38; 51; 126, auch das Buch Hiob), hoffen aber durchweg auf diesseitige Zuwendung Gottes: Die Toten können Gott nicht mehr loben (vgl. Ps 6,6).

Der Tod wird im AT als Gottesferne bezeichnet. Der Tote gilt als unrein, Berührungen verunreinigen auch die Lebenden. Diese Verunreinigung kann nur durch rituelle Waschungen verändert werden.

Die Vorstellung individueller Auferstehung entstand im Judentum erst etwa 100 v. Chr.

Wenn Jesus von seinen Jüngern gleich zu Beginn ihrer Berufung verlangt, dass sie (ihm nachfolgend!) die Toten von den Toten begraben lassen sollten, wird deutlich, dass sein Umgang mit dem Tod geprägt ist durch die Naherwartung des

Reiches Gottes. Jesus verkündet den schuldigen, dem Tod verfallenen Menschen, dass sie nur durch den rechten Glauben, durch Gehorsam gegenüber Gott gerettet werden können. Und er verkündet die Gnade dieses Gottes. Doch das Bild, dass der Tod Jesu den Seinen bietet, zeigt:

Tod bedeutet immer noch das Verlassensein von Gott. So kann auch der Ausruf Jesu am Kreuz verstanden werden, mit dem er aus dem Leben schied: „Mein Gott, warum hast du mich verlassen".

Paulus nimmt dem Tod jede Dignität, wenn er ihn (1. Kor 15,26) unter die von Christus überwundenen Feinde rechnet. Er verkündet die Aufhebung der Macht des Todes durch den Sühnetod Jesu.

Die Evangelien verweisen auf das Ewige Leben und die Auferstehung; so im Lobgesang des Simeon (Lk 2,29–32, Mt 6,26) oder in den Briefen des Paulus (Röm 14,7–9; Phil 3,20–21; u.a.).

Auch im Gesangbuch werden Lieder und Gebete aufgeführt, die dem Sterbenden, aber auch den Trauernden, Hilfe anbieten wie „Mitten wir im Leben sind mit dem Tod umfangen", „Freu' dich sehr, o meine Seele", „Jesus meine Zuversicht", „Herr lehre uns, dass wir sterben müssen".

Sch. sind bewegt von der Frage nach dem, was nach dem Tod kommt. Die modernen Medien gehen mit diesen Fragen sehr konkret um und bieten Jenseitsvorstellungen nach Wunsch. Das Alte und das Neue Testament lassen mit den wenigen greifbaren Aussagen der Phantasie viel Raum. Diese wurde nicht nur in den großen Kirchenbildern des Mittelalters angeregt, sondern wird auch heute durch intensive Spekulationen unterstützt. Es wäre zu viel verlangt, im Unterricht auf die vielen Thesen und Bilder einzugehen. Den Lehrenden bietet m.E. das Buch „Ewiges Leben" von Hans Küng eine gute Grundlage.

Hoimar von Ditfurth folgert in seinem Buch „Wir sind nicht nur von dieser Welt", dass gerade die Wissenschaft mit ihren Forschungen über die Evolution den Menschen dafür die Augen geöffnet hat, dass die Realität, auf die wir uns ja so oft berufen, nicht dort endet, wo die von uns erlebte Wirklichkeit zu Ende ist: „dass der Umfang der realen Welt den Horizont der uns auf unserem augenblicklichen Entwicklungsniveau zu Gebote stehenden Erkenntnis quantitativ und qualitativ um unvorstellbare Dimensionen überschreiten muss."

Durch die Auseinandersetzung im Gespräch und durch den Glauben rückt das Geheimnis des Todes, das bedrückend und beängstigend sein kann, in ein anderes Licht. Das Sterben und der Tod bekommen in all ihrer Sinnlosigkeit vielleicht einen Hauch von Sinn und in ihrer Unnatürlichkeit vielleicht etwas Natürliches, mit dem wir leben und umgehen können.

Ein Gespräch über Sterben und Tod ist dabei immer und vor allem eine Auseinandersetzung mit dem Leben.

2. Intentionen

Die Sch. sollen
- Fragen, Probleme und eigene Betroffenheit bezüglich des Themas angstfrei zur Sprache bringen sowie für nonverbale Formen von „Trauerarbeit" sensibilisiert werden,
- die Angst vor dem Sterben und den Tod als unausweichliche Ereignisse begreifen,
- erkennen, dass Gedanken und Ansichten über Sterben und Tod in verschiedenen Lebensabschnitten unterschiedlich sind,
- Erfahrungen anderer Menschen für ihre eigene Lebensgestaltung nutzen,
- im Nachdenken über Sterben und Tod keine Resignation, sondern eine Möglichkeit der positiven Lebensgestaltung sehen,
- Informationen über ein Leben nach dem Tod als Glaubensaussagen erkennen,
- Vorstellungen über Sterbebegleitung benennen, über Sterbehilfe und Euthanasie Auskunft geben können,
- Verständnis für Trauer haben und nach Möglichkeiten suchen, Menschen zu trösten.

3. Literatur zur Vorbereitung

- Aries, Philippe: Geschichte des Todes, dtv, München 1982.
- Beutel, Helmuth/Tausch, Daniela (Hg.): Sterben, eine Zeit des Lebens. Quell Verlag, Stuttgart 1964.
- Cipoletti, Maria Susana: Langsamer Abschied. Tod und Jenseits im Kulturvergleich. Museum f. Völkerkunde, Frankfurt 1989.
- Diakonie, Zeitschrift des Diakonischen Werkes der EKD Stuttgart, Ausgabe 7/8 1992
- Ditfurth, Hoimar: Wir sind nicht nur von dieser Welt, dtv, Hamburg 1993.
- Früchtel, Ursula: Tod und Auferstehung. Das Thema im Unterricht der Kirche und der Schule. Vandenhoeck & Ruprecht, Göttingen 1996.
- Klein, Christoph: Am Ende das Licht. Quell Verlag, Stuttgart 1992.
- Kuitert, Harry M.: Der gewünschte Tod – Euthanasie und humanes Sterben. Gütersloher Verlagshaus, Gütersloh 1991.
- Küng, Hans: Ewiges Leben. Piper, München 1967.
- Lamerton, Richard: Sterbenden Freund sein. Herder, Freiburg 1997[3].
- Ohler, Norbert: Sterben und Tod im Mittelalter. dtv, München 1993.
- Pöhlmann, Horst Georg: Tod und Sterben. GTB Siebenstern, Gütersloh 1978.
- Schibilsky, Michael: Trauerwege. Patmos, München 1996[5].
- Schmidt-Rost, Reinhardt: Sterben und Trauer, EZW-Texte Nr. 127, Stuttgart 1995.
- Thomas, Carmen: Berührungsängste. Vom Umgang mit der Leiche. VGS, Köln 1994.
- Waldenfels, Hans (Hg.): Ein Leben nach dem Leben. Antwort der Religionen. Patmos, Düsseldorf 1988.

4. Unterrichtsideen/Verlaufsplanung

A. „Mitten im Leben sind wir vom Tod umgeben"

⇨ L. leitet den Unterricht zu dieser Stunde durch den visuellen Impuls *„Tod am Straßenrand"* ein (**M 1a** als Folie auf OHP). Die Sch. äußern erste Eindrücke und Gedanken zum Bild, ohne dass es zu einer Entgegnung aus der Klasse oder durch L. kommt (Blitzlicht).
Sch. versuchen im Rahmen einer Stillarbeit, die Bildinformationen zu sammeln und ihre persönlichen Eindrücke und Gedanken zu notieren. Schneller arbeitende Sch. erhalten evtl. **M 1b** und/oder **1c** zur Ergänzung.
L. regt Klassengespräch über die Eindrücke und Gedanken der einzelnen Sch. an. Gruppen halten die wichtigsten Eindrücke und Empfindungen auf einem Plakat fest. Die Plakate dienen innerhalb des Unterrichtes als Bezugspunkte.
L. regt an, Gedichte zu diesem Thema zu schreiben und in der Klasse zu veröffentlichen.
Insbesondere wenn **M 1b** und **1c** ausgegeben wurden, bietet sich ein Exkurs an: Wie und warum kokettieren/spielen viele Menschen mit dem Nervenkitzel?

B. Umgang mit Nachrichten über den Tod

⇨ L. verteilt die Erzählung: *Warum?* (**M 2**). Sch. lesen den Text. Sch. reagieren spontan und beginnen Einzelheiten anzusprechen. L. versucht Themenschwerpunkte herauszugreifen, um Sch. anzuregen, tiefer in eine Thematik einzudringen. Er regt z.B. an, auf einem „heißen Stuhl" eine Person der Erzählung zu spielen, die sich den Fragen eines Interviewers stellt.
Eine Ausweitung oder eine tangierende Handlung kann erzählt, geschrieben, gespielt werden.

C. Trauer und Trost ausdrücken

⇨ Der Brauch, eigene Trauer durch schwarze Kleidung oder eine schwarze Armbinde kenntlich zu machen, ist kaum noch vorhanden. Trauer wird aus der Öffentlichkeit verbannt und damit auch die Hoffnung auf Trost. Über den verbalen Ausdruck hinaus wäre es wichtig zu erfahren, wie Trauer und Trost in *Mimik und Gesten* zu erkennen sind:
Sch. sollen mit dem „Arbeitsmaterial" Mensch eine Skulptur formen, in der sie ihre Vorstellungen von Trauer deutlich machen; formen – der trauernden Figur gegenüber – eine Figur, die Trost spenden soll; können Skulpturen im Foto oder auf Video festhalten; lösen die Standfiguren auf, indem beide Figuren aufeinander zugehen; sprechen anschließend über ihre Erfahrungen.

D. Sterbebegleitung

⇨ Sterbebegleitung, Sterbehilfe und Euthanasie sind in unserer Gesellschaft in weiten Bereichen Tabuthemen. Die Begriffe sollten eingehend besprochen werden. Eine selbständige Information durch Sch. hat den Vorteil, dass sie sich schon beim Beschaffen der Informationen Gedanken über die begrifflichen Inhalte machen können.
L. kann diese Unterrichtssequenz auch mit einem Rundgespräch einleiten, in dem Sch. beschreiben, wie sie sich das Sterben allgemein oder ihr eigenes Sterben vorstellen. Ansichten werden in der Klasse andiskutiert.
Im Anschluss an das Gespräch sollten Sch. Informationen erhalten oder sich selber besorgen, die die Begriffe Hospizbewegung, Sterbebegleitung, Sterbehilfe und die in Deutschland während der NS-Zeit praktizierte Euthanasie erklären.
L. sollte darauf achten, dass der Begriff *Euthanasie* (griech.: ein guter Tod) im europäischen Ausland anders verwandt wird als in Deutschland. Da der Begriff in Deutschland durch die planmäßige Ermordung von Menschen mit Behinderungen im 3. Reich belastet ist, wird heute der Begriff *Sterbehilfe* statt *Euthanasie* verwandt. Wenn in der nichtdeutschen Literatur von *Euthanasie* die Rede ist, ist entweder die *bewusste Tötung* eines Patienten (aktive Sterbehilfe) oder die *Voluntary Euthanasie*, die *Tötung auf Verlangen* des Patienten gemeint.
Sch. erhalten den Zeitungsartikel *Wohnungslose bis zum Tode begleiten* (**M 3**) und äußern sich spontan zum Inhalt. Offene Sachfragen werden geklärt, dann weiter mit Arbeitsaufträgen nach **M 3**.

E. Konfrontation mit Toten

⇨ In der Einstiegsphase erörtern Sch. die Frage, wann ein Mensch tot ist. Die Aussagen der Sch. werden gesammelt und ohne Wertung, als Wandzeitung, offen zur Diskussion gestellt.
L. gibt Arbeitsanweisung für eine „stumme Diskussion":
- Sch. bilden Gruppen zu 3–5 Personen.
- Jede Gruppe erhält einen Plakatkarton, auf dem die Fotografie eines Verstorbenen zu sehen ist (**M 4a + b**). Ebenso könnten Bildimpulse zu anderen Aspekten der Thematik mit auf den Weg geschickt werden.
- Jedes Gruppenmitglied betrachtet das Foto und notiert auf dem Karton, was ihm zu diesem Bild eingefallen ist.
- Wenn alle Sch. eine Bemerkung oder vielleicht sogar einen Text geschrieben haben, gibt die Gruppe ihr Bild mit den Aufzeichnungen an die nächste Gruppe weiter.
- Dieser Vorgang wiederholt sich, bis alle Bilder mit den eingefügten Bemerkungen wieder an der Ausgangsposition angekommen sind.
- Evtl. wiederholt sich dieser Rundgang mindestens noch einmal.
- Jeder Sch. kann nun seinen Text und die Bemerkungen, die er hervorgerufen hat, lesen, oder sich mit den Bemerkungen der anderen Sch. auseinandersetzen.
- Die Fotos mit den Bemerkungen verbleiben als Plakate in der Klasse.
- Sch. fügen die Informationen zum Thema: „Wann ist ein Mensch tot?" den Bildplakaten zu.

Sch. erhalten den Auftrag, sich durch Literatur und Befragen von Fachleuten (Ärzte,

Pfarrer, Beschäftigte aus Alten- und Pflegeheimen, Beerdigungsunternehmer) zum Thema kundig zu machen.

F. Texte zu Sterben und Tod

⇨ L. verteilt ein oder zwei Liedtexte (siehe dazu die Kapitel „Sterben und Ewiges Leben", Lieder Nr. 516 bis 535 im EG bzw. „Tod und Vollendung", Lieder Nr. 652 bis 664 im katholischen „Gotteslob") und konfrontiert sie mit einem Ausspruch von Jim Morrison: *„Das Leben ist schmerzhaft, wenn du stirbst ist alles vorbei."* Sch. äußern sich zu den Texten und versuchen Lebensschicksale daraus abzulesen (dazu z.B. EG 529 „Ich bin ein Gast auf Erden", Paul Gerhardt).
Sch. suchen weitere Texte zu dem Thema im Gesangbuch, in Gedichten, in Traueranzeigen (**M 5**), aber auch besonders in Texten aktueller Musikinterpreten und tragen sie vor. (Sehr viele der von den Jugendlichen favorisierten Bands beschäftigen sich in ihren Liedern und Texten auf eine sehr intensive Weise mit dem Thema *Sterben und Tod*, sowie mit dem Thema *Weiterleben nach dem Tod.*)
Sch. tauschen sich darüber aus, was sie anspricht, ihnen hilfreich erscheint.
Sch. gestalten eigene Texte, Gedichte oder Lieder, die über Angst, Not und Trauer hinweghelfen könnten und erhalten die Möglichkeit, evtl. ihre Trostlieder musikalisch vorzustellen.
Sch. stellen eine Sammlung überzeugender Texte, Gedichte oder Lieder für sich zusammen.
Sch. besprechen diese Texte mit älteren Mitmenschen, gestalten evtl. einen Nachmittag im Altenheim, im Seniorenkreis oder suchen jeder für sich (quasi als Hausaufgabe) den Austausch mit einem Verwandten oder Bekannten. Abschließend Rückmeldungen in der Klasse.

G. Beileidsschreiben: „Es tut mir herzlich leid."

⇨ Fast allen Erwachsenen fällt es schwer, einen *Beileidsbrief* zu schreiben. Noch schwerer fällt es, anderen Menschen sein Beileid direkt zu übermitteln: „So etwas lernt man nicht in der Schule".
Sch. sammeln und sichten *Beileidskarten* und dort und anderswo zu findende Trostworte. Sch. suchen nach Ursachen der Schwierigkeit, Beileidsbriefe zu schreiben und nach dem Grund, warum Menschen sehr häufig auf vorgefertigte Beileidskarten zurückgreifen. Sch. überlegen, warum Beileidsschreiben für die Hinterbliebenen notwendig sein könnten.
Sch. lesen einzeln oder in Zweiergruppen den Text *Warum?* (**M2**) noch einmal und schreiben einen „Beileidsbrief" an Erika oder an die Eltern von Lars (aus der Sicht von Erika). Sch. erörtern ihre Schwierigkeiten, Mittrauer in Worte zu fassen.

H. Arbeit mit Traueranzeigen

⇨ Die Interpretation von Traueranzeigen kann Sch. helfen, sich über eigene Empfindungen klar zu werden, indem sie über die veröffentlichten Empfindungen sprechen. Auch das Entwerfen einer eigenen Anzeige kann helfen, Wünsche und Vorstellungen zu äußern und dazu führen, über ein Tabuthema mit Eltern oder Freunden zu sprechen:

- Sch. sammeln Traueranzeigen.
- Sch. erarbeiten Auswertungskriterien zum Thema: *Was können wir aus Traueranzeigen erfahren?*
- Arbeitsgruppen werten die Informationen der Anzeigen aus.
- Gruppen diskutieren Anzeigeninhalte (Gestaltung, Symbole, Sprüche, organisatorische Hinweise usw.), stellen Gruppenergebnisse, Erfahrungen und Eindrücke vor.
- Interessierte Sch. dürfen eine eigene Anzeige entwerfen, in der festgehalten wird, was für sie an einer Anzeige wichtig ist.
- Diese Anzeigen können innerhalb der Klasse besprochen werden.
- L. sollte ein besonderes Augenmerk darauf legen, dass sich Sch. mit Sprüchen befassen, die man in den Anzeigen findet. Sie können für die weiteren Unterrichtsideen von Bedeutung sein.

I. Besuch auf dem Friedhof: „Wenn Grabsteine reden"

⇨ L. regt den Besuch eines Friedhofes an. (Insbesondere wenn keine Exkursion durchgeführt wird, können auch die Fotos von **M 6** Grundlage der folgenden Unterrichtsschritte sein.)
Vorstellungen der Sch. zum Thema, sowie das Verhalten von Friedhofsbesuchern werden besprochen.
Sch. erarbeiten einen Beobachtungsbogen mit dem Titel: „Was sagen Grabsteine?"
Sie entscheiden sich, ob sie in Gruppen zu einem Thema arbeiten wollen oder ob sie in Gruppen alle erarbeiteten Beobachtungskriterien behandeln wollen. (Bei großen Friedhöfen würde es sich auch noch anbieten, den Friedhof in Bereiche aufzuteilen, um möglichst viele Grabsteine zu analysieren.)
Sch. besuchen einen Friedhof, werten Beobachtungsbögen aus, stellen das Ergebnis in Form von Wandzeitungen oder ähnlichen dar und bedenken, was Verstorbene oder Hinterbliebene mit der Grabstein- bzw. Grabgestaltung ausdrücken wollten.
Sch. erörtern eigene Vorstellungen zur Grabsteingestaltung und entwerfen u.U. einen Grabstein nach ihren Vorstellungen.
Sch. untersuchen Anzeigen und Grabsteine auf Aussagen zu Leben, Tod, Trauer und Weiterleben nach dem Tod.

J. Vorstellungen vom Jenseits

⇨ Sch. erarbeiten ihre Vorstellungen von dem, was nach dem Tod sein wird, in individueller Weise – z.B. als Bild, Gedicht, Lied, Aufsatz, Hörstück usw. – und veröffentlichen ihre Ergebnisse in der Klasse.

K. Ein Ort des Friedens – ein Ort des Lebens

⇨ Ausgabe von **M 7**, Lesen der Erzählung (vom alternativen Friedhof), Weiterarbeit nach Anregungen 1–4 auf dem Arbeitsblatt.

L. Erstellen von Totentanzbildern

⇨ Als Anregung und Einleitung wird noch einmal das Arbeitsmaterial **M 1** gezeigt, um die persönliche Begegnung von Sterben und Tod zu vergegenwärtigen. Möglich sind auch Bilder von einem *Totentanzzyklus*, der deutlich macht, dass Menschen zu allen Zeiten die Auseinandersetzung mit Sterben und Tod gesucht haben.
Sch. gestalten mit Bildern, Collagen (!) oder Comics eine Auseinandersetzung mit dem Tod (evtl. Anlage **M 8** als Hilfe) und stellen Bilder in der Klasse aus. Evtl. Vertiefung des Themenaspektes „den Tod verdrängen" mit Hilfe von **M 9**.

M. Abschlussgespräch: „Nimm dir das Leben."

⇨ Sch. betrachten das doppeldeutige Wortspiel *Nimm dir das Leben* (**M 10**): Dabei wird zur Sprache kommen, dass ein Nachdenken über den Tod auch immer ein Nachdenken über das Leben ist. Es geht um eine sinnvolle und verantwortliche Gestaltung des Lebens. Wünsche und Vorstellungen von einem gelungenen Leben müssen ständig mit dem Blick auf das Ende dieses Lebens reflektiert werden.
Das Objekt stellt ein Buch dar, dessen Seiten (wie die umgeblättert durchscheinende linke Seite vermuten lässt) alle gleichlautend beschriftet sind. Der linke Rand trägt die Aufschrift „Regieanweisung 2": Es scheint sich um ein Drehbuch zu handeln, ein Drehbuch für das eigene Leben.
Die Sch. reflektieren im Gespräch die daraus resultierende Forderung des Künstlers für ihr Leben.
Zur christlichen Hoffnung auf die Auferstehung siehe Kap. 4 „Vom Glauben und vom Zweifeln – Zugänge zu Jesus Christus", die sich als Folgeeinheit anbietet.
Als Brückenschlag kann die Betrachtung der Fotos **M 11** dienen: Auflage als Folienkopie nacheinander auf dem OHP und/oder Ausgabe als Arbeitsblatt (mit Fragen, aber vor dem Kopieren die Erläuterungen/Lösungen abdecken).

5. Das Thema in Schulbüchern und Unterrichtsmaterialien

- bb – Braunschweiger Beiträge 3/96, ARP Braunschweig.
- Besser-Scholz, Birgit u.a.: LebensZeichen 9/10. Vandenhoeck und Ruprecht, Göttingen 1992.
- Daum, Egbert/Johannsen, Friedrich: Leben Sterben Tod. Vandenhoeck & Ruprecht, Göttingen 1993.
- Eggers, Theodor: Gott und die Welt 9/10. Patmos, Düsseldorf 1993.
- Halbfas, Hubertus: Religionsbuch f. d. 9./10. Schuljahr. Patmos, Düsseldorf 1991.
- Hanisch, Helmut u.a.: Kursbuch Religion. Neuausgabe 9/10. Diesterweg, Frankfurt a.M. 1993.
- Kalmbach, Wolfgang u.a.: Baupläne Religion 9. Diesterweg, Frankfurt a.M. 1991.
- Kluge, Jürgen u.a.: Entdeckungen machen 2. Grundausgabe. Cornelsen, Berlin 1993.
- Kwiran, Manfred u.a.: Glauben und Leben 9/10. Schroedel, Hannover 1990.
- Peter, Dietmar (Hg.): Tod und Sterben. Arbeitshilfe Sonderschule. Heft 2. RPI Loccum, 1997.
- Religion – betrifft uns 5/90. Sterben der große Abschied. Bergmoser und Höller, Aachen.
- RL - Zeitschrift für Religionsunterricht und Lebenskunde 3/90. Benziger, Zürich.
- RU – Zeitschrift für die Praxis des Religionsunterrichtes 2/1990.

6. Materialien und Medien

Dias/Folien/Bilder

- AV – Religion 9, Dias: Sterben und Tod.
- dkv – München, Tod und was dann?, Materialbrief 3/94, 6 Folien mit Erläuterungen.
- Müller, Monika: Nach innen wachsen. Verlag M. Müller, Weilerswist 1992.
- Spitzenpfeil: Christina: Tod und Leben, hg. v. ev.-luth. Kirche in Bayern, o.J.

Bücher für die Sch.

- Bemman, Hans: Erwins Badezimmer, Ravensburg 1987.
- Lesehefte Ethik. Altern, Sterben, Tod. Klett 1990.

Filme, Videos

- Tod, Medienprojekt des Jugendamtes Wuppertal BRD o.J.
- Moskito: Tod, SFB, Redaktion Moskito, BRD 1990.
- Das kleine Blatt am großen Baum, Dokumentarfilm, Regie B. Wilets, USA 1993, FWU.
- Sterben ohne Angst, E. Kübler-Ross, Dokumentarfilm.
- Die letzten Tage des Lebens, Hadeko Filmtechnik, Neuss o.J.
- Echo der Stille, Gedanken über das Sterben, CSSR 1986.
- Polasnik – Der Besucher, DUNAF Film, Grünwald 1975, Verleih bei FWU.
- Ein Tag mehr, DUNAF Film, Grünwald 1976, Verleih bei FWU.

Lieder

- Reinhard May: Mein achtel Lorbeerblatt, „Schade, dass du gehen musst", Cassette, Intercord 23923–6U.
- André Heller: Neue Lieder, „Wenn i amal stirb", Schallplatte, Intercord 62779.

Informationsmaterial

Arbeitsgemeinschaft Friedhof und Denkmal e.V.
Weinbergstraße 25–27
34177 Kassel, Tel. 04561/91893-0
(zu den Themen: Grab, Grabgestaltung, Grabpflege, Anonyme Bestattung)

M 1a

M 1b

Versuchung

Wieder hat einer
den Tod gefunden
als er bei Tempo 180
das Leben suchte

Aus: Siegfried Macht,
Dein Name ist Dubistbeimir,
© beim Autor.

M 1c

M 2

Warum?

Ich heiße Erika, bin Schülerin der 10. Klasse Realschule. Mir geht es nicht gut. Ich bin traurig und zornig zugleich. Zornig bin ich auf meine Eltern. Ich rede kaum noch mit ihnen, sondern verziehe mich in mein Zimmer. Manchmal ist meine Traurigkeit aber so groß, dass ich es in meinem Zimmer nicht mehr aushalte. Dann gehe ich zur Bushaltestelle. Hier bin ich nicht so allein. Hier kann ich traurig sein. Hier kann ich meinen Gedanken nachhängen. Meine Eltern verstehen es nicht, dass ich hier so oft rumhänge. Aber es ist der einzige Ort, an dem ich es noch aushalten kann, wenn meine Trauer zu groß wird. An dieser Bushaltestelle begann alles. Es war wenige Wochen vor den Zeugnissen. Meine Versetzung war klar. Um die Zensuren brauchte ich mir keine Sorgen mehr zu machen. Mir ging es unheimlich gut und in wenigen Wochen sollte es auf eine große Reise zum Yellowstone-Nationalpark in den USA gehen. Drei Wochen wollten wir durch den Naturpark wandern. Die Jugendreise ging von Herberge zu Herberge. Meine Eltern hatten zugestimmt und den größten Teil der Reise bezahlt. Ich freute mich schon, mal so richtig unerreichbar zu sein.

Dann kam dieser Mittwoch. Wir hatten erst zur dritten Stunde Unterricht. Bei wunderschönem sonnigen Wetter ging ich früher als üblich zur Haltestelle. Sonst war ich die einzige, die um diese Zeit mit dem Bus fuhr. Aber an diesem Morgen saß da ein Junge, den ich nicht kannte. Wir kamen ins Gespräch. Er wollte eine Ausbildung in unserem Ort beginnen. In seiner Heimat gab es keine Möglichkeit. Er wohnte bei seinen Verwandten. Nun wollte er sich schon vor Beginn der Ausbildung hier einleben. Im Bus redeten wir viel miteinander. Als ich ihm erzählte, dass ich einen Urlaub in den USA machen würde, und meinen Abflugtermin nannte, lachte er und sagte, dass er an diesem Tage auch zu seinen Eltern fahren würde. Sein Lachen gefiel mir. Es strahlte so viel Freundlichkeit und Wärme aus. Wir freuten uns gemeinsam, er auf seine erste Heimfahrt, ich auf meinen Flug in die USA.

Meine Schule war erreicht. Ich verabschiedete mich, und er fuhr weiter.

Ich tauschte noch ein paar wichtige Informationen mit meinen Freundinnen aus und dann begann der Unterricht. Erst als mich der Lehrer zum zweiten Mal aufrief und mich wegen meiner Unaufmerksamkeit tadelte, merkte ich, dass ich mit den Gedanken bei dem Jungen aus dem Bus war. Ich war etwas verwirrt. Was war mit mir los? Was war im Bus geschehen? Was hatte der Junge mit mir gemacht? Wie hieß er überhaupt? Ich wusste weder Namen noch Adresse. Als ich meinen Freundinnen in der nächsten Pause erzählte, was geschehen war, wurden mir viele Ratschläge gegeben. Alle wussten, was mit mir geschehen war, aber keine konnte mir sagen, wie ich den Jungen wieder treffen könnte. Am nächsten Tag geschah nichts. In Gedanken hatte ich zwar gehofft, ihn wieder zu sehen, aber es geschah nichts. Der Freitag kam. Ich traute meinen Augen nicht. Er stand morgens an der Bushaltestellte. Am liebsten wäre ich ihm in die Arme geflogen, aber ich tat ganz cool. Doch er war anders. Er redete nicht lange herum. Er sagte, dass mit ihm am Mittwoch im Bus etwas geschehen sei, was er noch nie erlebt hätte. Nun hätte er mich endlich gefunden. Es war alles ganz toll. Er brachte mich zur Schule und holte mich wieder ab. Abends trafen wir uns, saßen lange im Buswartehäuschen und unterhielten uns. Am Sonntag gingen wir zusammen zum Schwimmen. Kaum ein Tag verging, an dem wir uns nicht sahen. Fast immer trafen wir uns an unserer Bushaltestelle.

Es war wunderschön, mit ihm zusammen zu sein. Mit ihm konnte man lange reden, aber auch ganz toll albern, Probleme besprechen oder über andere Leute lästern. Es war etwas ganz Neues, mit Lars befreundet zu sein.

Meine Freundinnen prophezeiten mir aber bald das Ende der Freundschaft. Sie meinten, wenn ich aus den USA zurück sei, werde sich alles erledigt haben. Begründungen hatten sie genug.

Der Termin unserer gemeinsamen Abreise rückte immer näher. Ich hatte zum ersten Mal keine Angst. Ja, ich freute mich schon auf den Termin. Lars wollte mich zum Flieger begleiten, um dann von dort weiter zu seinen Eltern zu fahren. Meine Eltern, die Lars kennen gelernt hatten, hatten nichts dagegen und verabschiedeten uns beide an unserer Bushaltestelle.

Beim Abschied am Flughafen wurden wir dann doch etwas traurig. Wir trösteten uns aber damit, dass wir uns bald wieder sehen würden. Jeder sollte den anderen in seinem Herzen mitnehmen, dann sei niemand allein. Lars hatte meinen Ankunftstermin. Er wollte mich wieder am Flughafen abholen.

Der Urlaub in den USA war wunderschön. Wir wanderten viel und erlebten beinahe noch mehr und immer war Lars bei mir. Wenn mir die Füße weh taten oder ich völlig erschöpft im Camp ankam, war Lars bei mir. Ich habe ihn nicht vermisst!

Als ich aber auf der Rückreise im Flugzeug saß, wurde ich unruhig. Ich freute mich so sehr auf Lars. Jetzt spürte ich zum ersten Mal das Gefühl der Sehnsucht. Es wurde immer schlimmer. Nach der Landung wollte ich alles liegen lassen und zu Lars rennen. Die Formalitäten dauerten ewig, das Gepäck kam und kam nicht. Es muss etwas seltsam ausgesehen haben, wie ich mit meinem Koffer und dem Päckchen mit dem Geschenk für Lars durch die Menge der Menschen gehastet bin. Und dann stand ich am verabredeten Treffpunkt. Lars war nicht da. Trauer! Ungeduld! Plötzlich sah ich meine Eltern. Angst! Was war geschehen? Warum war Lars nicht da?

Meine Eltern antworteten nicht auf meine vielen Fragen. Meine Mutter nahm mich in den Arm, und mein Vater trug mein Gepäck. Ich hatte nur das Päckchen mit dem Geschenk für Lars. Auch als wir das Auto erreichten, war Lars nicht da. Die Ungewissheit war unerträglich geworden.

Im Auto erzählte dann mein Vater, was geschehen war. Lars war beim Autofahren tödlich verunglückt! Er war vier Tage nach unserem Abschied am Flugplatz mit dem Auto seines Onkels in einer lang gestreckten Kurve aus unerfindlichen Gründen von der Fahrbahn abgekommen und mit dem Auto gegen einen Baum geprallt. Auf dem Weg ins Krankenhaus sei er dann gestorben. Die Beerdigung hätte wenige Tage später in seinem Heimatort stattgefunden.

Es war, als ob mir jemand das Herz herausrisse. Verzweifelt schrie ich meinen Vater an, warum er mich nicht benachrichtigt hätte! Weinend warf ich meiner Mutter vor, dass sie doch gewusst hätte, dass es doch mein Freund gewesen sei.

Meine Eltern versuchten mich zu trösten. Sie versuchten mir klar zu machen, dass sie mir den schönen Urlaub nicht kaputt machen wollten. Sie hätten Rücksicht genommen auf mich und ich hätte ja auch nichts mehr tun können.

Auf der ganzen Fahrt nach Hause war ich wie zerrissen, war voll Trauer über den Tod von Lars und voll Wut über die Rücksichtslosigkeit meiner Eltern. Lange hatte ich das Gefühl nicht zu wissen, was stärker war. Nun überwiegt die Trauer. Nur wenn ich an unserer Bushaltestelle sitze, kann ich sie einigermaßen ertragen.

M 3

Wohnungslose bis zum Tod begleiten

Diakonie in Westerstede: Klienten nicht allein sterben lassen

Westerstede. „Wenn wir diesen Wohnungslosen weiter betreuen wollen, dann bis zu seinem Tod." Diese Entscheidung trafen zwei Mitarbeiterinnen des Ambulanten Dienstes des Diakonischen Werkes in Westerstede im vergangenen Jahr. Margret von Grönheim und Anke Wöbken war damals klar, dass der 42jährige Rainer D. nicht mehr lange leben würde. Rainer war Alkoholiker, hatte eine kaputte Bauchspeicheldrüse, Leberzirrhose und offene Wunden. Unterstützung für ihre Arbeit holten sich die beiden Mitarbeiterinnen beim Ambulanten Hospizdienst und bei der Aids-Hilfe in Oldenburg.

Rainer war der erste Wohnungslose, dem die Ambulante Hilfe eine Sterbebegleitung anbot, zwei weitere kamen 1995 hinzu: der 54jährige Jürgen V., der an Nierenversagen starb, und der ebenfalls alkoholabhängige Jürgen S. (32).

„Erst allmählich lernten wir, was es heißt, wenn jemand sterben würde, dass wir das akzeptieren und dass wir loslassen müssten," erinnert sich die Sozialpädagogin von Grönheim. Sie habe mit dem Schicksal auch gehadert und sich gefragt: „Warum sterben eigentlich gerade jetzt bei uns so viel Menschen?"

Um den Tod hätten sich auch die Gespräche bei Hausbesuchen gedreht. Rainer habe zum Beispiel klare Vorstellungen von seiner Beerdigung gehabt. „Er war ein feiner Mensch," kommentiert Margret von Grönheim, „einer, von dem auch wir noch etwas lernen konnten, der sich nicht nur um sich selbst drehte und der seinen Lebensweg in Würde zu Ende ging, trotz seiner zum Teil für uns befremdlichen Lebensumstände."

Seit acht Jahren war Rainer bei der Ambulanten Hilfe bekannt. Der gelernte Versicherungskaufmann mit Prokura hatte Ende der 80er Jahre durch Scheidung und Alkoholprobleme Arbeit und Wohnung verloren. Mit dem Hund eines befreundeten Berbers, der eine Gefängnisstrafe absitzen musste, zog er durch ganz Deutschland, übernachtete meistens draussen.

Auch weiterhin wollen die beiden Mitarbeiterinnen der Ambulanten Hilfe, die 18 Plätze für Wohnungslose in Übergangswohnungen im Landkreis Ammerland betreuen, das individuelle Schicksal des Einzelnen in den Vordergrund stellen. „Wir wollen Wohnungslose nicht abschieben, sondern jeweils nach einer geeigneten fachlichen Lösung suchen," erklärte Margret von Grönheim.

Aus: Ammerländer Sonntagszeitung vom 14.7.1996.

1. Was bedeutet es, wenn die Frauen sagen:
   - „Wenn wir diesen Wohnungslosen weiter betreuen wollen, dann bis zu seinem Tod."
   - „Erst allmählich lernten wir, was es heißt, wenn jemand sterben würde."
   - „Wir haben etwas von Sterbenden gelernt."
2. Fasse dein Ergebnis protokollartig zusammen.
3. Versuche zu klären, was dich bewegen könnte, einen Menschen bis zu seinem Tod zu begleiten.
4. Schreibe einen Brief an die beiden Diplom-Sozialpädagoginnen.

M 4a

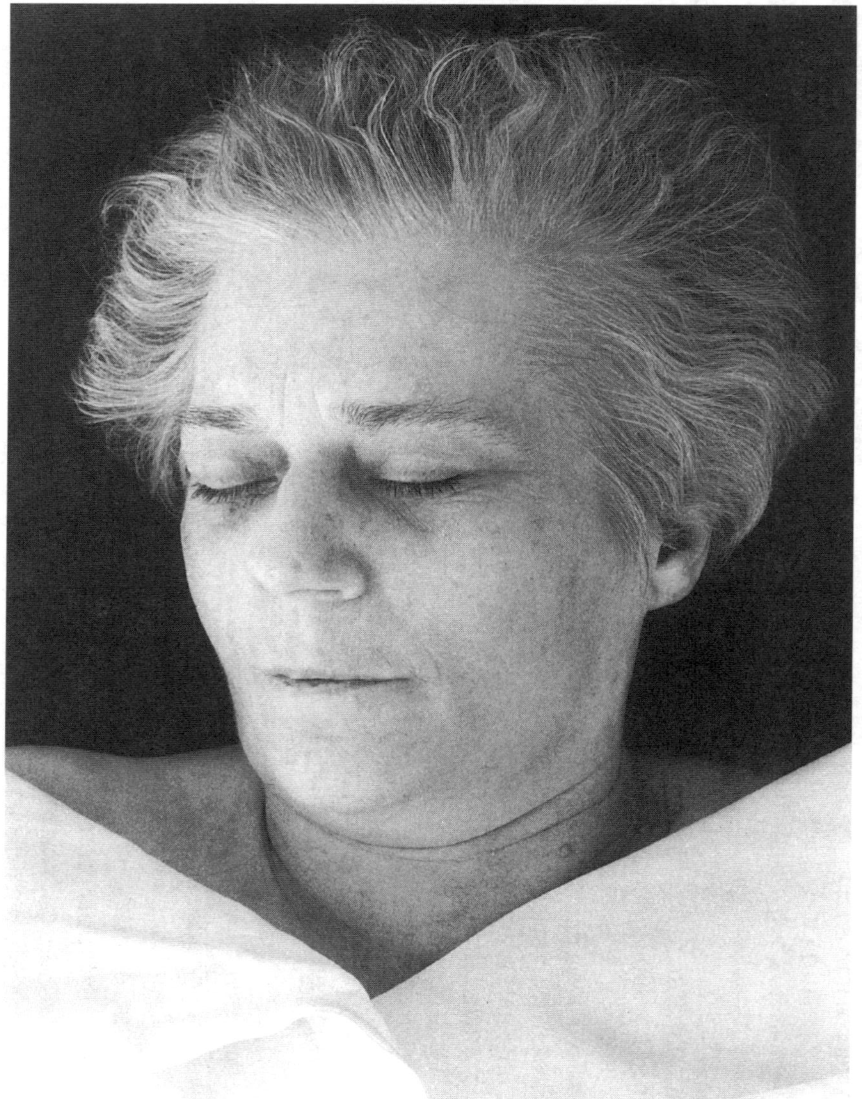

M 4b

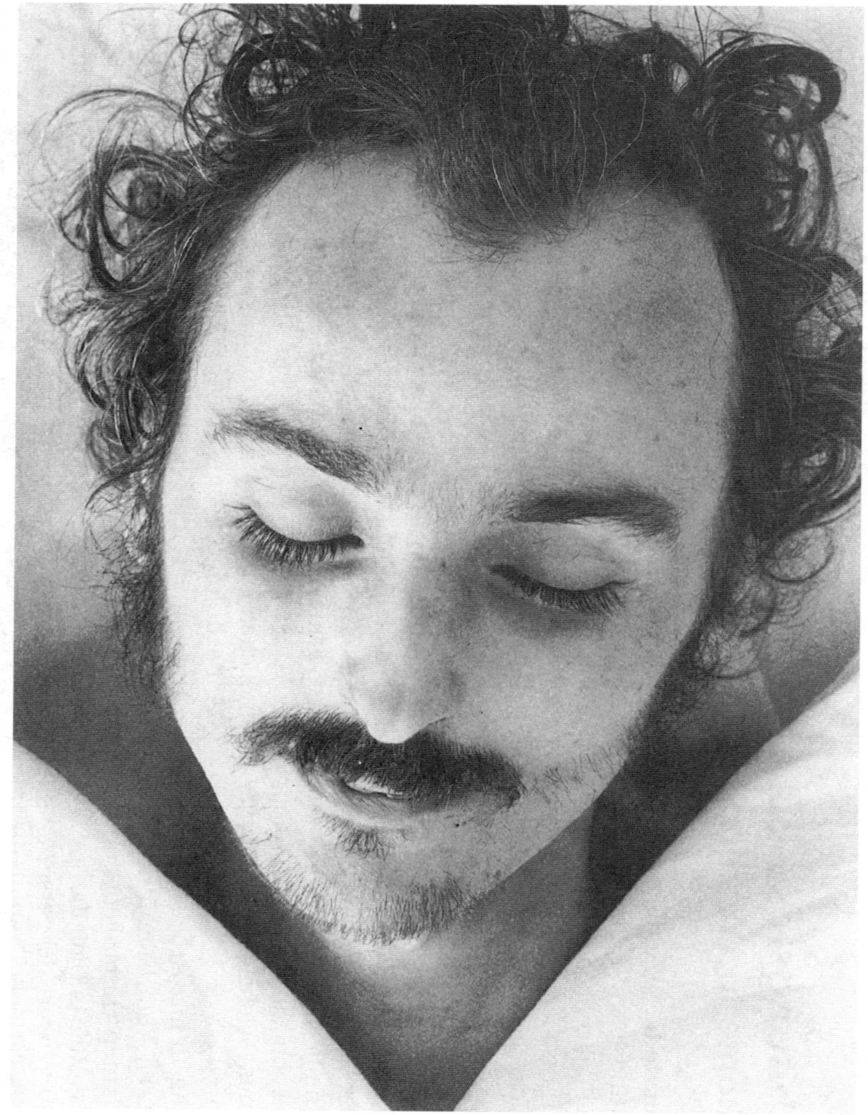

Aus: Rudolf Schäfer, Der ewige Schlaf, Michael Kellner Verlag, Hamburg 1995, S. 215ff.

M 5

Sorgt doch, dass ihr die Welt verlassend nicht nur gut ward, sondern verlasst eine gute Welt!

Bertolt Brecht

Je schöner und voller die Erinnerung, desto schwerer die Trennung. Aber die Dankbarkeit verwandelt die Erinnerung in stille Freude. Man trägt das vergangene Schöne nicht wie einen Stachel, sondern wie ein kostbares Geschenk in sich.

Dietrich Bonhoeffer

Der Tod ist wesentlich,
weil es ohne ihn kein echtes
Jagen gibt.

José Ortega y Gásset

Wer Ostern kennt,
kann nie verzweifeln.

Dietrich Bonhoeffer

Wir alle fallen.
Diese Hand da fällt.
Und sieh dir andre an:
es ist in allen.
Und doch ist Einer,
welcher dieses Fallen
unendlich sanft
in seinen Händen hält.

Rainer Maria Rilke

Das Leben ist der wertvollste Schatz überhaupt. Selbst ein einziger Lebenstag ist mehr wert als zehn Millionen Ryo Gold.

Nichiren Daishonin

Wir wollen die Liebe, die wir den Toten mit ins Grab geben, nicht den Lebendigen entziehen.

Wilhelm Raabe

Das Herz, das gesagt hat, „Lasst euch nicht bang sein um mich“, friert und ist bang um die, denen es das gesagt hat.

Erich Fried

Nicht trauern wollen wir,
dass wir sie verloren haben,
sondern dankbar sein, dass
wir sie gehabt haben, ja,
auch jetzt noch besitzen,
denn wer in Gott stirbt, der
bleibt in der Familie.

Hl. Hieronymus

Jeder Mensch fängt die Welt an
und jeder endet sie.

Achim v. Arnim

Der Tod ist kein Abschnitt des Daseins, sondern nur ein Zwischenereignis. Der Übergang aus einer Form des endlichen Wesens in eine andere.

Friedrich v. Humboldt

Komm nun, höchstes Fest auf dem Wege zur Freiheit, Tod, lege nieder beschwerliche Ketten und Mauern unseres vergänglichen Leibes und unserer verborgenen Seele, dass wir endlich erblicken, was hier uns zu sehen missgönnt ist.

Dietrich Bonhoeffer

Wer jeden Abend sagen kann: „Ich habe gelebt“, dem bringt jeder Morgen neuen Gewinn ...

Seneca

Das Leben wird ein Fest, wenn du dich freuen kannst an den einfachen Dingen.

Phil Bosmans

Die Zeit, Gott zu suchen, ist das Leben:
Die Zeit, Gott zu finden, ist der Tod:
Die Zeit, Gott zu besitzen, ist die Ewigkeit.

Franz von Sales

Verschiedenen Traueranzeigen entnommen.

M 6

1. Stelle dir vor, du leitest ein Beerdigungsinstitut: Wie würdest du die nebenstehenden Grabstein-Modelle aus deinem Angebot nennen? Wie würdest du ihre „Zeichensprache“ den Kunden erklären?

2. Nimm den Fotoapparat mit auf einen Friedhof. Mach ein paar interessante Schnappschüsse und bring sie mit in den Unterricht – du kannst aber auch zeichnen oder aufschreiben, was dir aufgefallen ist.

M 7

Anfang und Ende

Bei uns liegt der Friedhof gleich neben der Kirche, da konnten wir uns die Kapelle sparen. Die hätte uns sowieso nichts genutzt, weil bei uns immer volles Haus ist. Warum werdet ihr noch erfahren.

Zum Beispiel haben wir unseren Friedhof so angelegt, dass die Gräber in einem weiten Kreis außen um einen Festplatz herum liegen, auf dem wir unsere Gemeindefeste feiern. Erst hatten einige von den älteren Leuten ja Bedenken, dass so etwas die Ruhe der Toten stören konnte. Aber unser Pfarrer sagte: „Die ruhen in Gott und nicht in der Erde. Und dass unser Totengedenken so wenig mit Lebendigkeit zu tun hat, ist schlimm genug." Und dann hat Emilie Pfeifer, die ist 97 Jahre alt, gesagt: „Recht hat er. Wenn sie euch mit achtzig ins Altenheim stecken, ist es euch zu ruhig und ihr wollt lieber zuhaus bleiben – also was meckert ihr, wenn ihr später noch auch dabei sein könnt, wenn eure Lieben feiern. Ich glaube, der liebe Gott wird uns dann ein besseres Nervenkostüm geschenkt haben, als wir es jetzt besitzen, und die Jungen werden lernen, dass Feiern nicht nur Krachmachen heißt."

So gibt es zwar ab und zu noch mal ein bisschen Streit darüber, wie hier alle zusammen feiern können – aber dafür ist auch immer was los: Als einige sich z.B. über unser Skateboardfahren beschwert haben, hat Kalle Clever (so nennen wir unseren Diakon) kurzerhand eine neue Art Board-Artistik eingeführt: Gießkannenskating. Seitdem meckert keiner mehr, Kalle hat gesagt, die zählen unsere Boards jetzt zu den „friedhöflichen Nutzfahrzeugen". So muss man's machen, echt! Wenn einem die Alten krumm kommen, ist ihnen meist ne Laus über die Leber gelaufen. Fängste ihnen die Laus weg, blühen sie voll auf. Der alte Tischler z.B. hatte seinen Schlüssel verloren – wir ausgeschwärmt und Schlüsselsuchrallye veranstaltet – der war nachher so happy, dass er meinte, wir dürften hier ruhig Fete machen. Sie hätten früher auf'm Dorfplatz ja auch getanzt. Und dann legte er los, schnappte Marianne und machte einen auf Volkstanz. Wir haben ihm dann erst mal gezeigt, was heute angesagt ist. Fürs nächste Gemeindefest hat er versprochen, bei uns mitzurappen – wenn wir einen von seinen Tänzen mitmachen. So doof sind die gar nicht, ich wüsste auch schon, mit wem ich tanze.

Morgen ist „TUB", das heißt: „Tauf- und Begräbnisgottesdienst". Kalle Clever hat gesagt: „Bei uns wird auf die TUBe gedrückt und nicht auf die Tränendrüse. Da muss man sich erst dran gewöhnen, aber das hat was. Immer wenn jemand gestorben ist, kuckt unser Pfarrer, ob vielleicht auch ein Kind zur Taufe gemeldet ist und dann gibt es einen gemeinsamen Gottesdienst. Für morgen haben Chor- und Jugendband (in der ich Keyboard spiele) dazu einen Kanon geübt, den wir zum Gottesdienstbeginn vorsingen und den alle zum Auszug mit dem Sarg wiederholen sollen.

Dir in die Hände

Kanon für 3 Stimmen
Text: mündl. überliefert
Musik: Siegfried Macht

1. Was denkst du über die Veränderungen in dieser Gemeinde?
2. Ist das reine Utopie oder hältst du das für realisierbar?
3. Welche Aussagen zum Thema Leben – Sterben – Tod kannst du entnehmen?
4. Schreibe die Erzählung weiter zu einer Phantasie deiner Lieblingsgemeinde; wie müsste die aussehen, damit du dich wohlfühlst?

M 8

Hinweis für den L.: Die Bilder mit den Darstellungen möglichst in verschiedenen Größen auf Folie kopieren und den Sch. in Auswahl zur Verfügung stellen.

Hinweis für Sch.: In der Kunst wird der Tod häufig als mehr oder weniger fleischloses Gerippe dargestellt. Ordne dem Tod eine Person nach deinen eigenen Vorstellungen oder aus einer Zeitschrift zu. Gestalte einen Dialog zwischen beiden Personen.

M 9a

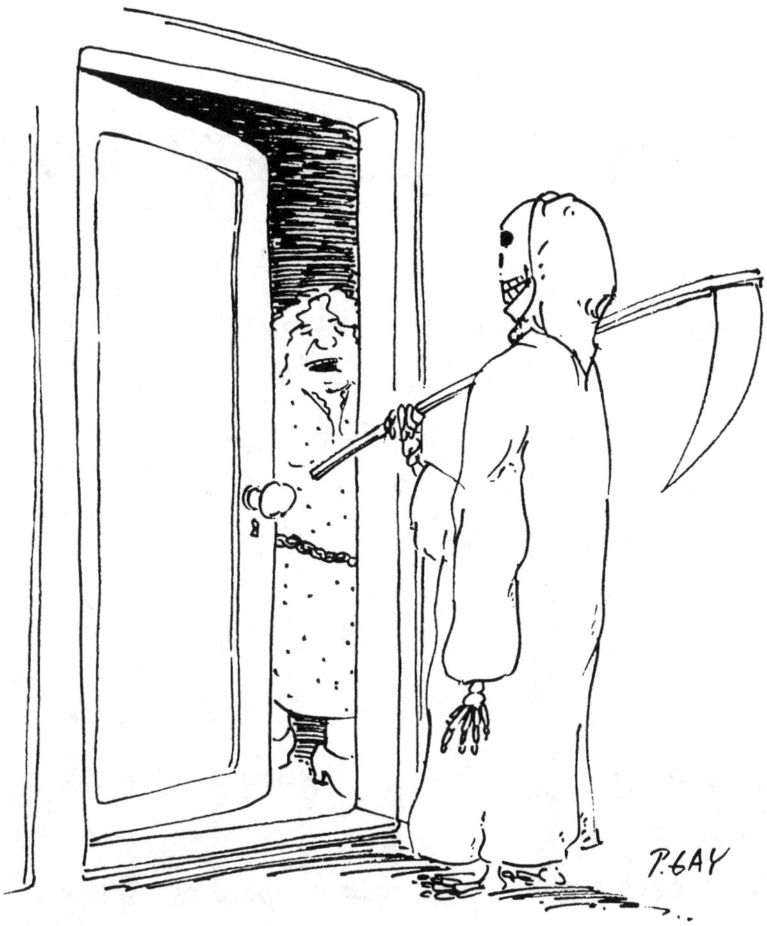

„Nein danke – Wir sterben nicht!“

Aus: Peter Gaymann, Unheimliche Begegnungen;

M 9b

Unsterbliche Verdrängung

ich sterbe nicht
du stirbst nicht
er sie es wird gestorben
im buch im film im fernsehen
aber die leben nachher alle wieder
die werden noch gebraucht für den nächsten
kassenschlager
die sterben des öfteren
einen schönen tod
einen romantischen Tod
einen heldentod
einen action-tod
die haben erfahrung
im sterben
die sind trainiert
auf originelle abgänge.

wir sterben nicht
dafür haben wir unsere leute

Siegfried Macht

M 10

Hartmut R. Berlinicke, Galerie Wildeshausen, Harpstedter Str. 23, 27793 Wildeshausen, Tel.: 04431-3164.

M 11

Kreuz und Auferstehung

1. Vergleiche die beiden Fotos, was stellst du fest?
2. Warum haben Künstler und Kirchengemeinde den Zusammenhang so arrangiert, was könnte damit symbolisiert werden?
3. Kennst du eine Kirche, in der man etwas Ähnliches fotografieren könnte?

Die beiden Fotos zeigen denselben Ausschnitt eines Altarraumes – in einer Konstellation, die in diversen Kirchen anzutreffen ist:

Abends in der beleuchteten Kirche fällt der Blick auf den gekreuzigten Christus, der das hinter ihm liegende Fenster verdeckt. Löscht man jedoch nach Sonnenaufgang das Licht, so ist das Kreuz kaum noch wahrzunehmen. Es wird überragt von dem nun hell leuchtenden Auferstehungsfenster: Hinter dem Kreuz Christ hat die Auferstehung bereits begonnen (vgl. das Passions- und Ostergeschehen insbesondere in der Perspektive des vierten Evangelisten), der Gekreuzigte ist schon der Sieger über den Tod, je dunkler es um uns wird, desto deutlicher dürfen wir das wahrnehmen.

7 Schöpfung bewahren

1. Theologische und didaktische Aspekte

Die biblische Rede von der Schöpfung ist vielgestaltig: Der *Schöpfungshymnus der Priesterschrift* (Gen 1,1–2,4a) ist etwa zeitgleich mit dem Auftritt Deuterojesajas (6. Jh. v. Chr.) als Reaktion auf die Katastrophe der Verschleppung der Juden in das babylonische Exil entstanden. In der Reflektion allgegenwärtiger (politischer, wirtschaftlicher, kultureller, religiöser) Bedrohung durch die Siegermacht gelingt der Priesterschrift (= P) die Gestaltung eines Textes, der gleichermaßen

- *Anrufung* und erinnerndes *Lob* des Gottes ist, der helfen wird, wie er schon damals (z.B. beim Auszug aus Ägypten am Schilfmeer) geholfen hat;
- programmatisch den eigenen *Glauben* in seinen Grundzügen *fixiert* und in die Vorvergangenheit zurückverlegt: Jetzt nach der Zerstörung des Tempels ist das Wissen um den Sabbat als die eigentliche „Heimat" Gottes und seines Volkes wichtig. Nicht auf den Menschen als vermeintliche „Krone der Schöpfung", sondern auf den Feiertag als Vollendung ist der gesamte Text angelegt. Das Halten des Sabbats wird zum Zeichen der eigenen Identität, als das „feierbare" Gebot beinhaltet es ebenso die Vergegenwärtigung der anderen Gebote;
- politisch-religiöser *Protest*song ist, indem er sich pointiert gegen Denken und Glauben der Siegermacht Babylon abgrenzt:
- Nicht „Marduk" hat den Leib der „Tiamat" gespalten, keinem Götterkampf also verdankt die Welt ihr Werden, sondern einzig und allein dem Willen des einen Gottes, den Israel als den Befreier erfahren hat. Wie er am Schilfmeer die Wasser gespalten hat, so wird er es am Anfang der Zeit getan haben (vgl. Gen 1,6+7) so wird er auch hier im wasserreichen Zweistromland zwischen Euphrat und Tigris sich als der Bezwinger aller Bedrohung erweisen (denn das Wasser wies schon immer über sich hinaus als Inbegriff für die Mächte des Chaos generell).
- Nichts als Lampen, von Gott an den Himmel gehängt, sind jene „Himmelskörper", in denen Babylon Gottheiten sieht (Gen 1,14–18).
- Während sich in Babylon die Menschen als Diener der Götter verstehen müssen (wovon sich eine schmale Oberschicht um den gottähnlichen König mehr oder weniger ausgenommen weiß) sind für die Priesterschrift *alle* Menschen Gottes Ebenbild und *allen* Menschen obliegt auch die Arbeit, welche der „Herrschaftsauftrag" von Gen 1,26–30 einschließt. Dienende Funktion haben im Sinne von P eher die oben bereits angesprochenen „Himmelskörper".

In diesem Sinne ist der priesterschriftliche Schöpfungshymnus ein radikal *entmythologisierender* Text: Er weist jeglichem Detail der Schöpfung seinen Platz zu und verweist dabei jegliche Überhöhung in ihre Schranken. Darum auch ist das Licht die erste und von Sonne, Mond und Sternen getrennte Schöpfungstat Gottes (vgl. 1. und 4. Schöpfungstag). Das Licht hat allein Gott gemacht, die Himmelskörper schaffen es nicht aus sich, sie treten erst später in „Er-Scheinung“, eingereiht in die Liste des Erschaffenen, in keinster Weise selbst anbetungswürdig.

Dennoch muss uns für Israel das altorientalische Weltbild als ein im Prinzip mythologisches weiterhin im Bewusstsein bleiben, wobei aber anzumerken ist, dass der Mythos (nicht zuletzt durch seine handelnd wiederholenden Riten im Kultus) in den Israel prägenden Nachbarkulturen weitaus intensiver und existentieller hineinverwoben war in die Wirklichkeitsbewältigung der damaligen Zeit, als dies der Theologie der Entmythologisierung vor Augen gestanden hat, so dass inzwischen geradezu von einer Wiederentdeckung des Mythos gesprochen werden kann.

Hinzu kommt die selbstkritische Feststellung, dass dem mythischen Denken zum Teil heute noch verhaftete Kulturen relativ unbelastet sind von der globalen Gefährdung eben jener Schöpfung, deren Schöpfer in der Priesterschrift als der vom Mythos befreiende vorgestellt wird.

Im Einzelnen ist dazu festzuhalten:

- Im menschenverachtenden und von diversen altorientalischen Oberschichten ideologisch ausgenutzten Kontext hat Ent-Mythologisierung befreiende Funktion, indem sie den Menschen jenseits aller Schichtenzugehörigkeit zu angstfreiem Umgang mit einer entgötterten Umwelt befähigt.
- Dass mit dieser „Furcht“ auch die „Ehrfurcht“ vor der Umwelt bzw. Natur als „Mitschöpfung“ verloren ging, folgt nicht zwangsläufig aus Texten wie Gen 1,28, deren „Herrschaftsverständnis“ das des „guten Königs“ voraussetzt, der sich seiner Verantwortung bewusst ist.

Im Übrigen weist Gen 1,29–30 den Menschen als gottgewollten Vegetarier aus, dem erst später in der „gefallenen Schöpfung“ Zugeständnisse gemacht werden, um sein Vermögen in der „Gottesferne“ nicht zu überfordern.

Die *jahwistische Paradieserzählung* (Gen 2,4a ff) ist sicher älter als der priesterschriftliche Text, obwohl inzwischen häufig bestritten wird, dass J *insgesamt* sehr viel älter sei als P und in allen Teilen der davidisch-salomonischen Zeit um 950 v. Chr. entstamme. Stattdessen wird für die Endredaktion ebenfalls exilische, evtl. sogar nachexilische Zeit angenommen.

Indem der Mensch („Adam“) – als der aus Erde („Adama“) gemachte (Gen 2,7) – den Auftrag erhält, den ihm von Gott vorgestalteten Garten (Vers 8) zu bebauen und zu bewahren (Vers 15) und die Tiere auf der Suche nach einem Gegenüber zu benennen, zeigt sich die ökologische Akzentsetzung: Der Mensch ist auf vielfältigste Art und Weise eingewoben in die Gesamtheit der Schöpfung, ist als Geschöpf den anderen wesensgemäß verbunden.

Seine Sonderstellung verdankt er allein dem, der ihm auch den Geist eingehaucht hat (Vers 7), ohne den er wieder zu der Erde wird, von der er genommen wurde (vgl. Gen 3,19, Ps 104,29 und Ps 146,4).

Gerade dieser Beziehungsreichtum, die ungestörte Einheit von Gott, Mensch, Tier- und Pflanzenwelt ist es, die das Paradies zum Paradies macht. Aus dieser Harmonie schließt sich der Mensch letztendlich selbst aus, indem er die ihm als einzigem Geschöpf zuteil gewordene Entscheidungsmöglichkeit nutzt: Er widersteht nicht der Versuchung „sein zu wollen wie Gott“ (Gen 3,5), obwohl er doch weiß (Gen 2,17), dass dieser Entscheidung der „Tod“ folgen wird; deutlich abzulesen zuerst als sich ankündigende Beziehungsverletzung zwischen Mensch und Mensch (Gen 3,7 und 3,12), Mensch und Gott (Gen 3,8–10) Mensch und Tier, dem Gott nun das Fell über die Ohren ziehen muss (Gen 3,21) und Mensch und Pflanzenwelt, die in Gestalt von Dornen und Disteln (Gen 3,18) ihm von nun an die Arbeit auf dem Acker erschweren wird.

Jetzt erst erhält der Begriff der Arbeit auch einen negativen Beigeschmack. An sich war sie von Gott als Teil der paradiesischen Lebensaufgabe gedacht: in jenem „bauen und bewahren“ (Gen 2,15) hätte er sein „Gott-gleichen-Wollen“

legitim ausleben können, so wie in der Vielfalt lebendiger Beziehungen seine „Gottebenbildlichkeit“ (Gen 1,26+27 bzw. 2,18).

Während die Schöpfungstexte der Priesterschrift und des Jahwisten in ihrer didaktischen Aufbereitung stets gegen engführende Abgrenzung biblischer gegen naturwissenschaftliche Intentionen bewahrt werden müssen, ist ein solches Missverständnis bei der Betrachtung der *Schöpfungspsalmen* 8, 19 und 104 nahezu ausgeschlossen. Hier ist dem Leser nahezu klar, dass nicht wissenschaftlicher Disput oder Bericht, sondern poetische Ausgestaltung von Dank, Lob und Freude aber auch Besorgnis und klagender Bitte im Vordergrund stehen, also durchweg in existentiellen Kategorien gedacht wird. Aus eben diesem Grund wird auch im Folgenden ein Einstieg mit Psalm 104 als Lied empfohlen.

Psalm 104 zeigt im ersten Teil (Vers 1–9) Anklänge an kanaanäisches, im zweiten Teil (Vers 10–30) an ägyptisches Gedankengut (Sonnenhymnus des Echnaton) und lässt erst abschließend (ab Vers 31) originär israelitische Handschrift erkennen. Gerade der heute oftmals als anstößig empfundene abschließende Vers 35 verdient dabei besondere Beachtung. Die Bitte um das Verschwinden des Sünders

- ist nach rabbinischer Weisheit eher als Bitte um das Verschwinden der Sünde zu verstehen,
- zeugt dabei von der realistischen Einschätzung des Psalmisten, der sich scheut, selbst einen so großartigen Lobgesang auf den Schöpfer als Idylle zu schließen: Die einzige Bedrohung, die Gottes Schöpfung noch erfahren kann, geht vom Menschen aus. Allerdings ist auch diese Bedrohung begrenzt und der Psalmist kann sich mit seiner Besorgnis Gott anvertrauen, der letztendlich alles zum Guten wenden wird.

Neben solch genuin israelitischer Betrachtungsweise ist aber auch in der Art und Weise, wie im (mit dem Echnaton-Hymnus) Gemeinsamen Unterschiede gesetzt werden, das theologische Profil des Psalmisten stets kenntlich:

- während der ägyptische Hymnus die Sonne als alle Geschöpfe belebende Gottheit anspricht, ist sie in Psalm 104 selbst nur Geschöpf,
- in ägyptischer Tradition ist die Nacht eine Sphäre des Todes, da die Sonne durch ihr Niedergehen die Erde den dunklen Mächten überlässt. Demgegenüber betont Psalm 104 z.B. in Vers 20–23, wie Tag und Nacht gleichermaßen von Gott gesandt nur unterschiedlichen Geschöpfen als Aktionszeit zugeordnet sind. Zu fürchten ist nicht der Sonnenuntergang, sondern dass Gott sich verbirgt (Vers 29).

Psalm 104 ist so ein idealer Text zur Veranschaulichung ökologischen Denkens im Sinne des „oikos-Gedankens“: Vers für Vers wird berichtet, wie ein jedes Geschöpf seinen Platz hat im „Welthaus“, in dem alles mit allem verbunden ist.

Solches Denken begegnet uns dann wieder, wenn Martin Luther im Kleinen Katechismus erläutert: „Ich glaube, dass mich Gott geschaffen *samt allen Kreaturen*, mir Leib und Seele, Augen, Ohren und alle Glieder, Vernunft und alle Sinne gegeben hat und noch erzählt ...“ Und Albert Schweitzer das Bewusstsein vertieft, Leben zu sein „inmitten von Leben, das leben will“.

Luthers Formulierung verbindet darüber hinaus mit den biblischen Aussagen zur Schöpfungstheologie, dass nicht historisches oder naturwissenschaftliches Interesse im Vordergrund stehen, sondern Rede von der Schöpfung, die

- bei der eigenen Betroffenheit einsetzt (... das *mich* Gott geschaffen),
- nicht ohne Bekenntnis des Schöpfers gedacht werden kann (... dass mich *Gott* geschaffen),
- die gewollte, nicht zufällige Existenz des Existierenden meint (... dass mich Gott *geschaffen* hat).

2. Intentionen

Die Sch. sollen

- naturwissenschaftliche Modelle wie die Urknallhypothese erkennen
  als Hypothesen, die nach den Regeln wissenschaftlicher Logik gar nicht „bewiesen" werden können, sondern lediglich solange gelten, bis ein Gegenmodell plausibler erscheint,
  als Äußerungen gänzlich anderer Fragehorizonte als der schöpfungstheologisch relevanten erkennen, die so aus jeglichem Konkurrenzdenken entlassen werden,
- jüdisch-christliche Rede von der Schöpfung auf der Grundlage der biblischen Texte stattdessen erkennen als Anstiftung
  zur Sensibilisierung für die eigene Existenz in einer wunderbaren (wenn auch nicht zu idyllisierenden) Welt,
  zum Leiden an der Bedrohung eben dieser Schöpfungsordnung,
  demzufolge zu Lob und Klage im Bewusstsein der Gegenwart des Schöpfers,
- die Sch. sollen sich dabei in besonderem Maße „schöpferisch" damit auseinander setzen, wie der Gabe und Aufgabe der Schöpfung gerecht zu werden ist.

3. Literatur zur Vorbereitung

- Etzold, Eckhard: Besitzen Atome und Lichtteilchen Bewusstsein? Das gewandelte Gottesbild in der neueren Physik, in: Braunschweiger Beiträge Nr. 72, Heft 2, ARP Braunschweig 1995.
- Kattmann, Ulrich: Menschenrechte für Menschenrechte?, in: Lutherische Monatshefte 3/95. Lutherhaus, Hannover.
- Keller, Volker: Alles Leben ist heilig. Mit Albert Schweitzer gegen Peter Singer, in: Lutherische Monatshefte 1/94. Lutherhaus, Hannover.
- Lassek, Reinhard: Die Frage des Mephisto. Der biotechnisch optimierte Mensch und seine Fortpflanzung, in: Lutherische Monatshefte 6/95. Lutherhaus, Hannover.
- Liedke, G.: Im Bauch des Fisches. Ökologische Theologie. Kreuz, Stuttgart 1979.
- Teutsch, Gotthard M.: Fallensteller im Garten Eden, in: Lutherische Monatshefte 3/94. Lutherhaus, Hannover.
- Westermann, Claus: Schöpfung. Themen der Theologie, Bd. 12. Kreuz, Stuttgart/Berlin 1971.
- Zenger, Erich: Die Schöpfung. Pattloch, Augsburg 1996.

4. Unterrichtsideen/Verlaufsplanung

A. Psalm 104: Lobe den Herrn, du meine Seele

⇨ Einstieg durch L.-Vortrag (möglichst mit Gitarrenbegleitung) von *Psalm 104* nach der durch Cat Stevens Fassung populären Melodie (**M 1a**) oder Einspielen des Liedes von der CD „Noch lange nicht ausgedient. Neue Lieder für Schule und Gemeinde" (zum gleichnamigen Liederbuch aus dem Strube-Verlag, München 1997).

Ausgabe von **M 1a** als Arbeitsblatt, Bearbeitung der Fragen und Arbeitsaufträge (1–5) in Partnerarbeit, Ergebnisaustausch im Plenum:

zu 1.: Brunnen bringen Wasser hervor, das sich in die Flüsse ergießt, damit Feldtiere und Vögel ihren Durst löschen (2.

Strophe des Liedtextes bzw. Vers 10ff im biblischen Original) usw., alles hat seinen Platz und Sinn nach Gottes Ratschluss (vgl. Vers 24).

zu 2.: Die Sonne ist selbst nur Geschöpf, Gott macht auch die Finsternis als natürliche Aktionszeit der wilden Tiere (Vers 20ff), zu fürchten ist nicht der Sonnenuntergang, sondern dass Gott sich abwendet (7. Strophe bzw. Vers 29).

zu 3.: Der Lobpsalm schließt mit einer fast klagenden Bitte.

zu 4.: Nach der Regel des „Achtergewichtes“ sind die Schlussverse eines Textes von besonderer Gewichtung, auf sie läuft alles zu: Nur der Mensch kann die Harmonie der Schöpfung nachhaltig stören. Der Psalmist weiß dies, weiß aber auch, dass der Schöpfer das letzte Wort spricht.

zu 5.: 6. Strophe, 3. + 4. Zeile bzw. Vers 26.

⇨ Anfertigen einer Collage nach **M 1a** in Kleingruppen:
- Der Text wird gerahmt, durch die Selbstaufforderung zum Lob Gottes (in Lied und Bibeltext jeweils erste und letzte Verse)! Vielleicht zeichnen wir einen Bilderrahmen und beschriften ihn in Schönschrift mit eben diesen Worten.
- Das eigentliche Bild dazwischen ist der Grund dieses Lobes, ist die Schönheit der Welt. Finden wir sie noch in Illustrierten usw. oder leben die Medien inzwischen nur noch von Schreckensnachrichten? Ganz ausklammern dürfen wir die nicht: Welches Bildelement unserer Collage vertritt den (im doppelten Wortsinn) „vorletzten“ Vers? Hier wird die Komposition spannend: Wie können wir qualitativ steigern ohne das Bild quantitativ durch Horrorvisionen zu erschlagen, was der Intention des Originals völlig gegenläufig wäre?

⇨ Evtl. Vertiefung der durch **M 1a**, Frage 3–5 angesprochenen Problematik durch Ausgabe und Lesen von **M 1b**. Gelenktes Unterrichtsgespräch evtl. auf der Grundlage folgender Leitfragen:
- Welche Unterscheidung betont die rabbinische Anekdote?
- Welche Verse von Psalm 104 werden zitiert und zugleich (wie) interpretiert?
- Inwiefern hat der Liedtextautor den Einspruch der Anekdote berücksichtigt? (Er wünscht nicht das Ende der Ungerechten, sondern das des Unrechts und definiert den Sünder als den, der Gott (noch) nicht sieht, setzt statischer Verurteilung also die Hoffnung auf die Dynamik des Menschenherzen erweichenden Gottes entgegen.)

⇨ Abschließend gemeinsames Singen des Liedes (**M 1a**) mit Gitarrenbegleitung oder zur CD.

⇨ Alternative: Von Anfang an den Auftrag zur Collagenerstellung so variieren, dass 9 Ergebnisse als Mosaiksteine entstehen, die jeweils einer Liedstrophe korrespondieren und so erst in ihre Gesamtheit den ganzen Psalm abbilden. Singen des Liedes dann im Zusammenhang mit der Vorstellung/Betrachtung der Ergebnisse. Anschließend Lied und Collagen als Wandzeitung zusammenstellen und einige Zeit hängen lassen. Evtl. Dias oder Folien ziehen und als Lied mit korrespondierenden Illustrationen in Schulgottesdienst, Projekt o.ä. einbinden.

B. Das Schöpfungslied der Priesterschrift

⇨ Einspielung des Liedes „Dass das Dunkel nicht herrscht“ von der CD „Noch lange nicht ausgedient“ (zum gleichnamigen Liederbuch aus dem Strube-Verlag, München).
Spontane Reaktionen abwarten, anschließend Ausgabe von Bibeln und **M 2**, Vergleich des Liedtextes mit Gen 1–2,4a: Das Lied versucht die Liedgestalt des priesterschriftlichen Schöpfungshymnus zu verdeutlichen. Im Einzelnen können folgende Aspekte im Unterrichtsgespräch (nach vorbereitender Partner- oder Kleingruppenarbeit) herausgestellt werden:

- Die 7 Tage werden formal als 7 Strophen eines Liedtextes kenntlich.
- Gottes Vergewisserung, dass seine Schöpfung „gut war", durchzieht als Refrain das ganze Lied. Der Erkenntnis folgend, dass Wesentliches wiederholt wird, lässt sich folgern, dass der Text Beruhigungsfunktion in schwerer Zeit hatte: Habt keine Angst, Gottes Licht ist stärker als alle Finsternis – damals wie heute!
- Es handelt sich nicht um einen naturwissenschaftlichen Bericht, bei dem das Unbeteiligtsein quasi Bedingung ist, um die Messergebnisse nicht zu verfälschen: Der Liedtext verdeutlicht die bewusst gesetzten Kausalitäten durch den beständigen Anfang mit „Dass ...". Kein Zufall, sondern Gottes bewusste Entscheidung zur Schöpfung wird überlagert von der Erkenntnis des biblischen (wie des Liedtext-)Autors, dass daraus unmittelbare Konsequenzen für die eigene Gegenwart folgen: Gott hat dies alles getan, damit wir ...

Je nach Einfügung des Bausteins in die Einheit wird spätestens jetzt den Sch. der Kontext des biblischen Textes verdeutlicht bzw. erinnert: Große Teile der jüdischen Bevölkerung sind von der Siegermacht Babylon ins Exil verschleppt, kämpfen im Zweistromland um den Erhalt ihrer Eigenständigkeit. Nach einem Blick auf den Schöpfungsglauben Babylons werden die Abgrenzungen im biblischen bzw. Liedtext deutlich:

- Gott ist Schöpfer aller Dinge und Wesen, kein vorangehender Götterkampf o.ä. hat zur Folge, dass der Mensch der Natur ängstlich gegenüberstehen muss (weil diese nach babylonischem Denken aus dem Leichnam einer Gottheit gestaltet ist, die alljährlich aufs Neue besiegt werden muss, wenn sie in den Wassermassen des Frühjahrs wiederkehrt wie ein urflutlicher Drache).
- Auch Sonne, Mond und Sterne sind keine Gottheiten, nur „Lampen"! (Verwegene Entmythologisierung von Göttern, deren Volk immerhin gerade gesiegt hat und die nach altorientalischem Brauch daher auch von den Israeliten als die stärkeren Götter anerkannt werden müssten!)
- Die Menschen sind nicht geschaffen um den Göttern (oder einer Oberschicht) zu dienen, der Mensch als solcher ist König der Erde, König allerdings mit all der damit verbundenen Verantwortung.
- Um im Bild zu bleiben: Der Mensch ist ein „ungekrönter" König. Die „Krone der Schöpfung" ist der Sabbat: Sie bewahrt den Menschen vor jeglicher Versklavung durch die Arbeit und vor endgültiger Versklavung Mensch durch Mensch, denn nach israelitischem Recht ruhen auch Knecht, Sklave und Tier, ruht im Prinzip die ganze Schöpfung. Damit ist der Sabbat – vom Jahr in dem der Acker sich ausruht bis zur Freilassung des Sklaven im Siebten Jahr – Anfang jeglicher Sozialgesetzgebung, vielfältiger Humanisierungen und letztendlich auch ökologischer Erkenntnisse.

Gemeinsames Singen des Liedes mit Gitarrenbegleitung oder zur CD.

⇨ Je nach Vorkenntnissen der Lerngruppe Vertiefung einzelner Aspekte:

- Betrachtung von **M 3** als Folienkopie auf OHP oder Ausgabe als Arbeitsblatt: *Entmythologisierung* hat auch zu tun mit Angstabbau, Untergraben von Autorität. Parallelen der Karikatur zur Situation Israels im Exil entdecken: Die Priesterschrift stellt die Autorität Babylons in Frage. (Interessantes Detail: Auch in der Bibel spielt das Element „Wasser" oft eine entscheidende Rolle! Kein Wasserdrache, nur ein Element, dem Gott die Grenzen setzt!)
- **M 4** (Kopiervorlage austeilen) verdeutlicht die oben bereits angerissene Funktion des *Sabbats*: Nach der Zerstörung des Jerusalemer Tempels als des Allerheiligsten, als der Wohnung Gottes scheint Israel ohne geistige Heimat. In dieser Situation stiftet die Erinnerung des Sabbats aufs Neue die alte Identität in einem handhabbaren Kult angesichts der Übermacht sinnlicher Riten der Umwelt.
- Die Ausgabe von **M 5** für eine Erarbeitung in Partner- oder Kleingruppenarbeit er-

möglicht eine intensive Auseinandersetzung mit der *Ökologie* des Schöpfungshymnus (und der Symbolik des salomonischen Siegels). Dabei entsteht folgende Beschriftung der Zeichnung:

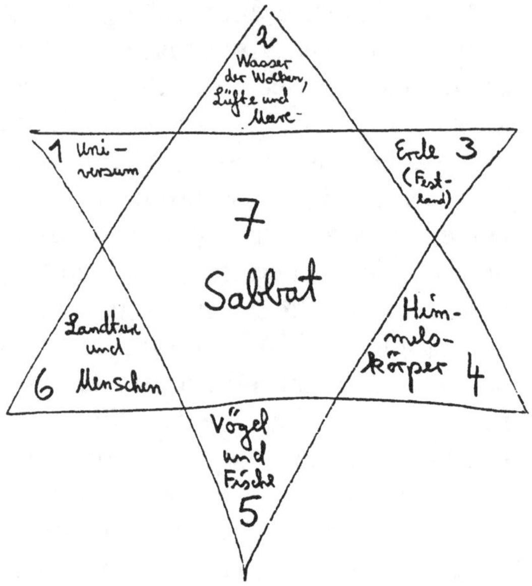

In der Regel werden die Zuordnungen problemlos gefunden, Hilfestellungen durch L. beschränken sich erfahrungsgemäß auf die Zusammenschau der Vögel und der Fische, weil nach altorientalischer Weltsicht das Oben und das Unten durch die Wasser verbunden ist, während Land und Wasser zwei sorgsam zu unterscheidende Welten sind, deren Vermengung katastrophale Folgen hat (vgl. die Sintfluterzählungen verschiedenster Kulturen). Angesichts der gerade erst erkämpften Entgötterung der Himmelskörper und der ihnen immer noch zugestandenen Besonderheit (lebensspendendes Licht, Zeichen und Zeit setzen usw.) ist auch eine Kombination Vögel/Himmelskörper zu „modern" gedacht.

Lösungen zum Lückentext/Arbeitsauftrag 7:

- In unserem Beispiel verbindet der Davidstern *die Geschöpfe und ihre Lebensräume* mit- und untereinander.
- Der Mensch wurde am 6. *Schöpfungstag* zusammen mit den *Landtieren* geschaffen.
- Schöpfungshöhepunkt ist der *Sabbat*, der dient Mensch und *Vieh* (und letztendlich der Ruhe aller in der Gegenwart Gottes).

⇨ *Verfremdungen und Aktualisierungen* der ersten Seite der Bibel im Blick auf die sich zuspitzende ökologische Verantwortung können durch Ausgabe von Kopiervorlage **M 6** angebahnt werden.
Darüber hinaus bietet sich die von den Sch. selbst zu erarbeitende collageartige Gegenüberstellung biblischer Aussagen zur Schöpfung mit Informationen aus den Medien, Zahlen einschlägiger Statistiken usw. an. Eine entsprechende Gegenüberstellung sollte zum Vortrag auf zwei Sprecher(innen) verteilt werden, bei Hinzunahme von Bildmaterial bietet sich eine Ausstellung an.

⇨ Eine erste *kritische Auseinandersetzung* mit Mythos und technischem Weltverständnis ermöglichen die Kopiervorlage **M 7**:

- Die Zeichnung (**M 7**) treibt die Wasserverschwendung der „Klospülung" mit Hilfe eines in besagtem Falle zu entleerenden Stausees auf die Spitze und zeigt die ehemals ehrfürchtig verehrte Gewalt des Wassers dabei in banalster Funktionalisierung: Was für ein Fortschritt?!
- Das graphisch gestaltete Wortspiel „Er-Schöpfung" (**M 8**) kann als „Zeiger" Ausgangspunkt einer Collage zum „Stand der Schöpfung" werden.

C. Darf ich vorstellen: Adam aus Adama

⇨ Auflage des pointierten Epigramms *Folgenreicher Widerspruch* als Folienkopie auf den OHP (Unterrichtsgespräch entlang der auch als Arbeitsaufträge für Gruppenarbeit verwendbaren Impulse auf Kopiervorlage **M 9**):

- Kulisse ist die Erschaffung Adams in Gen 2,7 (Textstelle suchen und Original vorlesen lassen).
- Dem ökologischen Fingerzeig des zugrunde liegenden Wortspiels im hebräischen Text nachspüren:
  Der Mensch „adam" ist dem Ackerboden „adama" entnommen, ihm klanggleich d.h. verwandt. Tafelanschrift „Adama" (evtl. mehrfach), das „Adam" wird rot ge-

kennzeichnet oder mit dem Schwamm herausgenommen, um plastisch zu demonstrieren, welche bildhafte Vorstellung hier für einen komplexen Zusammenhang Pate stand (der Mensch wird die Erde gestalten, aus der er gestaltet ist).

- Den eigentlichen Clou des Vierzeilers herausarbeiten, der die gesamte Spanne Gen 2,4a bis 3,24 auf den Punkt bringt: Indem der Mensch seine Angewiesenheit auf Gott verleugnet und selbst sein will wie Gott, betreibt er seine eigene Vertreibung aus dem Paradies. Beide Bedeutungen schwingen mit in der entlarvenden Formulierung „sich aus dem Staube machen“.

⇨ Ausgabe der „Paradies-Ausweise“ (**M 10**), evtl. vor dem Kopieren den einen oder anderen Textteil hinter den Doppelpunkten löschen, so dass ein von den Sch. auszufüllender Lückentext entsteht), spontane Reaktionen abwarten, dann gelenktes Unterrichtsgespräch:
- Warum eine Spiegelfolie als Passbild? (Ich bin dieser Adam, denn „Adam“ ist der Mensch schlechthin!)
- Wo liegt der sprachspielerische Reiz des Ganzen? (Der Pass beinhaltet zwei Lesarten: 1. Ausweis für das Paradies, 2. Ausweisung aus dem Paradies)
- Inwiefern entscheidet die Einstellung zum Weihnachtsgeschehen über „Rückkehrchancen ins Paradies“?

Verschiedenste Möglichkeiten zur Erarbeitung der Antwort:
- Neutestamentliche Textstellen aufsuchen lassen, in denen deutlich wird, dass mit Jesu Verkündigung das Reich Gottes bereits begonnen hat.
- Bei entsprechendem Vorwissen der Lerngruppe auch gleich generell wiederholende Reflektion der Bedeutung Christi für den christlichen Glauben. (In diesem Zusammenhang siehe das Kap. 1 „Schuld und Vergebung“.)
- Im Gesangbuch den Choral „Lobt Gott ihr Christen alle gleich“ aufschlagen und bis zur vierten (Gotteslob Lied Nr. 134) bzw. sechsten Strophe (EG Lied Nr. 27) lesen: „Heut schließt er wieder auf die Tür zum schönen Paradies …“

D. Leben inmitten von Leben

⇨ Auflage der Zeichnung **M 11** als Folienkopie auf den OHP:
- Ein Mann (Adam?) lehnt sich an einen Baum (als träume er von der Eva, die Gott ihm gleich zuführen wird?).
- Der in der Baumkrone versteckte Violinschlüssel deutet an, dass der Baum voller Gesang ist: Zwitschern dort Vögel? Rauscht der Wind? Oder sind es die singenden Träume des Mannes, der mit verzückter Miene die Augen geschlossen hält?
- Bei genauem Hinsehen zeigt sich, dass die ganze Zeichnung aus einem Strich geschaffen ist: Alles Leben hat denselben Ursprung, alles ist aus einer Hand geschaffen (s.o.: „Adam“ aus „Adama“).

⇨ Während die Zeichnung noch sichtbar bleibt, stimmt L. das Lied „Ich bin Leben“ (möglichst zur Gitarre) an, verteilt anschließend das Liedblatt (**M 12**):
- Was wissen wir über Albert Schweitzer? (Evtl. Referat für Folgestunde vergeben oder vorher vergebenes jetzt halten lassen). Humorvolle Sch.-Äußerungen wie „… dass er gern an Bäumen lehnte“ angesichts der gerade betrachteten Zeichnung aufgreifen und den Zusammenhang mit dem Liedtext herausarbeiten.
- Weiterarbeit nach den Arbeitsaufträgen 1–3 (4) des Liedblattes (**M 12**): Erstellung eines Lebensbandes.

⇨ Kreativer Ausklang: Gemeinsames Singen des Liedes evtl. im Kanon und/oder Sch. zeichnen selbst kleine „Schöpfungsausschnitte“ aus einer Linie.

E. Fortschritt – wohin?

⇨ Ausgabe von Kopiervorlage **M 13** als Grundlage für das folgende Unterrichtsgespräch

oder Vorlesen von **M 13a** und/oder Auflage von **M 13b** als Folienkopie auf OHP:
- kritische Reflektion von Begriffen wie „Evolution“ und „Fortschritt“ (wohin?), „Wohlstand“ (für wen auf wessen Kosten?),
- evtl. exkursartige Entdeckung der auf die Schöpfung folgenden biblischen Urgeschichten (Brudermord, allgemeine Bosheit vor der Sintflut, Turmbau gleich als erste eigenständige Sequenz danach) als korrespondierende Erzählungen von der Entwicklung des Menschen in der Gottesferne, als Eskalationen der Selbstsucht.

F. Untier Mensch

⇨ Provozierender Tafelanschrieb durch L. als stummer Impuls (**M 14a**).
- Sch. entdecken die verschiedenen Lesarten:
  - Tiere werden für Tests benutzt
  - Aufforderung zum Protest dagegen
- Zusammentragen von Vorwissen über Tierversuche
- erster Austausch über (evtl. unterschiedliche) Bewertungen durch die Sch.
- Weiterführende Provokation durch Auflage von **M 14b** als Folienkopie auf OHP und/oder Ausgabe als Arbeitsblatt: Gibt es Ziele, die Tierversuche rechtfertigen? Wer wird der Versuchung wirklich widerstehen, wenn eine Kosmetikfirma ihm das doppelte Gehalt anbietet? Was ist, wenn Wissenschaftler versprechen, Tierversuche würden Menschenleben retten?
  (Evtl. für vertieften Einstieg in die Problematik weitere Materialien beschaffen, Referate vergeben)

⇨ Neugier wecken: L. kündigt das kürzeste und entlarvendste Gedicht der Welt an. Auflage von **M 15** als Folienkopie auf OHP oder Tafelanschrieb. Verblüffung der Sch. abwarten, evtl. kurze peinliche Stille und erste Enttäuschung der Sch. aushalten.
Regiehinweis geben: Wir nehmen das Gedicht als Drehbuch und verfilmen das Ganze als ...
Ja, was wird es denn – eine Komödie? (Evtl. Sch.-Einwurf: Eine Tragödie!)
L.: Wer schreibt die Filmmusik oder besser, wer macht die Geräusche?
L.: Fliege fliegt.
Sch.: Ssssss...
L.: Mensch menscht.
Sch. klatschen (nicht Beifall, sondern wie mit der „Fliegenklatsche“!)

Rückblickendes Unterrichtsgespräch zum Text: Die „Fliege fliegt“, Nomen und Verb sind quasi identisch, d.h. „fliegen“ ist das Wesen der Fliege. Was ist das Wesen des Menschen? Ein Verb „menschen“ existiert nicht. In der direkten Gegenüberstellung zur fliegenden Fliege gewinnen beide „Verse“ szenischen Charakter: Die oben nachgespielten Geräusche und die ihnen zugrunde liegenden Handlungen werden quasi zwischen den Zeilen hör- und sichtbar. Das Wesen des Menschen „erschöpft“ sich im Töten des Geschöpfes, dem er einen Nutzwert nicht zuerkennen kann, dessen Nähe ihm lästig ist.
Der Reiz des Kurztextes besteht dabei weniger in der Aufforderung zum künftigen Verschonen jeglicher Fliege als im Nachdenken über das „Wesen“ des Menschen bzw. der Erkenntnis, wie sehr wir nach verabsolutierenden Nützlichkeitsprinzipien handeln, als wären wir das Maß aller Dinge: Wie gehe ich z.B. mit Menschen um, die mir nicht (mehr) nützlich erscheinen?

⇨ Die hier angesprochenen Bausteine können Auftakt zu einem arbeitsteiligen Exkurs die verschiedensten Aspekte des Themas „Mensch und Tier“ betreffend sein.
Denkbar wäre auch eine Arbeitsgruppe, die sich mit der Thematik „Mensch und Pflanze“ beschäftigt, wozu der Text „Die Seele der Pflanzen“ (**M 16**) ein erster Anstoß sein kann.

G. Darf der Mensch alles, was er kann?

⇨ Auflage der Karikatur **M 17** als Folienkopie auf den OHP:
- Beantworten der in der Zeichnung selbst

gestellten Frage. (Es scheint Prof. Lehmann gelungen zu sein, sich selbst zu „doppeln“!)
- Zusammentragen von Vorwissen zum Thema „Gentechnologie“.
- Erste Diskussionsrunde zur Frage „Darf der Mensch alles, was er kann?“

⇨ Evtl. Vertiefung durch
- Ausgabe aktueller Zusatzmaterialien
- Vergabe von Referaten
- Konstruktion von Problemfällen und Bearbeitung durch Rollenspiele:
  - Ein Ehepaar wünscht sich seit 7 Jahren vergeblich ein Kind ...
  - Ein gentechnologisches Institut will eine Rindersorte „schaffen“, die resistent gegen BSE und andere Erkrankungen ist ...

H. Kreuzworträtsel

⇨ L. teilt Kopiervorlage **M 18** aus und gibt weitere Erläuterungen, falls über die Arbeitsaufträge hinaus Fragen offen sind: Es geht darum, Kreuzworträtsel selbst zu erfinden. **M 18a** ist ein fertiges Beispiel, **M 18b + c** sind Leermuster, auf denen die Sch. sich gegenseitig Rätsel entwerfen, um anschließend das des Partners zu lösen.

M 18a hat folgende Lösung:

					[1] J					
				[2] B	A	B	Y	L	O	N
					[3] H	Y	M	N	U	S
		[4] J	A	H	W	E				
[5] G	E	N	E	S	I	S				
					[6] S	A	B	B	A	T
[7] P	R	I	E	S	T	E	R			

5. Das Thema in Schulbüchern und Unterrichtsmaterialien

- Besser-Scholz, Birgit (Hg.): LebensZeichen 9/10. Vandenhoeck & Ruprecht, Göttingen 1992, S. 36–46.
- Gadesmann, Frieder (Hg.): Das Leben suchen. Diesterweg, Frankfurt a.M. 1988, S. 161–172.
- Hanisch, Helmut u.a.: Kursbuch Religion Neuausgabe 9/10. Diesterweg / Calwer, Frankfurt a.M./Stuttgart 1993, S. 108–115.
- Kluge, Jürgen: Entdeckungen machen 2. Grundausgabe. Cornelsen, Berlin 1993, S. 31–39.
- Kwiran, Manfred/Röller, Dirk (Hg.): Glauben und Leben. Realschule 9/10. Schroedel, Hannover 1990, S. 5–21.
- Schmidt, Heinz u.a.: Das neue Kursbuch Religion 9/10. Diesterweg/Calwer, Frankfurt a.M./Stuttgart 1988, S. 206–215.
- Veit, Reinhard (Hg.): Glauben heute. 9./10. Schuljahr. Schroedel, Hannover 1990, S. 36–51.

6. Materialien und Medien

Arbeitshilfen und Textsammlungen
- Lüscher, Gerber u.a.: Unterrichtshilfen. 16 Themen (siehe Kapitel „Schöpfung“). Theologischer Verlag Zürich, 1991[3].
- Macht, Siegfried: Dein Name ist DuBistBeiMir. Werkbuch zu moderner religiöser Lyrik. Kirchl. Verwaltungsstelle, Münchehäger Str., 31547 Rehburg-Loccum (insbesondere S. 35–61 zu Schöpfung und Urgeschichte).
- Macht, Siegfried: Jeder schweigt anders. Don Bosco Verlag, München 1995 (Schöpfungs- und andere Antwortmärchen auf religiöse Fragen).
- Macht, Siegfried (Hg.): Schöpfung. Arbeitshil-

fen für die SEK I. RPI Loccum 1995. Kirchl. Verwaltungsstelle, Münchehäger Str., 31547 Rehburg-Loccum.

Dias

- Grupp, Marianne und Günter: Gott oder Zufall? 44 sw, Calig-Verlag, Freiburg o.J. (Auseinandersetzung mit Evolution und Gottesfrage).

Liederbücher

- Ahrens, Wolfgang: Das große Umweltliederbuch. Bund Verlag, Köln 1994.
- Chorliederbuch. Eine Sammlung von Chorsätzen aus Rock, Folk und Klassik. Bund Verlag, Köln 1991 (insbesondere der Öko-Choral aus dem 18./19. Jhd. S. 86 und die Kanons S. 67, 71 und 81).
- Macht, Siegfried: Noch lange nicht ausgedient. Neue Lieder für Schule und Gemeinde. Strube-Verlag, München 1997 (neue geistliche Lieder, Kanons, Chorsätze, Instrumentalbegleitungen, Praxistips).

Video/16 mm Film

- Adam, 6 Min., Trickfilm, Katholisches Filmwerk, Frankfurt (humorvolle Darstellung der Menschwerdung).
- Bozzetto, Bruno/Benti, Riccardo: Drop, 3 Min., Zeichentrickfilm, Italien 1993, Katholisches Filmwerk, Frankfurt (ein anfangs noch zum verantwortlichen Handeln bereiter Mann wird zunehmend apathischer bis ihn die drohende globale Katastrophe animiert, Gott das Werkzeug zuzuwerfen, der das anscheinend für keine gute Lösung hält ...).
- Fechner, Carl-A.: Das Mülliarden-Geschäft, 44 Min., f, Dokumentarfilm (kritische Reportage über große Energiekonzerne, die den Milliarden-Deal mit dem Müllgschäft jenseits vernünftiger Konzepte unter sich ausmachen wollen).

Lobe den Herren, du, meine Seele

M 1a

Psalm 104

Text: Siegfried Macht nach Psalm 104
Musik: alte gälische Melodie
(populär durch Cat Stevens
Fassung von E. Farjeons Choraltext
„Morning has broken")

Du nimmst die Winde als deine Boten,
dein ist der Donner, der Blitze treibt.
Du hast das Erdreich so fest gegründet,
dass es für immer und ewig bleibt.

Du lässt das Wasser quelln in den Tälern,
und alle Tiere löschen den Durst.
Singend darüber sitzen die Vögel;
voll ist das Land, denn du schaffst ihm Frucht.

Gras für das Vieh und Saat für den Menschen:
du lässt sie wachsen beiden zu Nutz.
Wein für die Freude, Öl für die Schönheit,
Brot für die Stärke, du – unser Schutz.

Du gabst dem Mond auf, das Jahr zu teilen;
die Sonne weiß von dir ihren Gang.
Du lässt den Löwen rauben im Dunkel,
tags geht der Mensch ans Werk mit Gesang.

Herr, deine Werke, wie sind sie groß, und
weise geordnet ist all dein Gut.
Riesige Fische spielen wie Kinder
im weiten Meer, das nimmermehr ruht.

Es warten alle, dass du sie speisest:
Tust du die Hand auf, werden sie satt.
Aber verbirgst du dich, geht ein Schrecken
über die Erde, alles wird matt.

Aus deinem Atem haben wir Leben,
du gibst der Erde neue Gestalt.
Ich will dir singen, solang ich lebe,
du, meiner Freude ewiger Halt.

Dass alles Unrecht ende auf Erden,
und Gott sich zeige, dem der nicht sieht:
Lobe den Herren, du, meine Seele,
sorge, dass Gottes Wille geschieht.

1. Psalm 104 ist wie ein erstes großes „Öko-Gedicht": Es zeigt, dass alles Leben und Geschehen seinen Platz hat und in einen größeren Zusammenhang eingebettet ist. Nenne einige Beispiele.
2. In einem Lied auf den ägyptischen König Echnaton (aus dem Ende des 14. Jahrhunderts v. Chr.) wird die Sonne als alles haltende und durchstrahlende Gottheit herausgestellt: Wenn sie untergeht, ist die Erde den Mächten der Finsternis verfallen und dem Tode geweiht. Vergleiche dies mit dem vorliegenden Psalm.
3. Ist Psalm 104 ein Lob- oder Klagepsalm? Welche Zeilen scheinen in diesen Zusammenhang nicht hineinzupassen? (Lies den Psalm auch im Original, da steht es noch deutlicher!)
4. Warum hat der Psalmdichter diese Zeilen dennoch hinzugefügt? Lässt sich vermuten, ob sie ihm eher wichtig oder nicht so wichtig waren?
5. Welche Formulierung klingt wie eine Aufforderung, keine Angst mehr zu haben vor Drachen und Ungeheuern …?

M 1b

Eine jüdische Anekdote erzählt:

In der Nachbarschaft von Rabbi Meir trieben wüste Gesellen ihr Unwesen, die quälten ihn tüchtig. So weit trieben sie es, dass er zu beten begann, dass sie sterben möchten.

Bruria aber, seine Frau, hört dies und spricht: Steht nicht geschrieben „Aufhören mögen Sünden auf der Erde“. Ist denn geschrieben „Sünder“? Und schau weiter auf den Schluss des Wortes, da es heißt „... und Frevler sind nicht mehr da“. Wenn also die Sünden aufhören, so sind verschwunden die Frevler. Also bete ihretwegen, aber bete, dass sie sich wenden zur Umkehr und keine Frevler mehr sind.

Da betete er ihretwegen und sie wandten sich zur Umkehr.

M 2

Dass das Dunkel nicht herrscht

Dass das Dunkel nicht herrscht
danken wir Gott, der das Licht schuf
und sprach: Alles Finstre muss weichen
und jeder Nacht folge der Tag.

So war es und so war es gut.
Und das Licht war stärker als die Finsternis
von Anfang an.

Dass die Fluten nicht herrschen
danken wir Gott, der den Himmel schuf
und sprach: Der soll halten den Regen,
dass er nicht die Erde ersäuft.

So war es und so war es gut.
Und das Licht war stärker als die Finsternis
ein zweites Mal.

Dass der Hunger nicht herrscht
danken wir Gott, der das Leben schuf
und sprach: Viele Pflanzen solln wachsen
und Früchte tragen und Samen.

So war es und so war es gut.
Und das Licht war stärker als die Finsternis
ein drittes Mal.

Dass die Sterne nicht herrschen
danken wir Gott, der sie alle schuf
und sprach: Lampen sind sie, nichts weiter
die da scheiden den Tag und die Nacht.

So war es und so war es gut.
Und das Licht war stärker als die Finsternis
ein viertes Mal.

Dass die Öde nicht herrscht
danken wir Gott, der die Tiere schuf
und sprach: Seid fruchtbar und mehrt euch
füllt den Himmel, die Erde, das Meer.

So war es und so war es gut.
Und das Licht war stärker als die Finsternis
ein fünftes Mal.

Dass die Götzen nicht herrschen
danken wir Gott, der uns Menschen schuf
und sprach: Ihr braucht euch nicht zu beugen,
vor keinem, doch *für* alle Welt.

So war es und so war es gut.
Und das Licht war stärker als die Finsternis
ein sechstes Mal.

Dass die Arbeit nicht herrscht
danken wir Gott, der den Feiertag schuf
und sprach: Der soll euch befreien
von allem, was euch unterdrückt.

So war es und so war es gut.
Und das Licht war stärker als die Finsternis
ein siebtes Mal.

Siegfried Macht.

1. Welcher Bibeltext (im Original ebenfalls eine Art Lied) hat hier Pate gestanden?
2. Welche formale Übereinstimmung fällt auf?
3. Was wird durch Wiederholung als besonders wichtig herausgehoben?
4. Welcher im Bibeltext nicht mehr so deutlich zu spürende Aspekt wird in allen Strophen der Neutextierung herausgearbeitet?
5. Vergleicht beide Fassungen mit dem, was ihr über den Glauben der Babylonier wisst.
6. Welche Funktion könnte das Singen dieses Liedes für die nach Babylon verschleppten Juden haben?

M 3

Ähnlich provokativ haben auch die Priester Israels die Autorität Babylons untergraben. Findest du heraus, welche Sätze der Schöpfungserzählung den Glauben der Babylonier „vom Thron stürzen“ sollten?

(Was glauben die Babylonier? An welchen ganz anderen Überzeugungen hielten die Israeliten fest?)

M 4

Wo Gott wohnt

Als die Feinde Israels den Tempel in Jerusalem zerstört und das Volk nach Babylon verschleppt hatten, fragten die Kinder Israels den Weisen:

„Niedergebrannt ist der Tempel. Wo also ist Gott? Ist er verbrannt?"

„Das sei ferne", sprach der Weise, „den Saum seines Kleides fasste der Tempel nicht, noch die Himmel ein Haar seines Hauptes. Und wie sollte verbrennen, der selbst als Feuer dem Mose erschien?" *

„Wo aber dann ist der Herr?", sprachen die Leute, „wohnt er im Wasser wie Babylons Drache?"

„Das sei ferrne", sprach der Weise, „wohl hat er die Wasser gar kunstvoll geordnet, doch die Ufer des Meeres sind wie Windeln dem Säugling – nie könnten sie fassen den Herrn aller Herren."

„Dann bewohnt er die Sonne und schläft auf dem Mond", raunten die Frager, doch der Weise verneinte: „Der selber das Licht schuf, was gilt ihm solch ein Lämpchen? Das schuf er für euch. Vielleicht geht euch ein Licht auf ..."

Die aber sprachen: „Oh, Rabbi, wohltuend ist wohl all deine Weisheit, doch wissen wir weniger noch als vorher. Wenn du es weißt, bitte sag, wo ist Gott?"

Und der Weise sprach: „Weil der Raum ihn nicht fasst, ruht sein Fuß auf den Zeiten, im Sabbat wohnt er – solange ihr ihn haltet. Von da aus kommt er und besucht eure Tage, am Sabbat jedoch geht ihr ihm entgegen."

**Ex 3,2* *Siegfried Macht.*

Auch heute noch gibt es viele mehr oder weniger angemessen Versuche, Gott zu „verorten". Welche kennst du? Was hältst du davon? Andererseits: Sind Hilfsvorstellungen nicht nötig, um Unfassbares zu fassen?

(Evtl. Gottesbilder aus der Popkultur ansprechen, vgl. in Songs wie „My sweet Lord" und „Lieber Gott, komm doch mal runter")

Der Schöpfungsplan, ein Beitrag zur .... M 5
nach Genesis 1,1–2,4a

So könnte sich Israel Gottes Skizze für die Schöpfung vorgestellt haben:

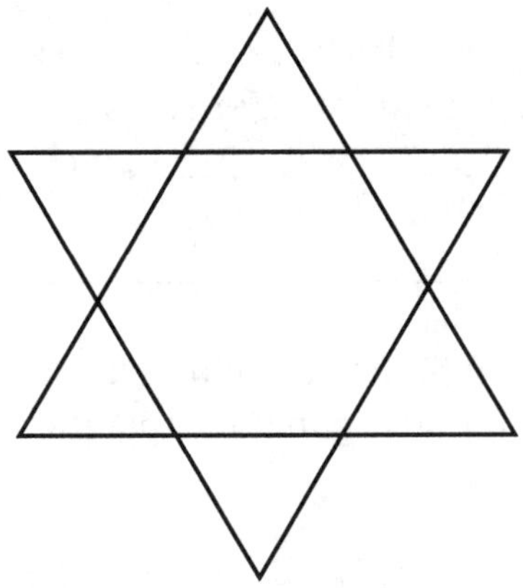

Nun sollst du den „Schöpfungsplan" beschriften: Zur Verfügung hast du 3 „Lebensräume" und drei ihnen zuzuordnende Gruppen von „Geschöpfen". Erst einmal solltest du schauen, wie du die Geschöpfe so einander zuweist, dass drei einander verwandte Gruppen entstehen. Zur Verfügung hast du:

Menschen, Landtiere, Fische, Vögel, Himmelskörper (auch in ihnen sahen die Israeliten vor 2500 Jahren Geschöpfe, das war revolutionär, denn für die anderen Völker waren Sonne, Mond und Sterne Götter.)

1. Verbinde je zwei deiner Meinung nach zusammengehörige Geschöpfe mit einem Bleistiftstrich zu Paaren. Wenn du unsicher bist, werfe einen Blick auf die Lebensräume, denen du sie anschließend zuordnen sollst:

2. Wasser der Wolken, Lüfte und Meere: ________________________
   Erde der Gräser, Kräuter und Bäume: ________________________
   Universum von Geist, Zeit und Raum: ________________________

3. Sieh dir die Skizze des Schöpfungsplans genau an. Sie enthält sechs kleine Dreiecke. Schreibe den Ursprungs-Lebensraum, aus dem alles andere hervorgegangen sein könnte, in eines der Dreiecke, und ergänze die beiden anderen ebenfalls in zeitlicher Reihenfolge in Richtung des Uhrzeigers. (evtl. Skizze auf doppelte Größe kopieren lassen)

4. Trage nun die „Geschöpfe" so ein, dass sie jeweils in dem Dreieck Platz finden, das sich gegenüber von ihrem Lebensraum befindet.

5. Numeriere nun die Spitzen der Dreiecke beim Ursprung beginnend im Uhrzeigersinn durch. Vergleiche dein Ergebnis mit dem Schöpfungsplan auf der ersten Seite der Bibel (Gen 1–2,4a).

6. Welche Beschriftung erhält demnach die Mitte der „Skizze"?

7. Vervollständige den folgenden Lückentext:
Grundlage für unsere „Skizze des Schöpfungsplanes" ist ein altes jüdisches Symbol, das vielfältige Interpretationen erlaubt, denen allen aber eines gemeinsam ist: Stets ist der „Davidsstern" ein Zeichen

der Zusammengehörigkeit. Wer ihn nachzeichnen möchte (!), wird sehen, dass die einfachste Lösung das Übereinanderzeichnen zweier Dreiecke ist.

So wie diese beiden Dreiecke ineinander verschränkt sind, so gehören auch Gott und die Menschen, Mann und Frau oder in unserem Beispiel ______________________ zueinander. Sie sind unaufgebbar miteinander verknüpft. Niemand kann dem anderen Schaden zufügen, ohne nicht selbst davon betroffen zu werden.

Das will der Schöpfungsplan zeigen: Alles hat einen gemeinsamen Ursprung, eine gemeinsame Mitte, ein gemeinsames Ziel. Gerade auch der Mensch steht nicht für sich allein. Er wurde am ________________ zusammen mit den ________________ geschaffen. Er ist auch nicht die „Krone der Schöpfung", denn den krönenden Abschluss bildet der __________ Der soll dem Menschen zwar dienen, aber ebenso auch ____ (lies dazu Ex 20,8–11).

8. Ist die erste Seite der Bibel in diesem Sinne eher ein Beitrag zur „Evolution" oder zur „Ökologie"? Schlage im Fremdwörterlexikon nach und ergänze entsprechend den Titel des Arbeitsblattes!

M 6

Drunter und drüber

Und Gott sprach: Es werde eine Feste zwischen dem Ozon, die euch lehre zu unterscheiden zwischen dem Ozon über der Feste und dem Ozon unter der Feste. Und Gott sah, dass es gut war.

Doch der Mensch sprach: Es sammle sich das Ozon unter der Feste an besondere Orte, und es geschah also und fehlte darüber. Und der Mensch nannte, was blieb über der Feste „Ozonloch"; da ward aus dem Loch und der Sonne Hautkrebs und der Mensch sah, dass das FCKW schuld war.

Und der Mensch sprach: Es lassen die Autos aufgehen Abgase, die ein jedes auf seine Art Ozon bilden in der Höhe und das Loch stopfen. Die Erde aber wurde wüst und leer, denn das Ozon blieb in der Tiefe und der Mensch sah, dass ihm schlecht wurde.

1. Vergleiche den Text mit Gen 1,1–11.
   Auch im biblischen Text gibt es einen „Stoff" der zugleich „Heil" und „Unheil" bringen konnte. In der obigen Verfremdung ist er durch das Ozon ersetzt. Welcher „Stoff" ist gemeint, wann ist er Segen, wann Unheil?
2. Was unterscheidet die Verfremdung sonst noch vom biblischen Text?
3. Erkundige dich über die Wirkung von „Ozon unter der Feste" und „Ozon über der Feste" und versuche dein Ergebnis in Kurzform zusammenzufassen.

M 7

Aus: Luis Murschetz, Wir sitzen alle im gleichen Boot, © 1981 by Diogenes Verlag AG, Zürich.

M 8

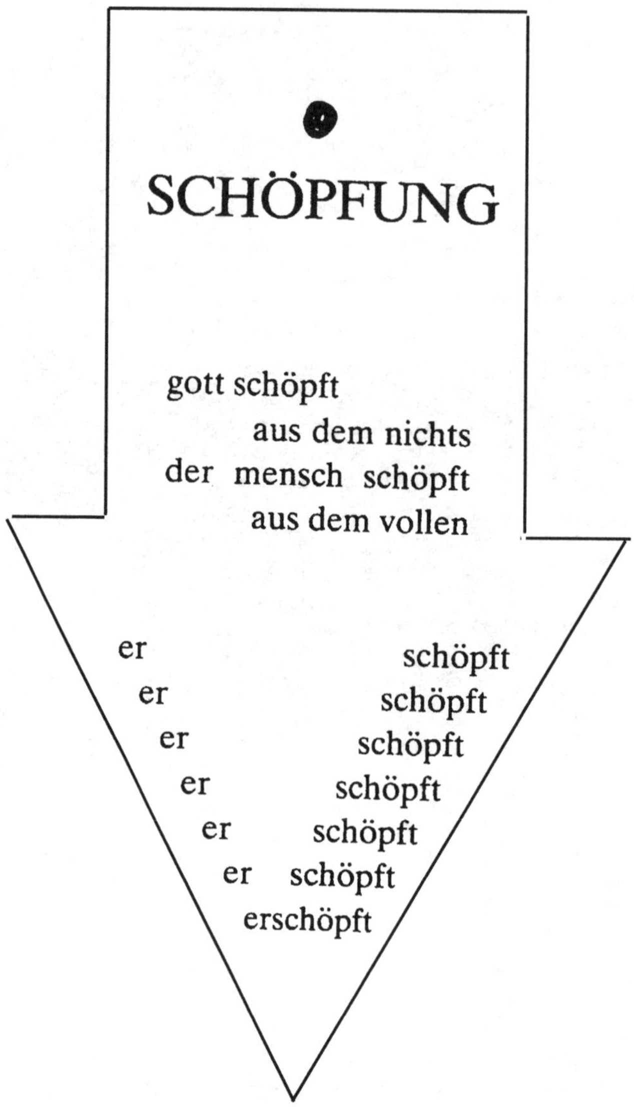

Schneidet das Gedicht entlang der angedeuteten Pfeilform aus, klebt es auf Pappe und locht es auf dem schwarzen Punkt. Befestigt es mit einem Versandtaschenverschluss o.ä. mit dem Loch genau auf der Mitte eines großen Kartons (ca. DIN A 2): Ihr habt nun den Zeiger einer Uhr! Zeichnet um ihn einen Kreis und deutet die Zeiten von 1–12 Uhr an.
Jetzt erstellt eine Collage zum Thema. Für die Ausgestaltung habt ihr freie Hand:

- Kommen die „Schöpfungstage“ vor?
- (Wie) geht es weiter?
- Setzt eure Zeit gleich in der Gegenwart ein?
- Auf welcher Uhrzeit steht der Zeiger?

M 9

Folgenreicher Widerspruch

Gott hat den Menschen
aus Staub gemacht?
Die Menschen haben sich
aus dem Staube gemacht!

Siegfried Macht

1. Welche Bibelstellen bilden die Kulisse dieses Kurztextes?
2. Im hebräischen Original heißt „Adam“ Mensch und Erde/Ackerboden „Adama“.
   a) Was fällt dir auf?
   b) Welche Bedeutung könnte diese Auffälligkeit haben?
   (Es gibt sie auch in anderen Sprachen: Humus, Uomo, Homo, l'homme, human …)
3. Worin besteht der Clou des Vierzeilers?
   a) Erläutere die Mehrdeutigkeit des Sprachspiels.
   b) Welche bittere Wahrheit beinhalten nach biblischer Sichtweise die beiden Sätze?

M 10

Paradies-Ausweis

Name:	Adam
Herkunft:	aus Adama (Erde)
Berufung als:	Gärtner
2. Bildungsweg als:	Landwirt
Besondere Kennzeichen:	verspielte Nacktheit
Grund der Ausweisung:	aß von verbotener Frucht
Bleibendes Verlangen:	Rückkehr ins Paradies
Chancen:	je nach Stellung zur Weihnacht
f. d. Richtigkeit	Michael

Michael, Erzengel

Hier bitte eine Spiegelfolie einkleben!

M 11

Siegfried Macht nach Paul Flora.

1. Gib der Zeichnung einen Titel.
2. Zeichne etwas nach derselben Form.

M 12

Ich bin Leben, das leben will

Kanon für 3 Stimmen

Text: nach Albert Schweitzer
Musik: Siegfried Macht

1. Zerschneide ein Din-A–4 Blatt der Länge nach und klebe es so zusammen, dass ein ca. 60 cm langer Streifen entsteht. Schreibe auf dieses Lebensband den Liedtext in einer Reihe.
2. Man kann den Bandwurmsatz in Abschnitte gliedern und entsprechende Sinnabschnitte für sich lesen. Füge dort Bleistiftstriche ein. Vergleiche mit deinen Nachbarn: Es gibt mehrere Lösungen. Lies vor.
3. Zerschneide an ein oder mehreren Stellen. Was geht verloren, je mehr Schnitte man macht?
4. Wo in den biblischen Texten von der Schöpfung wird diese Zusammengehörigkeit aller Lebewesen auch betont?

M 13a

Immerwährender Kampf

Am Anfang der Zeit kämpfte das Gras mit dem Stein und
der Stein ward zu Sand und das Gras gewann.
Dann kämpfte der Busch mit dem Gras und siegte.
Gegen den Busch setzten die Bäume sich durch.
Schließlich bezwang der Mensch die Bäume.
Und nun? Nun kämpft das Geld gegen die Menschen!

Aus Samoa.

M 13b

Der Gipfelstürmer

M 14a

PRO - TES(T) - TIERE

M 14b

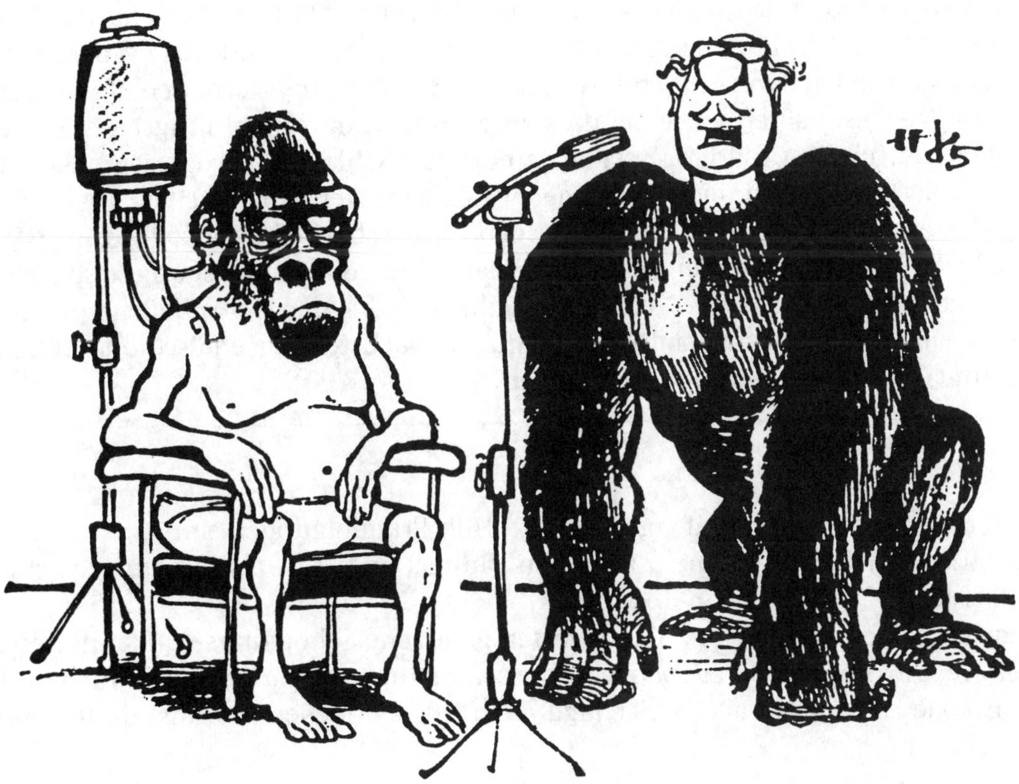

„Sie sehen sicher ein, dass dieser Erfolg einige Tausend Tierversuche wert war.“

Horst Haitzinger.

M 15

Fliege fliegt

Mensch menscht

M 16

Die Seele der Pflanzen

Eigentlich bin ich kein leichtgläubiger Mensch, aber was ich in den letzten Monaten erlebt, gesehen und gehört habe, lässt mich nicht mehr los.

Eigentlich begann alles mit dieser Azalee, die unser Nachbar auf den Kompost geworfen hatte. Obwohl ich nicht gerade eine glückliche Hand im Umgang mit Blumen habe, nahm ich die halbvertrocknete Pflanze an mich.

Nun steht die Pflanze also auf dem Fensterbrett meines Flures und blüht seit fast einem Jahr ununterbrochen, als müsste sie mich vor lauter Dankbarkeit mit Blüten überschütten. Dabei hatte ich bisher immer Mühe, die Blüten mir geschenkter Topfpflanzen in die zweite Woche zu retten.

Neulich abends sah ich dann die Sendung über das Verteidigungsverhalten afrikanischer Bäume: Da haben Wissenschaftler bewiesen, dass die Bäume beim Nahen hungriger Tiere einander Nachricht geben: „Achtung, Blätterfresser im Anmarsch!“ Schlagartig produzieren die dann mehr Gerbsäure und die Gazellen, Giraffen und andere Feinschmecker ziehen weiter.

Heute morgen sagte mir dann ein Freund, es gäbe inzwischen jemanden, der seine Garagentür öffnen lässt durch einen Kontakt, den eine seiner Pflanzen in freudiger Erregung zu schließen weiß, wenn er um die Straßenecke biege. Noch letztes Jahr hätte ich darüber schallend gelacht, inzwischen warte ich darauf, die garagenöffnende Pflanze im nächsten Gartendiscount mit Gebrauchsanweisung und dreijähriger Garantie vorzufinden.

1. Was weißt du über die Sensibilität von Pflanzen? Hole Erkundigungen ein.
2. Schon Goethe schrieb: „Es gibt mehr zwischen Himmel und Erde, als sich unsere Schulweisheit träumen lässt!“
   Anstatt zwielichtiger okkulter Praktiken warten genügend Schöpfungswunder darauf, entdeckt zu werden. Wer wirklich etwas erleben will, muss nur lernen, alle Sinne zu gebrauchen, dann lässt sich „Sinn-volleres“ erleben als bei der Jagd nach Übersinnlichem. Kannst du in diesem Sinne etwas berichten?

M 17

Jan Tomaschoff.

M 18a

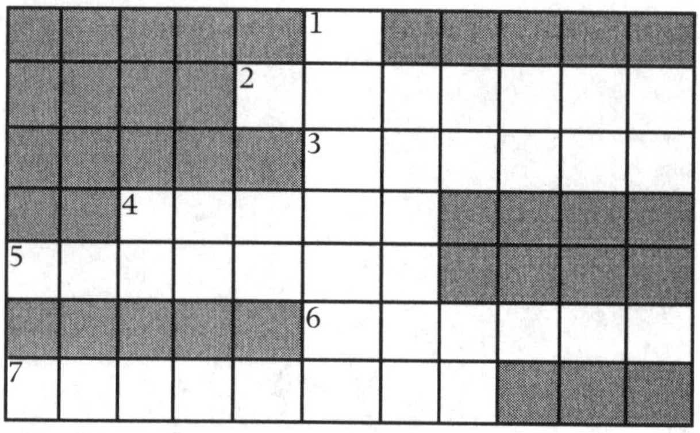

1 = Verfasser auch der biblischen Paradieserzählung
2 = Hierhin wurden viele Juden im 6. Jh. v. Chr. ins Exil verschleppt
3 = Liedform, der auch die erste Seite der Bibel zugerechnet wird
4 = alttestamentlicher Eigenname Gottes
5 = Fachwissenschaftliche Bezeichnung des ersten Buches der Bibel (1. Mose)
6 = Die Krone der Schöpfung
7 = Verfasser auch des Schöpfungsliedes auf der ersten Seite der Bibel

1. Löse das obige Kreuzworträtsel.
2. Entwerfe selbst ein Rätsel:
   - Finde sieben zentrale Begriffe zum Thema, die sich als Lösung eines Kreuzworträtsels ineinander verschachteln lassen. Schreibe deine Lösung unten in das Modell.
   - Trage Umschreibungen der Begriffe hinter den Zahlen 1–7 ein.
   - Schwärze die nicht benötigten Kästchen ein, damit deutlich wird, aus wieviel Buchstaben deine Lösungsworte bestehen und wo genau sie einzutragen sind.

M 18b

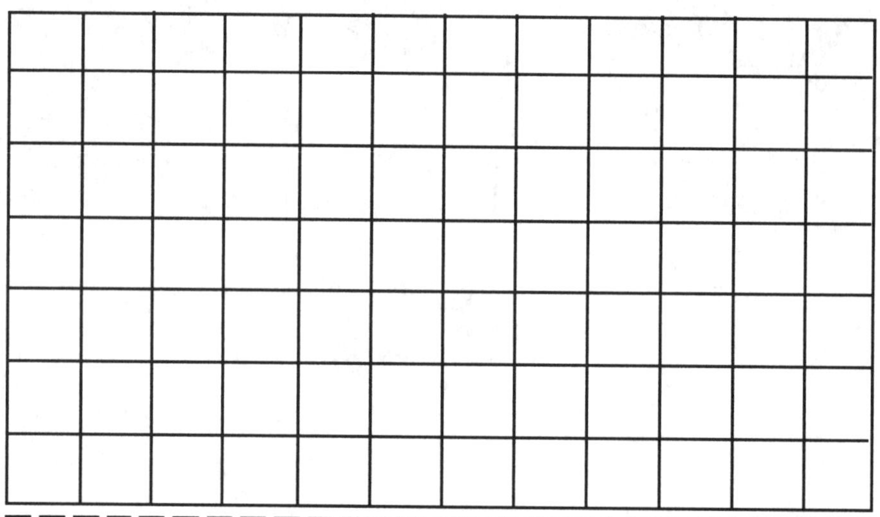

1 = ____________

2 = ____________

3 = ____________

4 = ____________

5 = ____________

6 = ____________

7 = ____________

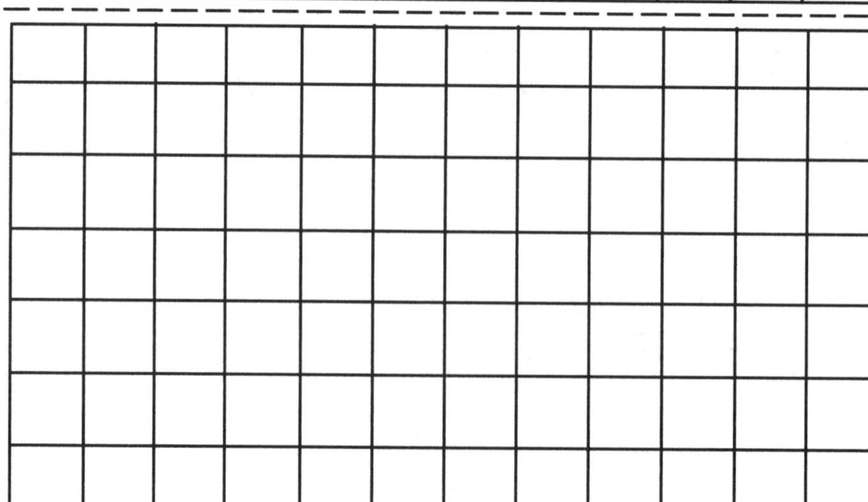

M 18c

8 Die Bergpredigt: Frieden höher als alle Vernunft

1. Theologische und didaktische Aspekte

Für die erste größere Rede Jesu im Matthäusevangelium (Mt 5–7) ist seit dem 16. Jahrhundert der Begriff „Bergpredigt" gebräuchlich. Die Rahmenkulisse von Berg und Hörern, sowie der (ähnlich auch in 11,1; 13,53; 19,1 und 26,1 gebrauchte) Schluss in 7,28f lässt den Text als eine Einheit erscheinen, die jedoch ebenso wie in den übrigen Reden bei Matthäus zur Redaktionsarbeit des Evangelisten gerechnet werden muss. Das ihm zugrunde liegende Überlieferungsgut stammt überwiegend aus der Logienquelle Q, einer dem ersten und dem dritten Evangelisten (wenn auch wohl in unterschiedlicher Form) vorliegenden schriftlichen Überlieferungsschicht.

Ein Vergleich mit dem Paralleltext bei Lukas, der sogenannten „Feldrede" (Lk 6,20–49) zeigt durch die identische Abfolge zahlreicher Logien (Spruchüberlieferungen) den wohl schon in Q vorgegebenen Rahmen, der bei Matthäus jedoch nicht unerheblich erweitert und ausgestaltet wird.

Bei den *Seligpreisungen* (Mt 5,3–12) können inhaltlich zwei Gruppen unterschieden werden, deren erste (Mt 5,3–6) jeweils eine *Haltung* und deren zweite (Mt 5,7–10) jeweils ein *Handeln* anspricht. Ein Blick auf die Sprüche der ersten Gruppe zeigt bereits, dass ein einseitig ethisierendes Verständnis (der Seligpreisungen bzw. der Bergpredigt) Gefahr läuft, einzelne Zeilen aus ihrem Kontext zu reißen.

Der Spruch von der bleibenden Gültigkeit des Gesetzes (Mt 5,18) erfährt durch die redaktionelle Interpretation im Vorspruch (Mt 5,17) und seine herausgehobene Stellung am Anfang der Gesetzesauslegung Jesu eine Aufwertung: Im Streit zwischen palästinensischen und hellenistischen Christen um die Gültigkeit des Gesetzes ist es Absicht des Evangelisten, Jesus deutlich als Erfüller von „Gesetz und Propheten" herauszustellen.

Diese Gesetzesauslegung zeigt sich dann deutlich in den sechs *Antithesen* (Mt 5,21–48), in denen Jesu Wort ohne weitere Legitimation neben die „Alten", d.h. neben, ja über Moses gestellt wird – allerdings nicht im Sinne einer Ablösung, sondern einer Verschärfung und somit in keiner Weise in Gegnerschaft zu Mose, wohl aber zum Gesetzesverständnis der „Schriftgelehrten und Pharisäer".

Das *Vater-Unser* (Mt 6,9–13) ist in seiner vom kürzeren Text bei Lukas (11,2–4) abweichenden Form in Frömmigkeitsregeln vom Almosengeben, Fasten und Beten eingebettet und soll letzter quasi als Muster dienen.

Die *Goldene Regel* (Mt 7,12) fasst alle vorangegangenen Weisungen noch einmal zusammen und deutet sie im Sinne des Liebesgebotes, kann dabei aber nicht als spezifisch jesuanisch angesehen werden, sondern war vielmehr Allgemeingut antiker Ethik nahezu im gesamten Mittelmeerraum.

Im Kontext des gesamten Matthäusevangeliums zeigt sich, dass die bleibende, ja durch Jesus überbotene Gültigkeit des Gesetzes über die Bergpredigt hinaus einen der Hauptstränge der vom Evangelisten verfolgten Christologie darstellt. Angesichts der Gefahr um sich greifender Gesetzlosigkeit (vgl. Mt 7,23; 13,41 und 24,12) in den eigenen Reihen und gegen den Einfluss der hellenistisch-gesetzesfreien Gemeinde sieht er z.B. Johannes den Täufer (in Mt 11,13) in deutlichem Kontrast zu Lk 16,16 keineswegs als Ende des Gesetzes (und der Propheten).

Für besondere Bedeutung hinsichtlich der Wirkungsgeschichte der Bergpredigt ist die Frage nach den Adressaten: In der Einleitung (Mt 5,1–2) werden die Jünger über das Volk hinaus besonders genannt. Bezüglich der weitreichenden (s.u.) Frage, ob es sich denn nun um Worte an alle oder einen auserwählten Kreis handele, muss bezüglich der für die Bergpredigt gewählten Kulisse von fließenden Übergängen ausgegangen und davor gewarnt werden, allzu schnell einen radikalen Text in seinem Geltungsbereich zu beschränken.

Um eben diese Problematik kreist die Auslegungsgeschichte der Bergpredigt von ihren Anfängen bis in die Gegenwart:

- *Zwei-Wege-Ethik:*
  Die Alte Kirche nimmt die Bergpredigt für alle (Christen) verpflichtend wörtlich und weiß sich damit auf dem schmalen Weg in das Reich Gottes (Mt 7,13f).
- *Zwei-Stufen-Ethik:*
  Thomas von Aquin unterscheidet um 1260 in seiner Summa Theologiae zwischen „Vorschriften für alle" (z.B. die Zehn Gebote) und „Ratschläge für wenige" (eben die Bergpredigt), die lediglich der Geistlichkeit abverlangt werden können.
- *Zwei-Reiche-Ethik:*
  Beide vorgenannten Modelle lehnte Luther als „werkgerechte" ab: Aus eigener Kraft sei Gottes Maßstab nicht erfüllbar. Die Bergpredigt mache solche Ohnmacht offenbar. Dennoch (und darin besteht das Dilemma, das Luthers Ansatz in der Praxis wenig von den vorgenannten Modellen unterscheidet) solle der Gläubige natürlich als Bürger im schon angebrochenen Gottesreich Gottes Willen erfüllen (was er nicht kann) und so in doppelter Weise handeln:
  - Für sich selbst solle er bereit sein, schutzlos auf niemand denn Gott allein zu trauen.
  - In seiner Verantwortung für andere solle er diese notfalls mit dem Schwert vor Unrecht schützen.
- *Gesinnungs- und Verantwortungsethik:*
  Max Weber („Protestantische Ethik" 1904/1906) plädierte für die Trennung der „theoretischen Wissenschaften" von der „praktischen Politik" und für eine gesonderte Betrachtung von „ethischer Gesinnung" und „politischem Handeln".

Bei konsequenter Weiterführung dieser Linie besteht allerdings die Gefahr, dass die (gute) Gesinnung nun die (gute) Tat *ersetzt*, was fatal wird, wenn die gute Tat zu realisieren gewesen wäre.

Allen Modellen nach dem ersten ist zunehmend zu eigen, dass sie von politischen Mächten als Legitimation für die Abtrennung ethischer Aspekte von politisch angeblich einzig realisierbaren Entscheidungen missbraucht werden können und missbraucht wurden (wohlgemerkt entgegen ihrer Ursprungsintention).

Die verschiedenen Modelle auf ihre Stimmigkeit hin prüfend kommt Reinhold Mokrosch (in „Die Bergpredigt im Alltag" s.u.) auf folgende Zusammenfassung:

- Die Bergpredigt will wörtlich, wenn auch nicht gesetzlich genommen werden.
- Sie darf nicht zwangsweise allen, sondern nur den Freiwilligen zugemutet werden.
- Sie soll zuerst vom Einzelnen für sich und erst später mit Bedacht für andere praktiziert werden.
- Sie fordert Herzensveränderung.

Ebenso betont er aber, dass jedes Modell für sich Jesu neue Lebensperspektive abschwächt.

So ist es nicht verwunderlich, dass ein Blick auf die Geschichte auch eine Vielzahl von Personen und Bewegungen zeigt, denen einzig das

Festhalten an der Radikalität der Bergpredigt dem Geist Jesu zu entsprechen scheint:

- Verschiedene Sekten protestieren gegen die Verweltlichung der mittelalterlichen Kirche, was die Entstehung der Bettelorden nach sich zieht, u.a. die von Franziskus von Assisi begründete Bruderschaft der *Franziskaner*.
- Die Bergpredigt als das „Gesetz Christi" bestimmt das Leben der *Waldenser*, die allerdings auch zwischen den Forderungen an die Gemeinschaft und den strengeren für ihre asketischen Wanderprediger unterscheiden.
- Für jedes Gemeindeglied verbindlich gemacht wird die Bergpredigt (vor allem die sechs „kleinen Gebote" Mt 5,21–48) bei den *Böhmischen Brüdern* (seit dem 15. Jh.), was allerdings bald zur Spaltung der Gruppe führt.
- Innerhalb einzelner *Täuferbewegungen* wird die Bergpredigt aufgefasst als Handlungsanweisung für die Verwirklichung des Reiches Gottes auf Erden, worauf durch den Bauernkrieg und die Theokratie in Münster (1535) allerdings bald blutige Schatten fallen.
- Bis in die Gegenwart hinein hat sich bei den *Mennoniten* (gegr. 1536) das Verbot von Eid, Kriegsdienst und der Übernahme staatlicher Ämter gehalten.
- Eine Aufhebung von staatlicher Gerichtsbarkeit, Eid, Wehrdienst, Steuern, Eigentum, letztendlich die Abschaffung des Staates schlechthin verlangte auch *Leo Tolstoi*.
- Der *religiöse Sozialismus* von Leonhard Ragaz will den Forderungen der Bergpredigt in der Solidarität mit den Ausgebeuteten und im Kampf gegen den Mammon auf gesellschaftspolitischer Ebene zum Durchbruch verhelfen.

Mit der Frage nach dem „Frieden höher als alle Vernunft" wird im Folgenden bewusst eine Schwerpunktsetzung im Sinne didaktischer Auswahl getroffen. An ihr kann repräsentativ die theologische und vor allem gesellschaftliche Rezeption der Bergpredigt seit den Tagen der Wiederbewaffnung der Bundesrepublik festgemacht werden. Nachdem die heiße Phase diesbezüglicher Diskussionen durch die Ost-West-Annäherung abgeschlossen schien, haben Golfkrieg und Jugoslawienkrise schnell gezeigt, dass kriegerische Konflikte immer wieder gerade auch sich christlich motiviert wissende Einzelpersonen, Parteien, Hilfsorganisationen, Kirchen usw. zur Stellungnahme und zu Eingriffen rufen und ihnen das Fehlen eines „Königsweges" schmerzhaft vor Augen führen.

Spätestens an dieser Stelle zeigt die aktuelle Diskussion zwischen den „Fundis" und „Realos" verschiedenster Bereiche (Friedensbewegung, Ökologiebewegung), wie intensiv der Streit um die Realisierbarkeit des Idealen bis in die Tagespolitik hinein zu verfolgen ist.

Jenseits der aktuellen Berichterstattung über medienwirksame Krisenherde bleibt wohl zudem die massive historisch gewachsene Ungerechtigkeit in den Ländern der sogenannten „Dritten Welt" vorerst ein Dauerproblem, angesichts dessen die Bergpredigt zur ständigen Herausforderung wird. Die Verzahnung von radikaler Friedensliebe und Parteinahme für die Ärmsten der Armen führte zu verschiedensten Formen einer Theologie der Befreiung. Die jüngste Variante einer „Theologie des Lebens" scheint in ihrem erweiterten Verständnis von „Armut" dabei ebenso dicht an der Zuwendung Jesu auch zum „bedürftigen Reichen" orientiert zu sein wie auch geeignet, die Situation unserer Jugendlichen (zwischen Wohlstand und Frust) zumindest mit anzusprechen. (Vgl. **M 7**)

Parallel zu den Fragen der Konfliktbewältigung zwischen Staaten und anderen Großgruppen ist die Zunahme der Gewaltbereitschaft im Bereich der Einzelnen bzw. im unmittelbaren Erlebnishorizont der hier angesprochenen Sch. (Mobbing, Pausenhofkriminalität, Gewaltvideos, ambivalentes Männerbild ...) zu beobachten.

In einer Zeit, in der Möglichkeiten und Verwirklichungen in verschiedensten Lebensbereichen mehr denn je auseinander klaffen, kann die Begegnung mit dem Jesus der Bergpredigt somit zu einem Kulminationspunkt des Fragens nach verantwortlicher Lebensgestaltung schlechthin werden.

2. Intentionen

Die Sch. sollen
- erkennen, dass Jesu Radikalisierungen das alttestamentliche Gesetz im dialektischen Sinn „aufhebend“ erfüllen wollen,
- die Unterscheidung von Gesinnung und Handeln als ebenso hilfreich wie als gefährliche Versuchung, eins durch das andere zu setzen, begreifen,
- sensibilisiert werden für den Niederschlag des Aggressiven schon in der Sprache,
- biblische Texte (und ihre Rezeption z.B. in der Theologie der Befreiung/Theologie des Lebens) als Zeugnis der Parteinahme Gottes für die Bedürftigen kennen lernen,
- Martin Luther Kings „Weg als Ziel“-Maxime als Korrektiv jeglicher „Der Zweck heiligt die Mittel“-Mentalität gegenüberstellen können,
- der Perversion religiöser Inhalte im Zusammenhang mit Rüstung und Krieg nachspüren und nach versteckten Interessen fragen lernen,
- entgegen aller „Superman-Mentalität“ der Medien in der Leidensbereitschaft einen christlichen (und keineswegs von Schwäche diktierten) Weg der Konfliktlösung gerade in scheinbar ausweglosen Situationen kennen lernen,
- jenseits falsch verstandener Normativität einen eigenen begründeten Standpunkt zu Fragen der Bergpredigt (insbesondere der Friedens„sicherung“) gewinnen.

3. Literatur zur Vorbereitung

- Baldermann, Ingo: Der Gott des Friedens und die Götter der Macht. Biblische Alternativen. Neukirchener, Neukirchen-Vluyn 1983.
- Lapide, Pinchas: Die Bergpredigt – Utopie oder Programm? Matthias Grünewald, Mainz 1992[8].
- Lohfink, Gerhard: Wem gilt die Bergpredigt? Beiträge zu einer christlichen Ethik. Herder, Freiburg 1988.
- Mokrosch, Reinhold: Die Bergpredigt im Alltag. Anregungen und Materialien für die Sekundarstufe I/II. Gütersloher Verlagshaus, Gütersloh 1991.
- Schwarz, Hans: Christ sein ist möglich. Was die Bergpredigt uns heute wirklich zu sagen hat. Herder, Freiburg 1987.
- Weder, Hans: Die Rede der Reden. Eine Auslegung der Bergpredigt heute. Theologischer Verlag Zürich, Zürich 1994[3].

4. Unterrichtsideen/Verlaufsplanung

A. Die Tat entsteht im Kopf

⇨ Einstieg durch Folie auf OHP oder Ausgabe der Kopiervorlage (**M 1**) und anschließende Übersetzung: „Nicht Waffen, Köpfe töten Menschen.“
Der Zeichnung nach einem Flugblatt aus dem englischen Sprachraum korrespondiert die Zuspitzung Jesu in den Antithesen der Bergpredigt: Schon wenn deine Gedanken Krieg führen, hüte dich und andere vor dir selber.

B. Die Sprache klagt uns an – Worte heilen und verletzen

⇨ Auflage des Wortspiels *„komMUNIkaTION“* (**M 2a**) als Folienkopie auf den OHP. Bewusstmachen des „Wortes im Bild“: Kommunikation kann auch Munition beinhalten. Beispiele sammeln, Erfahrungen austauschen. Gespräche können heilen oder verletzen, was für „Gesprächs-Partner“ sind wir?

⇨ Redewendungen u.ä. Formulierungen, die aus kriegerischem Verhalten erwachsen kritisch unter die Lupe nehmen:
- „kriegen“ = etwas durch Krieg bekommen.
- „etwas ins Feld führen“: Nur Argumente oder auch Menschen?
- „etwas in Angriff nehmen“,
- „für Bombenstimmung sorgen“.

Liste mit der Klasse ergänzen!

⇨ Unterrichtsgespräch: Soll/kann man seinen Sprachgebrauch ändern? Macht der Mensch die Sprache oder die Sprache den Menschen? Stimmt beides? Dann muss auch die Veränderung Hand in Hand gehen.

⇨ Auflage von **M 2b** als Folienkopie auf dem OHP:
- Bewusstmachung der „selffulfilling prophecy“ der Bilder 1–4: Wie man in den Wald hineinruft, so schallt es zurück.
- Das Aufbrechen („Knacken“) der harten Schale des anderen durch ein Handeln im Sinne unvoreingenommener Liebe: Ist Körpersprache manchmal die bessere Kommunikation?
- Ist auf Gruppen und Staaten übertragbar, was hier zwischen zwei Individuen anscheinend funktioniert?

C. Die Seligpreisungen

⇨ Tafelanschrieb *Freuen dürfen sich alle, die ...* (o.ä.) als stummer Impuls zum Ergänzen durch die Lerngruppe. Verschiedenste Lösungen festhalten, evtl. auch durch Gespräch über Beneidenswertes usw. provozieren, wenn die Klasse (im Religionsunterricht!) zu „wohlgefällig“ formuliert:
... reich genug sind, sich ein schönes Leben zu leisten.
... stark genug sind, um sich nichts gefallen lassen zu müssen.
... alt genug sind, um den Führerschein machen zu können.

⇨ Lesen der Seligpreisungen (Mt 5,3–12). Ein Anti-Text? Ein Mutmachtext? Eine Provokation? Ein Trost? Eine Vertröstung?
- Exkurs: Das Reich der Himmel hat mit Jesu Worten begonnen, auch wenn seine Vollendung aussteht.
- Richtigstellung: Die Seligpreisungen sind nicht als Forderung, sondern als Verheißung zu verstehen.

⇨ Gemeinsames Singen des Liedes *Menschen, die nicht alles fassen* (**M 3**). Strophenweise im Wechsel vor- und nachsingen. Alternativ: Abhören von der Musikcassette „Noch lange nicht ausgedient“ (Strube Verlag 1997, Vol II), später mitsingen.

D. Schalom: Der „ganze“ Friede

⇨ L. grüßt Klasse mit *Schalom!* oder entsprechender Tafelanschrieb „Schalom!“ als stummer Impuls – Antwort der Klasse? Was wissen wir über Schalom? Vorwissen sammeln.

⇨ Gedicht *Schalom* (**M 4**) lesen. Was ist die Hauptaussage? (Komplexität des unteilbaren Friedens.)
Exkurs: 1948 wurde in Amsterdam der „Ökumenische Rat der Kirchen“ gegründet, dem inzwischen 324 christliche Kirchen aus aller Welt angehören. Auf der 6. Vollversammlung beschlossen sie, die Zusammenschau der Problemfelder „Frieden, Gerechtigkeit und Schöpfung“ in den Mittelpunkt aller weiteren Arbeit zu stellen. Dieser Weg wird als „Konziliarer Prozess“ bezeichnet. Er kann in unserem Zusammenhang als Entsprechung zum jüdischen Begriff des „Schalom“ gesehen werden, der ebenfalls umfassendes Heilsein des Menschen in allen seinen Lebensvollzügen und Beziehungen einschließt.
Im „Schalom“ als Gruß ist das Gewünschte dabei im Akt des Wünschens immer schon präsent und erinnert an die Präsenz des Gottesreiches in den Gleichnissen Jesu.

⇨ Collagen zum Thema anfertigen: Wie bekommen wir das Ganze in den Blick? Was fehlt noch? Arbeitsteilig arbeiten – welche Chance, welche Gefahr liegt darin – im Kleinen wie im Großen, in der Klasse wie in der Weltpolitik?

E. Putzig, patzig oder was?

⇨ Arbeitsteilige Gruppenarbeit: Ausgabe je eines der drei Texte von Herrn P. an eine Gruppe. (**M 5a–c**) Herausarbeiten von Korrespondenzen mit den bisher erarbeiteten Versen der Bergpredigt.

⇨ Vorlesen der Texte und Vorstellen der Ergebnisse im Plenum: Herr P. ist bei alledem nicht der Typus des verkniffenen Super-Moralisten, er lässt etwas spüren von der Leichtigkeit dessen, dem die Gebote des Herrn „Süß wie Honig sind“, er hat Humor und eine Schlagfertigkeit, die der Faust nicht bedarf.
Mit der Frage „Gibt es solche Gestalten nur in der Literatur?“ Überleitung zur nächsten Phase.
Austausch über „reale Hoffnungsträger“, Situationen, in denen der Geist der Bergpredigt spürbar ist.

F. Kein Weg zum Frieden. Frieden ist der Weg: Martin Luther King

⇨ Falls möglich L.-Vortrag des Liedes *There is no way to peace* (**M 6**) mit Gitarrenbegleitung.

⇨ Ausgabe des Arbeitsblattes (**M 6**), Übersetzung des Textes; Zusammentragen des Vorwissens über M. Luther King. Evtl. Zusatzinformationen durch L. Vertiefendes Unterrichtsgespräch über die Liedtextaussage: Abgrenzung gegen jegliche „Der Zweck heiligt die Mittel“-Strategie.

G. Theologie der Befreiung – Theologie des Lebens

⇨ Gruppenarbeit nach **M 7**: Die „Theologie des Lebens“ versucht als eine der jüngsten Varianten der lateinamerikanischen „Theologie der Befreiung“ den Graben zwischen Arm und Reich materiell wie ideologisch zu überwinden, indem sie den Begriff des „Armen“ durch den des „Bedürftigen“ näher bestimmt und damit auch den „Reichen guten Willens“ einschließt. Von Leitmotiven wie der Einkehr Jesu bei Zachäus ausgehend erinnert ihre Zusammenschau theologischer wie gesellschaftspolitischer Intentionen an jene des Konziliaren Prozesses (s.o.).
Möglicher Exkurs: Die Rede von den „Menschen guten Willens“ erinnert an die liturgische Formulierung des „Gloria“, in denen eben jenen „Gutwilligen“ der Friede Gottes verheißen wird: „Gloria in excelsis deo et in terra pax hominibus bonae voluntatis.“
Zur Auseinandersetzung mit dieser Begrifflichkeit siehe unter „Theologische und didaktische Aspekte“ (Gesinnungsethik?).

H. Die Frucht des Krieges ist der Hunger

⇨ Auflage der Zeichnung (**M 8**) als Folienkopie auf OHP und gemeinsame Erarbeitung der Deutung im Unterrichtsgespräch oder Einzel- bzw. Partnerarbeit nach Austeilen des Arbeitsblattes: Krieg frisst Brot. Aber das Christentum kennt im Zeichen des Kreuzes auch die Auferstehung (auch die des „Laibes“?) – Wird die gemeinsame Bemühung um „Brot für die Welt“ den Krieg fressen können?
Theoretisch würde der Gesamthaushalt der Staaten für militärische Maßnahmen ausreichen, alle Bewohner dieser Erde mit Wohnung und Nahrung zu versorgen (entnahm Erich Kästner einer amerikanischen Statistik nach dem Zweiten Weltkrieg).

I. Frieden nicht ohne, aber höher als jede Vernunft

⇨ Ausgabe des Epigrammes *Tun, was man nicht will* (**M 9**).
Aufforderung zum mehrfachen (!) Lesen und zur Erarbeitung in Stillarbeit. Der Pointe Zeit lassen, bis die Mehrheit der Klasse sie erfasst hat, dann erst darüber austauschen: Ist die Friedenssicherung mit Waffen wirklich die reine Vernunft und der Pazifismus die Utopie der Träumer?

Was könnte das Christentum mit seiner liturgisch gewordenen Formel vom „Frieden Gottes, der höher ist als alle Vernunft" meinen? Der Friede Gottes erschließt sich über das Kreuz Christi, das „den Griechen eine Torheit" ist (1. Kor 1,23) – doch die „göttliche Schwachheit ist stärker, als die Menschen sind" (1. Kor 1,25).

J. Selber leiden – andere schützen?

⇨ Auflage der Bildgeschichte (**M 10**) aus der Reihe *Vater und Sohn* von Plauen als Fotokopie auf den OHP, Nacherzählung, Deutung.
Weiterarbeit nach **M 10** (1.–5.): Vergleich mit Luthers Unterscheidung (Punkt 4) und der Rede des Alt-Bundespräsidenten. In Bearbeitung von Frage 5 Herausstellung der allen drei Bausteinen gemeinsamen Unterscheidung „Selbst nicht wehren (um den Angreifer zu schonen) – aber für andere, wenn es nötig ist, auch tätlich werden."

⇨ Austeilen des Arbeitsblattes *Zwei Ziegen* (**M 11** nach der Weimarer Ausgabe der Tischreden Luthers). Was passiert? Kann die Fabel noch ein gutes Ende nehmen?
Luthers Lösung: „... Was tun sie? Die eine legt sich nieder und lässt die andere auf sich treten und über sich gehen."

- Was könnte das konkret bedeuten (für die Mansfelder Grafen?)
- Warum ist eine solche Lösung so schwer zu praktizieren?
- Von wem erwartet Luther in seiner „Zwei-Reiche-Ethik" solches Verhalten?
- Welches Reich (Politik oder christliche Gemeinde) spricht er in seiner Fabel an?

Fazit: Luther versucht in seiner eigenen Praxis die Gefahr des Auseinanderdriftens von „Gesinnungsethik" (für bewusste Christen) einerseits und „Verantwortungsethik" (für die „Realos" der Politik) andererseits zu vermeiden. (Geht das nur, weil eben auch die politischen Parteien einen christlichen Hintergrund haben? Letzterem entspricht z.B. die These, Gandhis gewaltloser Widerstand hätte sich nur durchgesetzt, weil die christlich geprägte englische Öffentlichkeit dafür empfänglich war.)

⇨ Abschließend zusammenfassende *Diskussion*: Kann die Bergpredigt Norm menschlichen Verhaltens in der allgemeinen Gesellschaft sein? Will sie es überhaupt? Gilt sie nur für (evtl. sogar „besondere") Christen? Gilt sie für die Gewissensbildung, aber nicht für die Juristen?

5. Das Thema in Schulbüchern und Unterrichtsmaterialien

- Besser-Scholz, Birgit (Hg.): LebensZeichen 9/10. Vandenhoeck & Ruprecht, Göttingen 1992, S. 53–72.
- Fabricius, Volker/Heller, Hans (Hg.): Das Leben suchen. Religion 7/8. Diesterweg, Frankfurt a.M. 1989, S. 219–235.
- Halbfas, Hubertus: Religionsbuch für das 9./10. Schuljahr. Patmos, Düsseldorf 1991, S. 271–278.
- Schulz, Siegfried: Stundenblätter Bergpredigt. Sek I. Klett, Stuttgart 1988[2].
- Schmidt, Heinz (Hg.): Das neue Kursbuch Religion 9/10. Calwer/Diesterweg, Stuttgart/Frankfurt a.M. 1988, S. 144–155; Kursbuch Religion, Neuausgabe 9/10, S. 18–33.
- Veit, Reinhard (Hg.): Glauben heute. 9./10. Schuljahr. Schroedel, Hannover 1990, S. 52–66.

6. Materialien und Medien

- Doch noch ist's weit, noch leben die Geschütze. Lieder, Szenen, Tänze für den Frieden (Reihe: Musicals für die Schule). Eres-Edition, Lilienthal bei Bremen 1994.
- Gedichte & Bilder für Reli & Co. AOL-Verlag, Lichtenau-Scherzheim 1994[2] (Kopiervorlagen Nr. 5, 6, 10 und 23).
- Macht, Siegfried: Jeder schweigt anders. Geschichten von Liebe und Leid, Reichtum und Armut, Freude und Angst, Himmel und Erde (daraus Kapitel „Streit und Versöhnung“). Don Bosco Verlag, München 1974.
- Ders.: Dass Frieden werde. Kleine Lieder zu großen Themen. Don Bosco Verlag, München 1984.
- Ders.: Dein Name ist Dubistbeimir.Werkbuch zur Lyrik in RU und KU. Kirchl. Verwaltungsstelle Rehburg-Loccum, darin u.a.: Unseligpreisung S. 94.
- Evangelisches Missionswerk in Deutschland (Normannenweg 17–21, 20537 Hamburg): Arbeitsheft Weltmission '95. Fürchte dich nicht – misch Dich ein.
- Schulz, Siegfried (Hg.): Bergpredigt. Stundenblätter und Materialien (je 1 Heft). Klett, Stuttgart 1984.

M 1

1. Übertrage den Satz ins Deutsche.
2. Das Bild wurde als Flugblatt verteilt. Was wollten die Verteiler bewirken?

M 2a

KOMMUNIKATION

Zu diesem „Wort im Wort" kann man verschiedene Sätze formulieren. Schreibe mindestens zwei auf, einen pessimistischen und einen optimistischen. Gibt es eine Übereinstimmung zwischen beiden? Erinnert sie dich an die Bergpredigt?

M 2b

Aus: Charles M. Schulz, Gott sei Dank Charlie Braun, Gütersloher Verlagshaus, 1983; United Feature Syndicate, Inc.

M 3

Menschen, die nicht alles fassen
Seligpreisungen

Text (nach Matth. 5,3–10)
und Musik: Siegfried Macht

Die den Schrei zu schreien wagen,
selig sind die Lasten tragen;
die im Leiden ganz Entblößten
sollen wissen: Gott wird trösten.

Ihrer Schwachheit entwächst Gutes:
Selig sind, die sanften Mutes.
Die nicht hassen im Verlieren
werden diese Welt regieren.

Will die Sattheit uns verführen,
selig sind, die Hunger spüren,
Hunger nach Gerechtigkeit:
Ihre Speise steht bereit.

Selig, deren Herz beim Armen:
Ihrer wird sich Gott erbarmen.
Wessen Hand den andern hält,
nie aus Gottes Händen fällt.

Deren Herz auf Gott gesetzt hat,
die kein andres Gut ergötzt hat,
die ihm alles anvertrauen:
Ihre Seele wird ihn schauen.

Welten auseinander driften:
Selig sind, die Frieden stiften.
Sie, die nicht mit Steinen schmeißen
werden Gottes Kinder heißen.

Die verfolgt, verjagt, vertrieben
und vom Unrecht aufgerieben,
die noch wund vom Backenstreich:
Ihrer ist das Himmelsreich.

M 4

Schalom

Schalom ist das Ganze.
Schalom ist ein Fest.
Schalom ist nicht teilbar:
Es bleibt immer ein Rest.

Schalom meint stets alle,
euch dort und uns hier
und heute und morgen
und Mensch und Tier.

Schalom vergisst niemand
und gibt jedem genug,
macht Spieße zu Sicheln,
das Schwert zum Pflug.

Schalom ist ein Frieden
höher als die Vernunft.
Schalom ist wie Gott
von eigener Zunft.

Schalom ist oft still und
Schalom kommt zu Fuß.
Schalom kannst du wünschen:
Schalom ist ein Gruß.

Siegfried Macht

Fertigt in kleinen Gruppen Collagen und/oder Zeichnungen zum Gedicht.
Fügt sie zu einem großen Mosaik zusammen.

Drei Geschichten von Herrn P.

M 5a

Sport und Spaß

Herr P. unterrichtete an einer Schule für Behinderte. Anlässlich des Sportfestes fragte ein Redakteur der Stadtteilzeitung: „Was sagen Ihre fast erwachsenen Schüler, wenn sie auf 100 Meter 25 Sekunden laufen?"

„Was sagen Schüler, die schneller laufen?"

„Nun, zum Beispiel: Es hat Spaß gemacht."

„Bei uns ist es ähnlich, nur haben unsere Schüler eben noch etwas länger Spaß!"

M 5b

Das Wort

Zornig wende ich mich von ihm ab. Er scheint sich zu bücken, etwas aufzuheben, oder verbeugt er sich? Herr P. kommt mir nach.

„Weißt du", sagt er, „du hast da eben ein Wort fallen lassen – erst wollte ich es dir ja nicht nachtragen, aber ich fürchte bei deinem Temperament wirst du es noch öfter brauchen."

Da muss ich das Wort natürlich zurücknehmen und aufpassen, dass ich es nicht wieder verliere.

M 5c

Komm, verzieh dich

Als P. noch bei uns in der Mietskaserne gewohnt hat, ist unter ihm der Schussel eingezogen. Das war ein ziemlich rauher Kerl, der statt „Guten Tag" immer „Komm, verzieh dich!" gesagt hat. Egal, wer bei ihm klopfte oder klingelte, wenn er überhaupt aufgemacht hat, war „Komm, verzieh dich!" spätestens sein zweiter Satz.

Eines Tages gab es einen Heidenlärm im Treppenhaus, und wie wir alle gucken gehen, wirft er sich gerade wieder mit der Schulter gegen seine Wohnungstür und brüllt: „Klemmt schon wieder – das Scheißding!" und als er uns sieht: „Kommt, verzieht euch"!

„Tja", hat da Herr P. gesagt, „das tun wir ja gerade: Wir sind gekommen und die Tür hat sich verzogen!"

Aus: Siegfried Macht, Herr Putzich; © beim Autor.

Inwiefern kann man sagen, Herr P. versuche die Bergpredigt umzusetzen?
Wie wirkt er dabei?

M 6

There is no way to peace
Kanon für 4 Stimmen

Text nach Martin Luther King
Musik: Siegfried Macht

1. Was weißt du über Martin Luther King?
2. Übersetze den Text.
3. Wie verstehst du ihn? Wogegen hat M. L. King sich damit abgesetzt?

M 7

Wer sind denn die Armen?
Befreiung durch eine Theologie des Lebens

I

... Die „Theologie der Befreiung" beschreibt sich selbst als „bevorzugte Option für die Armen" und bezieht sich dabei mit besonderem Nachdruck auf diejenigen, die, bedingt durch die Strukturen, materiell verarmt sind.

... Das unterscheidende Merkmal zu dieser Definition der „Armen" bei uns ist, dass wir ihr gemeinschaftliches, geschwisterliches und geistliches Bewusstsein mit einbeziehen, sogar so weit, dass dies selbst die erfasst, die im materiellen Sinn nicht als „Arme" bezeichnet werden können, weil sie über eigene Mittel verfügen. Durch ihre Aufgeschlossenheit, ihr Wissen und ihre Lebensbejahung entwickeln sie schließlich nicht nur ein entsprechendes Gewissen, sondern erfüllen auch ihre geschichtliche Verpflichtung gegenüber der Lebenswirklichkeit der Armen. ...

... Die „Theologie des Lebens" sucht umfassendes Leben in Gemeinschaft für alle Schwestern und Brüder. Wir stoßen auf die unterschiedlichen Gesichter der Armut, wenn wir die Geschichte befragen und die Bibel lesen. Dabei wird klar, dass die Armut keinen Passierschein zur Glorie ausstellt, noch dass man gesetzmäßig arm sein muss, um zu den wirklichen Kindern Gottes zu gehören. Armut darf nicht vergötzt und nicht mystifiziert werden, nur um als Prüfstein menschlicher Sensibilität zu dienen. Nach dieser Theologie fordert gerade Gott nicht die Armut. Ganz im Gegenteil, was Gott will, ist ein erfülltes Leben im Vollsinn.

In diesem Sinn vertieft die „Theologie des Lebens" nicht den ökonomischen Graben zwischen Armen und Reichen. Das geschieht dort, wo Dogmatismus Unversöhnlichkeiten konstatiert. Viel weniger noch anerkennt die „Theologie des Lebens" auf der anderen Seite Doktrinen, nach denen die Armut als Folge der Sünde und entsprechend Reichtum und sozialer Erfolg als Zeichen der Gnade Gottes anzusehen sind.

Die „Theologie des Lebens" betont ihre „besondere Hinwendung zu den Bedürftigsten". Sie möchte damit sagen, dass Gott sich nicht den Armen zuwendet, weil sie arm sind, sondern weil ihr Schrei zu Gott so stark ist. Diese Theologie ist wie eine Antwort Gottes auf diesen Schrei aller Bedürftigen mit einer klareren und weiteren Sichtweise davon, wer die „Armen" im gegenwärtigen nationalen, lateinamerikanischen und weltweiten Kontext sind ...

... Eine der Aufgaben unserer Theologie ist es also, den Armen zur Umkehr zu bringen. Den Armen hat ja das System in der Weise entfremdet, dass er häufig egoistisch und schmarotzerisch oder gar selbst unterdrückerisch geworden ist. Diese Art der Umkehr ist biblisch. Wir begegnen ihr in der persönlichen Umkehr eines Zachäus (Lukas 19,1–9) und in der Bekehrung zu den Armen nach dem Aufruf Jesu. ...

... Die Utopie der „Theologie des Lebens" ist, dass Arme und Reiche eine Gemeinschaft der Söhne und Töchter Gottes bilden. Sie besteht aus Männern und Frauen „die guten Willens sind" und die die Einheit, die Wahrheit, die Befreiung, die Gerechtigkeit, die Demokratie, und die Gleichheit aller am gesellschaftlichen Prozess zu verwirklichen suchen.

II

Die Theologie des Lebens bedeutet Neuerschließung und Erneuerung des theologischen Denkens. Die Erfahrungen mit der täglichen Praxis des Glaubens, die sich von den Armen aus entwickelt, lässt eine Wolke von Zeugnissen entstehen, die wir mit den Erzählungen in den Evangelien vergleichen können. Bei den Armen gibt es eine ergiebige Quelle an Interpretationen. ... Es sind Botschaften des Evangeliums, die nur verstanden werden, wenn die Kirche mit dem Schmerz und der Hoffnung der Völker eins ist.

Diese Form der Reflexion beobachten wir auch bei den Indiogemeinschaften unserer mittelamerikanischen Völker. Die Trägerin des Friedensnobelpreises 1992 zum Beispiel, erzählt in ihrem Buch „Rigoberta Menchú. Leben in Guatemala", wie die Indios die biblischen Zeugnisse von ihrem Glauben her als stimmig empfinden. Sie sagt, dass es Bücher oder Passagen der Bibel gibt, in denen sie ihr Leben voll Opfer und Entsagungen wiederfindet. Sie betont, wie die Indiofrauen sich in den Heldinnen und Märtyrerinnen des Volkes Gottes wiedererkennen.

Diese Zeugnisse belegen ein historisches Bewusstsein, das den ursprünglichen Sinn der christlichen Bewegung wieder entdeckt. Es gibt praktisch eine große Ähnlichkeit zwischen den Zeugnissen in der Apostelgeschichte und dem Zeugnis derer, die am meisten gelitten und entsagt haben.

Wie wir schon gesagt haben, liegt uns besonders daran, dass die „Theologie des Lebens“ eine Neuerschließung des Urchristentums ist. Sie verbindet uns mit der Vergangenheit und macht uns gewissenhaft für die Gegenwart, so dass wir darauf vorbereitet werden, die Zeichen des Reiches Gottes aufzurichten. ...

III

Wir wissen, dass wegen des bekannten „historischen Nicht-Zusammenkommens“ in der Vergangenheit unseres Kontinents viele das Vertrauen in die Kirche verloren haben, bis dahin, dass sie sich als Nicht-Gläubige bezeichnen. Mit den christlichen Zeugnissen aber, die aus den Gemeinschaften hervorgehen, Zeugnissen, die jetzt der „Theologie des Lebens“ Stimme verleihen, wird diese zur Quelle der Bekehrung der Nicht-Glaubenden.

Heute sind es viele, die erklären, dass ihre Bekehrung damit zusammenhängt, dass sie die Kirche wieder achten und ihr vertrauen, weil sie ihr ein wichtige Rolle im Leben der Völker und Nationen zuerkennen, wobei ihr prophetisches Moment betont wird.

Die Anwesenheit Gottes bei den einfachen und bedürftigen Menschen, die sich von einem Gott der Liebe und der Gerechtigkeit begeistern lassen, ist unbestreitbar. Angesichts dessen und eines pastoralen Konzepts, dessen Predigt und Einsatz einen Gott der Gerechtigkeit verkündigt, drücken die Nicht-Gläubigen bzw. die, die sich selbst als Nicht-Gläubige bezeichnet hatten, heute ihre Bekehrung so aus: „Wir haben uns tatsächlich geirrt. Denn wenn wir an einen Gott des Lebens, der Liebe und der Gerechtigkeit geglaubt haben – denn an diesen Gott haben wir geglaubt –, haben wir nur sowenig Glauben gezeigt, weil wir uns nicht zu einem Gott bekennen wollten, der auf der Seite der Mächtigen steht, den Gott der Reichtümer und der Macht.“

Bischof Medardo E. Gómez

Aus: Lutherische Monatshefte 10/94, Lutherisches Verlagshaus, Hannover (aus dem Spanischen von Jürgen Reichel).

Medardo E. Gomez wurde 1939 in San Miguel, El Salvador, geboren. Er studierte in Mexico-City Theologie.
Seit 1969 wirkt er an der Lutherischen Hauptkirche Salvadors, der „Auferstehungskirche“, 1986 wurde er Bischof der Lutherischen Kirche in El Salvador. Seit 1991 ist er Präsident des Bundes der Lutherischen Kirchen in Guatemala, Honduras, El Salvador, Nicaragua und Costa Rica, die eine eigenständige Ausprägung der „Theologie der Befreiung“ entwickeln. Dafür wird zunehmend von einer „Theologie des Lebens“ gesprochen.

Er selbst ist durch das Eintreten für die Opfer des Bürgerkrieges, vor allem der Militärs in El Salvador, zu einer anerkannten Figur der Opposition und damit in den letzten Jahren zur Zielscheibe der Aktionen der Todesschwadronen geworden: 1983 Entführung und Folter, 1988 Bombenattentat auf sein Büro, 1989–1990 Exil in Guatemala und Mexiko. Seine grundsätzlichen Forderungen waren: Abschaffung des Militärs (wie in Costa Rica) und soziale Gerechtigkeit, insbesondere eine Landreform zugunsten der Armen, Reform des korrupten Justizwesens.

Löst die folgenden Aufgaben in arbeitsteiliger Kleingruppenarbeit und tauscht eure Ergebnisse aus:

1. Sammelt die Begriffe, die ihr nicht versteht und schlagt sie im (Fremdwörter-)Lexikon nach.
2. Beschreibt Unterschiede und Gemeinsamkeiten zwischen der „Theologie der Befreiung“ (im Allgemeinen) und der „Theologie des Lebens“ (die sich als deren Variante bzw. Fortführung versteht). Beantwortet dabei auch die Frage im Titel des Textes.
3. Lest den angesprochenen Bibeltext nach. Inwiefern ist er von besonderer Bedeutung für die Theologie des Lebens?
4. Wodurch haben die Menschen, die Bischof Gómez vor Augen hat, den Glauben verloren und wie haben sie ihn (wieder) gefunden?

M 8

Auf welche Zusammenhänge will der Zeichner aufmerksam machen?
Was fällt dir beim Betrachten des Bildes sonst noch ein?

M 9

Manch einem erscheinen die Worte der Bergpredigt nicht nur unrealistisch und verträumt, sondern geradezu unvernünftig. Was aber ist „vernünftig“? Lies dazu das folgende Gedicht und lies es ruhig mehrmals: Es hat einen Clou, den man beim ersten schnellen Lesen nicht gleich merkt.

Tun was man nicht will

Ich sehe, du trägst eine Waffe.
Du willst nicht, aber du sagst:
Den Bewaffneten kann man nicht zwingen
zu tun, was er nicht will.

Sind die Argumente des Waffenträgers stimmig?
Erläutere die „Unvernunft der Vernünftigen“, die hier deutlich wird.

M 10

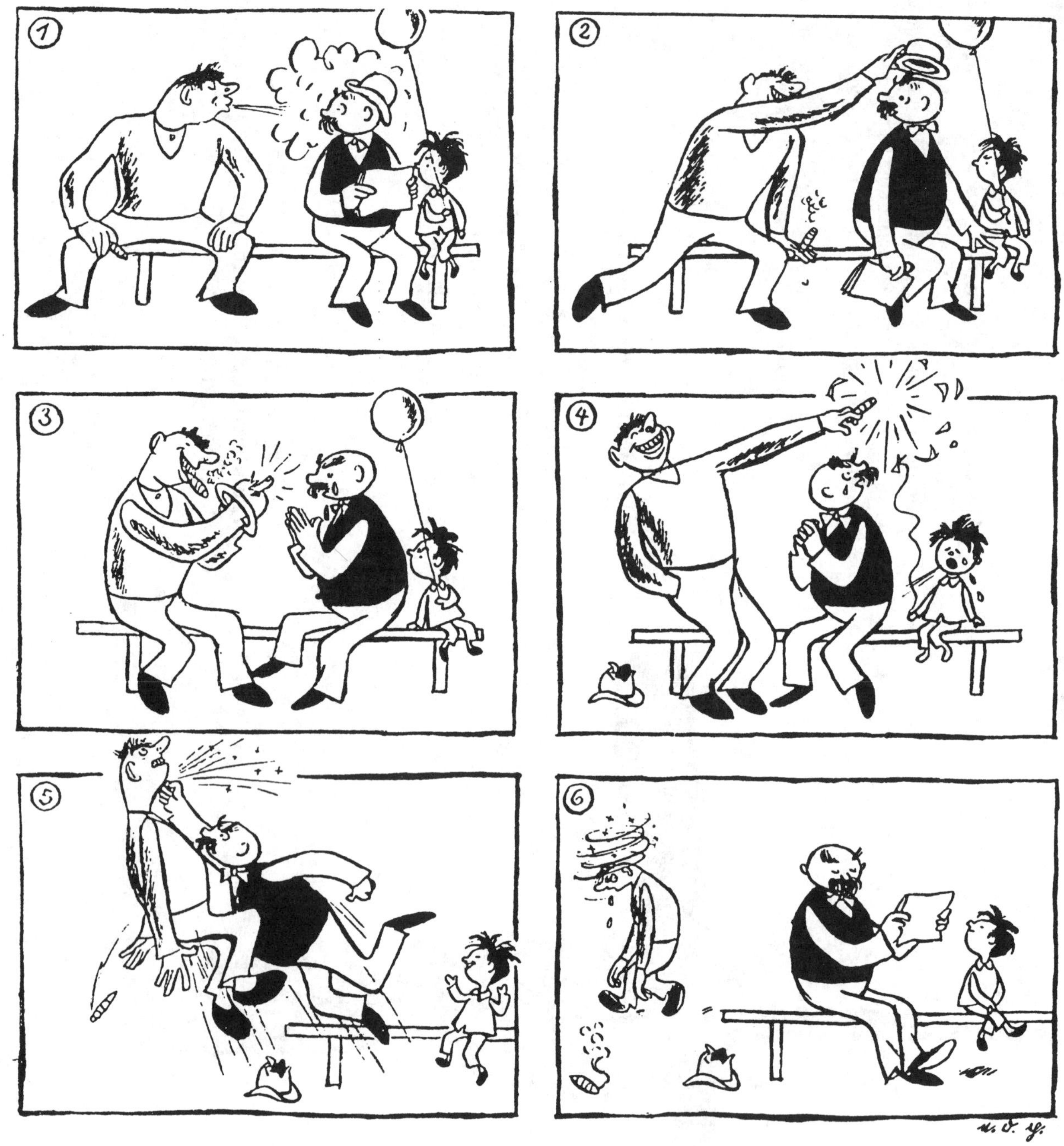

Aus: e.o. plauen, „Vater und Sohn", Gesamtausgabe; © Südverlag GmbH Konstanz, 1982 (ren.), mit Genehmigung der Gesellschaft für Verlagswerke GmbH, Kreuzlingen/Schweiz.

1. Gib kurz die Handlung der Bildgeschichte wieder.

2. Wodurch tritt im obigen Geschehen eine Wandlung ein?

3. Immer wieder haben die verschiedensten Leute überlegt, ob die Bergpredigt (insbesondere bezüglich der Feindesliebe) jederzeit und für jeden gelten soll, also z.B. auch in der Politik und für das Militär. Was meinst du?

4. Martin Luther hat 1523 in seiner sogenannten „Obrigkeitsschrift" dazu folgende Unterscheidung getroffen:
   - Für mich soll ich (als Christ) Unrecht hinnehmen und nach der Bergpredigt leben.
   - Wo ich aber für andere verantwortlich bin, soll ich dem Unrecht wehren und das staatliche Strafrecht anwenden.
     Er begründet dies damit, dass ja nicht alle Christen sind. Die schwierigste Situation ist also die, dass der Christ zum Schwert greifen soll, um den braven Nichtchristen vor dem bösen Nichtchristen zu schützen, was Luther ihm ausdrücklich erlaubt.

5. Lies den folgenden Auszug aus einer Rede des Bundespräsidenten Carl Carstens aus dem Jahre 1981:
   „Die Bergpredigt ist eine uns tief bewegende Mahnung zur Gewaltlosigkeit, und der Christ, der sich für seine Person entscheidet, Gewalt hinzunehmen und Unrecht widerstandslos zu dulden, kann sich gewiss auf die Bergpredigt berufen.
   Aber eine ganz andere Frage ist es jedoch, ob derjenige, der für andere Verantwortung trägt, diese anderen schutzlos der Gewalt überantworten darf oder ob es nicht vielmehr gerade seine christliche Pflicht ist, die ihm Anvertrauten vor Gefahr, vor Unrecht, vor Gewalt oder vor Aggression zu schützen."

   a) Welchen Gedanken findest du sowohl bei Plauen (in der Bildgeschichte) wie bei Luther und Carstens? Wie stehst du dazu?
   b) Welche Gefahr liegt in einer solchen Zweiteilung? (bezüglich Luthers spricht man von der *Zwei-Reiche-Ethik*)

M 11

Zwei Ziegen

Als Luther 1545 zwischen den Krieg führenden Grafen von Mansfeld Frieden zu stiften versucht, erzählt er eine Fabel:

„Zwei Ziegen begegnen sich auf einem schmalen Steg, der über einen reißenden Gebirgsbach führt. Aneinander vorbeigehen können sie nicht, der Steg ist zu schmal. Zurückschreiten können sie nicht, sie würden abstürzen. Würden sie einander stoßen, sie würden ersaufen. Was tun sie? …“